智汇城 经典丛书

建筑面积计算

——全国建筑面积计算规范解读

魏 正 著

武汉理工大学出版社
·武 汉·

内容提要

本书以《建筑工程建筑面积计算规范》为对象，从两个阶段（2005—2013 年，2013 年之后）、三个层级（省级、重点城市、一般城市）梳理全国及各省市建筑工程建筑面积计算相关规范、规则条文内容及时空特征，总结各层级规范编制的内在联系和指导思想，对重难点问题及各条文编制的限定条件、判定依据、计算边界、计算方式等内容进行解读，使测量、规划、设计、工程、房地产等行业从业人员能对我国建筑面积计算规范有更为深入的理解，并为其提供判定依据。

图书在版编目(CIP)数据

建筑面积计算：全国建筑面积计算规范解读/魏正著.—武汉：武汉理工大学出版社，2020.4
ISBN 978-7-5629-6112-3

Ⅰ.①建… Ⅱ.①魏… Ⅲ.①建筑面积-建筑测量 Ⅳ.①TU198

中国版本图书馆 CIP 数据核字(2019)第 178890 号

项目策划：王利永　　**责任编辑**：王利永
责任校对：刘　凯　　**版面设计**：正风文化
出版发行：武汉理工大学出版社
社　　址：武汉市洪山区珞狮路 122 号
邮　　编：430070
网　　址：http://www.wutp.com.cn
经　　销：各地新华书店
印　　刷：武汉市宏达盛印务有限公司
开　　本：787×1092　1/16
印　　张：12
字　　数：250 千字
版　　次：2020 年 4 月第 1 版
印　　次：2020 年 4 月第 1 次印刷
定　　价：98.00 元

凡购本书，如有缺页、倒页、脱页等印装质量问题，请向出版社发行部调换。
本社购书热线电话：027-87785758　87384729　87165708(传真)

前　言

我国的《建筑面积计算规则》是在20世纪70年代依据前苏联的做法并结合我国实际情况制定的。1982年国家经济贸易委员会基本建设办公室(82)经基设字58号印发了《建筑面积计算规则》的修订。1995年原建设部发布了《全国统一建设工程工程量计算规则》(土建工程 GJDGZ—101—95),其中含“建筑面积计算规则”是对1982年的《建筑面积计算规则》的修订。

2005年原建设部以国家标准的形式发布了《建筑工程建筑面积计算规范》(GB/T 50353—2005)。2013年,中华人民共和国住房和城乡建设部在总结2005年版《建筑工程建筑面积计算规范》实施情况的基础上,针对建筑发展中出现的新结构、新材料、新技术、新施工工艺而产生的面积计算新问题,对建筑面积的计算范围和计算方法进行了修改、统一和完善,发布了《建筑工程建筑面积计算规范》(GB/T 50353—2013)。建筑面积的计算和核定是建筑设计及规划管理中的重要环节,牵涉到城市建设中方方面面的利益,自2014年7月1日起,该规范作为国家标准,对建筑面积的计算范围和计算方法进行了统一的规定。

20世纪90年代以后,在《全国统一建设工程工程量计算规则》(土建工程 GJDGZ—101—95)、《建筑工程建筑面积计算规范》(GB/T 50353—2005)和《建筑工程建筑面积计算规范》(GB/T 50353—2013)的框架体系下,我国各省份、各地区基于自身情况积极编制省市的相关建筑面积计算规则或规定,对加强城市建筑工程管理和城市建设起到了积极作用,但由于地区差异和限定条件不同,新旧规范以及各省市规则存在诸多不同之处。总体来说,相关省市规则的编制重点从第一阶段工程计价时代关注“怎么算清楚”,逐渐发展成为第二阶段抑制开发建设的逐利行为,关注“怎么算合理”;现阶段以统筹多部门、多规范、多口径为目的,浙江省和武汉市建筑工程建筑面积计算规则为代表,重点关注“怎么算科学”:2018年,浙江省住房城乡建设厅会同省国土、测绘、人防和消防等部门联合制定发布浙江省工程建设标准——《建筑工程建筑面积计算和竣工综合测量技术规程》,在全国率先统一建筑工程项目报批全过程的规划容积率核算、房产测量和工程量核算的建筑面积计算规则;同年九月,武汉市由市国土规划局牵头,联合市房管局及市房产测绘中心发布了《武汉市建设工程建筑面积计算规则》,标志着武汉市实现了建设工程面积的统一,满足了不同职能部门对建筑面积指标的不同业务需求，对解决多年来因部门间执行面积计算标准不一致引发的矛盾纠纷、维护企业和群众合法权益具有重要意义。

本书以2005年及2013年国家规范编制年度为时间节点，分为两个阶段（2005—2013年，2013年之后），三个层级（省级、重点城市、一般城市），对全国省市建筑工程建筑面积计算相关规范、规则进行收集整理，在梳理国家规范及省市规则条文内容及时空特征的基础上，对两版国家规范及省市规则的重难点问题及条文编制的限定条件、判定依据、计算边界、计算方式等内容进行对比性解读，总结各层级规范编制的内在联系和计算规律，使工程设计、工程造价、规划管理等行业从业人员能对我国建筑面积计算规范有更为深入的了解，同时也为从业人员进行经济、合理设计提供依据。

编　者

2019年6月

目 录

第一章　绪　　论

1.1　行业发展

1.1.1　行政审批制度改革对建筑面积计算管理提出新要求

2018年5月18日，国务院办公厅印发《关于开展工程建设项目审批制度改革试点的通知》，通知要求按照党中央、国务院关于深化“放管服”改革和优化营商环境的部署要求，对工程建设项目审批制度进行全流程、全覆盖改革，2020年，基本建成全国统一的工程建设项目审批和管理体系。

建筑工程建筑面积计算审批工作的改革可以概括为“放、转、调”：扩大下放或委托下级机关进行审批；转变管理方式，推行告知承诺制；调整完善相应制度设置，让审批时序更加符合工作实际。相关改革措施对建筑面积计算管理工作既是机遇也是挑战，如何快速全面地掌握建筑面积测算的技术方法和计算方式，了解我国各地区各阶段相关规范内容编制的联系及差异成为当前新的要求。因此对建筑面积计算规范开展范围广、覆盖面全、内容深刻的研究，从技术环节支撑审批制度改革，以此推动建筑面积计算规范的完善，进一步推进行政审批制度改革工作的全国性推广就显得尤为重要。

1.1.2　建筑面积计算规范尚存漏洞对规范编制思路提出新问题

目前对于建筑面积测算工作尚未开展全国范围的相关研究，而且随着新技术、新施工方法的出现，使得这项工作在不断的发展和完善中。需要指出的是，在建筑面积计算环节，新情况、新漏洞不断显现：一方面开发建设行为忽略建筑设计本身，关注于如何利用漏洞来争取更大利益的现象时有发生；另一方面针对建筑面积计算规范中存在的漏洞，各层级规则也在不断的围绕国家规范“查缺补漏”，不断修编调整规则内容，最大程度地解决新问题，但规范、规则编制内容补充的滞后性问题一直存在。

我国幅员辽阔，气候多样、地形复杂，各区域在经济发展水平、气候特征、人文环境等要素影响下，省市规则编制的地方差异较大；同时又由于各层级（国家级、省级、地市级）规范、规则编制修改的时间节点、内容逻辑及侧重点不一致，且不同地区对于国家规范理解不同，使得对全国各区域地方规则的编制情况进行分析更加困难。因此，现阶段如何站在全国角度，梳理各层级规范、规则编制内容的差异性和关联性，相互借鉴编制经验，改变“先编后补”的工作思路；如何建立研究思路，研究规范编制的新逻辑、新方法、新标准也是需要重点考虑的。

1.1.3 规划建筑设计行业知识体系与建筑面积计算管理环节结合不紧密

我国多个地区都编制了城市规划管理技术规定、建设工程规划设计通则等，这些规定或通则中，多数都包含关于特定建筑部位的建筑面积计算方法。但随着经济的不断发展，技术规定或通则中建筑面积计算方法不全面的问题愈加突出，各个地区的城市规划管理相关技术规定与建筑面积计算规范内容不统一，部分条文表述内容存在争议，设计人员在进行规划设计时难以掌握统一的标准，给规划设计工作和规划管理工作带来了诸多不便。

此外，现阶段规划设计人员普遍从功能、结构角度出发展开修建性详细规划及建筑方案设计，而对相关建筑部位建筑面积计算规范内容理解不深入，忽略了建筑部位建筑面积计算的相关原则及依据，规划设计、建筑设计与建筑面积规划管理结合不紧密，导致方案反复修改，进而影响设计效率。

同时，城市设计导则控制着不同地区的景观与空间，并对建筑体量关系、街道与建筑界面的尺度关系、广场空间的围合关系等要素提出控制要求。然而，城市设计导则往往提出较为宽泛的控制要求，如色彩选择、体量控制、立面公建化等，各种控制要求的主观性较高，控制方式自由裁量权过大，规划控制目标及要求无法有效地落实，可操作性较差。

所以，对建筑工程中各建筑部位建筑面积的限定条件、判定依据、计算边界、计算方式特征进行综合的梳理总结，一方面更有利于规划建筑设计人员在设计前期综合考虑功能、结构、建筑面积管理等各种因素，提高设计效率；另一方面，可将建筑部位建筑面积计算的各项判定依据等特征因素融入到城市设计导则中，增强城市管控的可操作性。

1.1.4 建筑面积计算“智汇”信息化管理工作亟待加强

近年来，全国建筑面积计算管理紧密结合业务发展需求，创新管理与服务手段，积极推进各业务领域的信息化建设。但与其他领域相比，还有很大的差距：

一是信息化支撑建筑面积计算工作科学决策还有很大的差距，目前涉及建筑面积计算管理的各部门已经建立的系统由于缺乏顶层设计和考虑，规模小、分布散，基本上都是“信息孤岛”，难以进行数据智能汇总、智能统计和智能共享分析，不能有效地为科学决策提供依据，也给企业、民众办事增添了麻烦；

二是信息化支撑行业发展还有很大的差距，行业利用信息化手段不足，基本数据采集不够，利用云计算、物联网、大数据、GIS 等新技术管理建筑面积计算行业很少，没有为行业转型升级发展起到积极作用；

三是信息化支撑高效率办事还有很大的差距，数字化办公系统还没有建立起来，各口径、各部门协调工作水平还有待提升。

这些问题都要求必须加快建筑面积计算“智汇”信息化管理建设工作。

1.2 科研态势

目前对建筑面积计算规范的相关研究总量较少，现有研究主要聚焦国家规范层面，围绕几版国家规范的修订内容展开。如第一阶段文献主要是对《建筑面积计算规则》(以下简称“95 版国家规则”)与《建筑工程建筑面积计算规范》(GB/T 50353—2005)(以下简称“05 版国家规范”)的内容比较研究；第二阶段则主要是对《建筑工程建筑面积计算规范》(GB/T 50353—2005)与《建设工程建筑面积计算规范》(GB/T 50353—2013)(以下简称“13 版国家规范”)的内容比较研究。

另一方面，近年来地方规则之间，地方规则与国家规范之间，不同类型规范之间的差异性研究也逐渐增多，或关注个别建筑部位在不同的国家规范中面积计算方式的差异，或关注《建筑工程建筑面积计算规范》与相关规范，如《房产测量规范》(GB/T 17986—2000)的差异内容。

现有国家规范条文内容的对比解读及研究比较充分，为本书打下良好基础。但需要指出的是：现有研究多局限于局部地区的部分规范内容，研究内容覆盖面较小，研究层级特征不明显，研究阶段时间期限较短，在进行内容差异解释、阐述方面并不全面系统，局部条文的地区差异性及形成原因并未分析透彻。基于整体视角，对国家规范、省市规则逻辑结构、条文内容、计算边界、判定依据的多层级、全方位的对比解读研究尚未发现。

1.2.1 各版本规范重点修编内容持续性调整

较多文献对05版国家规范与95版国家规则调整内容进行梳理和总结。其中部分研究(李富生、郭庆亮,2006)提出:05版国家规范较95版国家规则在①层高限界规定、②阳台、③架空走廊(檐廊)、④室外楼梯、⑤变形缝、⑥外墙保温隔热层方面内容表述发生明显改变。徐宝文(2011)提出05版国家规范与95版国家规则相比在①单层及多层层高限定、②立体书库和立体仓库与立体车库、③阳台、④有永久性顶盖的室外楼梯、⑤有永久性顶盖无围护结构的车棚和货棚以及雨篷、⑥建筑物通道发生内容的改变。

另一部分研究对05版国家规范有待商榷的内容提出建议。其中有研究(胡建明,李江波,2012)提出05版国家规范未做具体规定的内容包括:①底层层高大于2.20 m架空层的建筑面积计算、②错层挑高阳台(露台)的建筑面积计算、③入户花园的建筑面积计算;同时提出有待商榷的内容包括:①室外楼梯底层建筑面积计算、②保温层建筑面积计算、③层高大于2.20 m的设备管道夹层建筑面积计算。另一篇研究(邓鹰,2010)提出①架空层定义、②阳台与露台之间的区别、③"设计利用"表述、④地下室建筑面积以外墙上口外边线计算、⑤特殊建筑的建筑面积计算这几个方面还有不足之处。

综合对比相关研究后可将05版国家规范较95版国家规则的调整内容及需要改进的主要方面概括为7点:①层高界限规定、②阳台面积、③架空走廊(檐廊、走廊)、④室外楼梯、⑤变形缝、⑥外墙保温隔热层、⑦雨篷。

对13版国家规范与05版国家规范的调整内容有较多的研究论述。其中一部分研究(贾淑玲、檀丽丽、冯婧,2015)指出新版规范修订的面积计算规定有近26条,有效制约了建筑物局部(如阳台、飘窗、雨篷)设计的盲目性;另一部分研究(张如兵,2014;印保和,2014;席化思,2014;蔡少森,2015)则重点论述规范修改的主要内容。

综合以上研究,将13版国家规范相对05版国家规范的主要调整概括为6个方面:①架空层、②阳台、③凸(飘)窗、④设备层、⑤结构净高在建筑面积计算中的主导作用、⑥其他。

同时《建设工程建筑面积计算规范》(GB/T 50353—2013)中也提出了自身修订的11个主要技术内容,例如架空层、凸(飘)窗、设备层等内容。

此外,较多相关研究还指出13版国家规范的修改原则,认为净高在建筑面积计算中的作用是13版国家规范的普遍性修订原则,而《〈建筑工程建筑面积计算规范〉宣贯辅导教材》提出13版国家规范的一般计算取定顺序原则:有围护结构的，按围护结构计算面积；有底板的无围护结构（有围护设施），按底板计算面积（室外走廊、架空走廊）；底板也不利于计算的，则取顶盖（车棚、货棚等）；主体结构外的附属设施按结构底板计算面积。

对比后发现有 4 个对象和 1 个限界规定在 05 版国家规范以及 13 版国家规范中进行了持续修订，包括阳台、檐廊及走廊、室外楼梯、外墙保温隔热层，以及（结构）层高、（结构）净高的相关限界规定。其中阳台的面积计算方式和净高的限界作用是 2005 年以来两个阶段相关学者重点持续研究对象，而架空层、凸（飘）窗、设备层的建筑面积计算则是 2013 年以后学者关注的重点。

多版国家规范调整的内容及研究关注点详见表 1-1 所示。

表 1-1　多版国家规范调整内容及研究关注点

序号	05 版国家规范较 95 版国家规则调整内容	13 版国家规范较 05 版国家规范调整内容	
		13 版国家规范自述调整内容	相关学者关注 13 版国家规范调整的内容
1		增加了建筑物架空层的面积计算规定，取消了深基础架空层	架空层的建筑面积计算
2		取消有永久性顶盖的面积计算规定，增加无围护结构有围护设施的面积计算规定	
3	檐廊、走廊等面积的计算	修订了落地橱窗、门斗、挑廊、走廊、檐廊的面积计算规定	
4		增加了凸（飘）窗的建筑面积计算要求	凸（飘）窗的建筑面积计算
5		修订了围护结构不垂直于水平面而超出底板外沿的建筑物的面积计算规定	
6	室外楼梯的面积计算	删除了原室外楼梯强调的有永久性顶盖的面积计算要求	
7	阳台建筑面积的计算	修订了阳台的面积计算规定	阳台的建筑面积计算
8	外墙保温隔热层的规定	修订了外保温层的面积计算规定	

续表 1-1

序号	05 版国家规范较 95 版国家规则调整内容	13 版国家规范较 05 版国家规范调整内容	
		13 版国家规范自述调整内容	相关学者关注 13 版国家规范调整的内容
9		修订了设备层、管道层的面积计算规定	设备层的建筑面积计算
10		增加了门廊的面积计算规定	
11		增加了有顶盖的采光井的面积计算规定	
12	变形缝建筑面积计算		
13	雨篷建筑面积计算		
14	层高界限规定		结构净高在建筑面积计算中的主导作用

1.2.2 各阶段规范争议内容效果评价两极分化

众多研究针对 05 版国家规范和 95 版国家规则进行比较后认为，05 版国家规范较 95 版国家规则进行了显著地优化，使规范的适应性得以加强，但受经济发展水平及技术基础影响，这一阶段相当一部分研究认为“一刀切”的统一计算标准简单明了，更易把控，可以有效解决房地产市场中的面积计算争议问题。如有文章（徐宝文，2011）提出：05 版国家规范对争议规则的合理化，例如阳台的计算，不论其设置形式如何，一律按其水平投影面积的 1/2 计算，避免了以往的许多争端；另一部分研究（印保和，2014）提出：05 版国家规范规定建筑物的阳台（不论封闭与否）均应按其水平投影面积的 1/2 计算，封闭阳台按其水平投影面积计算建筑面积，凹阳台、挑阳台按其水平投影面积的 1/2 计算建筑面积，这一规定有效解决了阳台建筑面积在以往房屋买卖中出现的很多争议。有研究（肖烨，2010）建议：①关于建筑面积计算的外轮廓界面，这个建筑最重要的基本界定，应当统一为按建筑的最外边线计算，不应与面层材料相关，这样就能保证所有建筑面积计算的起始条件一样，避免大的误差；②高度计算边界，无论是否利用该房间，屋面是否为坡顶，均以 2.20 m 作为临界高度，2.20 m 以下不计算，简单明了，更易把控；③阳台不分住宅与公共建筑，不论封闭与否，统一为按一半建筑面积计算；④室外楼梯无论有无顶盖，均不计入建筑面积；⑤变形缝无论是否利用该空间，与室内是否相通，均计建筑面积。

到了第二阶段，我国经济发展水平及建筑面积计算管理水平得到有效提升，相关学者对13版国家规范某些计算内容的评价则较前一阶段发生了根本性的转变，基本肯定了13版国家规范中建筑面积计算方式、判定依据的差异化修改内容。有研究（叶晓容、杜丽丽，2014）从对房地产销售和对房地产市场发展两个方面阐述了新规范的影响：①对于房地产销售，新规范的颁布实施，确实在很大程度上缩减了“送面积”的操作空间；②对于房地产市场发展，新规范的实施将会在一定程度上进行纠偏，将促使设计师回归房型设计的本初，将更大的精力投入到合理规划户型，从根本上改善消费者的居住体验。以阳台为例，前一阶段还有较多学者认为阳台不论其设置形式，一律按其水平投影面积的1/2计算，可以避免以往的许多争端，但在2014年后，阳台出现了很多新的建筑样式，阳台“一刀切”的计算方式在当时虽解决了争议问题，但随着建筑技术水平的发展，“一刀切”的计算规定存在很大的漏洞，开发商利用这一漏洞来“偷面积”的现象屡见不鲜。所以建筑工程建筑面积计算方式与时俱进，积极适应新的建筑技术、建筑形式，不断调整这一根本性原则需要始终贯彻。

1.2.3 各地区规范内容差异及其上位法的重要程度

目前为止，鲜有关注地方规则与国家规范之间以及省、市地方规则之间关联性或差异性的研究，少量研究也仅局限于个别城市规则的部分条文。

有研究（杨茜，2006）指出，05版国家规范对95版国家规则做了较大的修改、补充、调整和完善，充分考虑了建筑新技术、新结构带来的建筑面积计算问题，很大程度上解决了在计算建筑面积中一些模糊不清的问题，但因规则未细化或地区性差异还是带来一些问题，建议统一建筑面积定义，完善建筑面积计算规范，统一所有地区的建筑面积计算规则。另有研究（王小林，2017）分别从架空层、阳台、夹层、保温层、地下建筑、层高超高建筑等几方面，提出上海市颁布的地方规则对国家规范所进行的细化和补充。还有研究（张伟恩，2016）分析了“北、上、广、深四个城市的地方性规则，研究其中的共同点与差异点，认为四个城市的计算规则均提到建筑工程建筑面积的计算仍按照国家规范执行，只是在需要管控的‘特殊情况’下依照地方性规则执行，体现了地方标准性文件需依照上位法的原则，同时也对计算规则在不同地区间实施过程中的一些争议问题进行思考，对规则日后的修订和完善提出一些建议。”

总结相关学者观点可以看出，国家规范在某些内容的制定上应成为地方规则的上位法，起到统领地方规则之间差异的作用；地方规则也应该因地制宜，依据“特殊情况”增强其执行力和可操作性，国家规范对省、市规则的指导性作用及下位规则对上位规范的内容承接同等重要。

1.2.4 各类型规范在计算方式及适用性上的参照与协调

目前在建设项目设计及竣工阶段，我国使用的是2014年7月1日起实施的《建筑工程建筑面积计算规范》(GB/T 50353—2013)及2000年8月1日起实施的《房产测量规范》(GB/T 17986—2000)。

《建筑工程建筑面积计算规范》(GB/T 50353—2013)限定条件是新建、扩建、改建的工业与民用建筑工程的建筑面积的计算，包括工业厂房、仓库、粮种仓库、地铁车站等的建筑面积的计算，在建筑工程造价管理方面起着非常重要的作用，是建筑房屋计算工程量的主要指标，以及计算单位工程预算造价的主要依据。

《房产测量规范》(GB/T 17986—2000)是由国家建设部及国家质量技术监督局在2000年8月起实施的，限定条件为房产产权、产籍管理、房地产开发利用、交易、征收税费，以及为村镇规划建设提供数据及资料。

有一部分学者将目光聚焦于两规范的关系研究。《建筑面积计算规则的差异性研究》(肖烨，2010)等多篇文献将《建筑工程建筑面积计算规范》与《房屋测算规范》差异进行比较分析，主要从以下三个方面展开：①两规范的计算规则适用性；②建筑面积计算的规则方法；③常用建筑工程建筑面积计算差异性条目的归类外延。

还有部分学者(陈翠英、常玉龙、季祐冰、吴丽花，2016)指出两规范在低于2.20 m的房屋、阳台、室外楼梯、车棚、货棚计算规则方面存在不同，尤其在保温隔热层、墙体抹灰、凸(飘)窗计算规则方面，《房产测量规范》未进行表述。

总的来说，相关研究都认同各类型建筑面积计算规范之间既有互相参考借鉴价值，又互相区别，但总体原则上需要保持一致，在判定条件、计算方式方面应有衔接和细化。如胡建明、李江波(2012)认为，虽然建筑工程和房地产建筑面积计算侧重点不同(例如建筑工程侧重于建筑物总面积的计算，而房地产面积计算在此基础上还要细分为户内面积和公摊面积等)，但房地产的面积计算只是对建筑工程面积的具体划分和细化，因此在总体原则上应该是一致的。因此，既能适用于建筑工程的需要，又能服务于房地产行业的发展是相关规范修编的基本原则。

1.3 解读意义

1.3.1 夯实行政审批管理制度改革推广的技术基础条件

通过解读，进一步梳理各层级规范、规则内容及适用情况，明确国家、省、市三层级规范、规则编制内容的承接性和差异特征，提高各层级规范、规则条文的适用准确性及客观评判标准，减少建筑部位建筑面积计算评价标准的主观因素干扰，为建筑工程建设项目有条件“先批后建”等一系列行政审批制度改革措施提供技术基础和合理建议。

1.3.2 提供各层级建筑工程建筑面积规范、规则修编与完善参考建议

本研究选取全国各时期、各层级的地方规则，对其条文的限定条件、计算种类、计算边界与判定依据等四个方面进行探讨，基于 13 版国家规范内容，对 27 条条款进行多层级、多阶段、多地域的对比性解读分析，总结各计算对象的编制规律、编制原则和计算方法的联系及差异，针对新时期形成的新问题，对全国范围内各层级规范、规则修编与完善提供参考与建议。

1.3.3 促使规划及建筑设计转变思路，提高设计及管理水平

通过对建筑面积计算规范的完善，对房地产市场发展在一定程度上进行纠偏，促使设计师回归设计的本初，将更大的精力投入到合理规划户型，提升住宅品质，更好地满足住宅的个性化需求，从根本上改善消费者的居住体验；同时也为今后规范的修编调整制定阶段性目标及其相应弹性内容，在阶段性目标的指引下，逐步改变部分条款的现状问题，通过规范内容的逐步调整，使设计单位在进行城市设计与修建性详细规划时，大大增强设计的合理性，同时通过引入建筑面积判定依据增强部分建筑部位城市设计管控的可操作性和合理性，提高城市管理水平。

1.3.4 提高建筑面积计算“智汇”管理水平及协调程度

立足于时代发展趋势以及我国信息化和新型城镇化发展实际，积极推进新

型"智慧城市"建设，建筑面积计算"智汇"管理及其相关领域的信息化建设，提升城市管理服务水平，是今后城市规划、建设、管理、服务的重点发展方向。以研究建筑面积计算规则为基础，进一步完善相关技术规定中建筑面积计算体系，运用移动互联网、云计算、大数据等先进技术，整合各部门建筑面积计算基础服务信息，加强各部门基础数据和信息资源采集与动态管理，建设建筑面积管理与服务数据库，积极推进建设领域业务智能化、便捷化、智慧化、网络与信息安全化，促进建筑面积计算领域跨部门、跨行业、跨地区信息共享与互联汇通，使建筑面积计算管理更加科学，城市建设更加有序，城市管理更加精细，行业管理更加高效。

因此，提高建筑面积计算"智汇"管理水平，既是落实国家"互联网＋政务服务"的迫切要求，又是"智慧城市"建设的重要内容，更是加快推进"数字中国"建设的时代发展必然选择。

第二章　解读思路

全国建筑面积规范、规则解读主要思路为“智慧、汇聚、成城”，即坚持智慧原则，明确建筑工程建筑面积计算管理体系内容；制定融汇聚合措施，融汇相关规范及省市规则内容特征；成就成城目标，结合行业特征及城市特色，形成有利于各城市建筑工程方案设计、建筑面积规则编制、行业管理的解读成果，成就城市建设品质。

2.1　智　　慧

坚持智慧原则——在城市规划计容建筑面积计算与建筑工程建筑面积计算管理的相关内容上，对建筑工程建筑面积计算案例进行大量智慧分析，梳理建筑工程建筑面积计算国家规范与省市规则深化执行情况，甄别不同建筑部位建筑面积在是否纳入容积率计算时的具体联系及差异，明确建筑工程建筑面积计算和容积率建筑面积计算的范围界限，建立独立的省市建筑工程建筑面积计算规则体系。

2.2　汇　　聚

汇聚融合措施——主要体现在融汇聚力、融汇聚智、融汇聚思三个方面。一方面对相关国家规范中有关建筑面积计算内容进行梳理和整合，如《建筑设计防火规范》、《房产测量规范》等，融汇聚力，结合多行业力量，形成广义层面的建筑工程建筑面积计算规范解读；另一方面以13版国家规范条文为基础框架，融汇聚智，系统解析我国建筑工程建筑面积计算国家规范、省（自治区）域规则、重点城市规则、一般城市规则四级规范、规则体系，对国家及省市四级条文的承接性、地域性及时空特征进行比对和分析；再者，通过比较05版与13版国家规范的条文调整内容，在此基础上，进一步将地方省市规则与国家规范的条文内容进行差异性比较，将差异内容汇聚成限定条件、判定依据、计算边界和计算方式四个解读思路，并以此为依据，融汇聚思，进行建筑工程建筑面积计算国家规范的解读。

2.3 成　　城

成就成城目标——形成适合于全国各级城市建筑工程建筑面积规则制定参考的解读意见。无论是建筑工程建筑面积计算国家规范，还是相关省市规则，其使用对象同为城市建筑设计管理及设计人员，但目前我国建筑工程建筑面积计算规范编制体系尚未建立，城市规则多以一定时期内的适用性为编制前提，地区重点内容不突出。所以结合各省市经济社会发展水平及所处阶段的地区差异，形成有利于各级别城市特色营造的建筑面积计算规范、规则纵向解读体系，为今后我国建筑工程建筑面积计算各级规范、规则体系内容的制定，最大程度的通过建筑工程建设环节成就城市品质，是本次全国规范解读的重要目标。

第三章 我国总体情况

3.1 省份、城市层级及区域划分

根据地理位置、自然条件、经济水平的差异，将我国划分为东部、东北部、中部及西部四个区域，分省级（除台湾省外，共22个省份、5个自治区）、重点城市（共27个省会城市、4个直辖市、5个计划单列市）、一般城市（38个）三个层级收集相关规范、规则及通知，其中一般城市主要为各省副中心城市（表3-1）。

表3-1 建筑工程建筑面积计算规则省市名录

<table>
<tr><th colspan="2">地区</th><th>东部</th><th>东北部</th><th>中部</th><th>西部</th></tr>
<tr><td rowspan="2">省级</td><td>省份</td><td>河北省、浙江省、福建省、山东省、广东省、江苏省、海南省</td><td>吉林省、辽宁省、黑龙江省</td><td>安徽省、江西省、山西省、河南省、湖北省、湖南省</td><td>四川省、贵州省、陕西省、云南省、甘肃省、青海省</td></tr>
<tr><td>自治区</td><td></td><td></td><td></td><td>西藏自治区、广西壮族自治区、宁夏回族自治区、新疆维吾尔族自治区、内蒙古自治区</td></tr>
<tr><td rowspan="3">重点城市</td><td>省会城市</td><td>石家庄、杭州、福州、济南、广州、南京、海口</td><td>长春、沈阳、哈尔滨</td><td>合肥、南昌、太原、郑州、武汉、长沙</td><td>拉萨、南宁、银川、乌鲁木齐、呼和浩特、成都、贵阳、西安、昆明、兰州、西宁</td></tr>
<tr><td>直辖市</td><td>天津、上海、北京</td><td></td><td></td><td>重庆</td></tr>
<tr><td>计划单列市</td><td>青岛、宁波、厦门、深圳</td><td>大连</td><td></td><td></td></tr>
</table>

续表 3-1

地区	东部	东北部	中部	西部
一般城市	东莞（广东） 唐山（河北） 保定（河北） 苏州（江苏） 无锡（江苏） 泉州（福建） 珠海（广东） 湛江（广东） 三亚（海南） 烟台（山东）	齐齐哈尔（黑龙江） 大庆（黑龙江） 吉林（吉林） 大连（辽宁）	芜湖（安徽） 赣州（江西） 大同（山西） 南阳（河南） 洛阳（河南） 宜昌（湖北） 襄阳（湖北） 鄂州（湖北） 衡阳（湖南） 常德（湖南）	绵阳（四川） 遵义（贵州） 宝鸡（陕西） 曲靖（云南） 大理（云南） 酒泉（甘肃） 天水（甘肃） 格尔木（青海） 日喀则（西藏） 柳州（广西） 喀什（新疆） 包头（内蒙古） 鄂尔多斯（内蒙古）

3.2　国家规范及省市规则名录

3.2.1　建筑工程建筑面积计算国家规范名录（表 3-2）

表 3-2　建筑工程建筑面积计算国家规范、规则统计

序号	年份	颁布部门	名称
1	1982 年	国家经委建设办公室	《建筑面积计算规则》（经基设字 58 号）
2	1995 年	建设部	《全国统一建设工程工程量计算规则》（土建工程 GJDGZ—101—95）
3	2005 年	建设部	《建筑工程建筑面积计算规范》（GB/T 50353—2005）
4	2013 年	住房城乡建设部	《建筑工程建筑面积计算规范》（GB/T 50353—2013）

3.2.2 建筑工程建筑面积计算省份规则名录(表 3-3)

表 3-3 建筑工程建筑面积计算省份规则统计

省份		第一阶段	第二阶段
东部	河北	建筑工程基础定额河北省消耗量定额(2008)	
	浙江		浙江省工程建设标准(2018)
	福建	福建省建设厅关于印发《容积率计算规则》的通知(2008)	
	山东	山东省定额建筑面积计算规则(2008)	
	广东	广东省建筑面积计算规则(具体时间未知)	
	无规则省份	江苏、海南	
东北部	吉林	吉林省建筑工程计价定额说明及工程量计算规则(2009)	吉林省建筑工程计价定额(2014)
	辽宁	辽宁省 2008—A—建筑工程计价定额—说明 & 计算规则(2008)	辽宁省定额说明及计算规则《建筑与装饰工程》(2017)
	无规则省份	黑龙江	
中部	安徽	安徽省建筑工程建筑面积计算规则(2005)	
	江西	关于规范建筑工程建筑面积、容积率计算规则的通知(2006)	《建筑工程建筑面积计算规范》(GB/T 50353—2013)实施通知(2015)
	无规则省份	山西、河南、湖北、湖南	
西部	四川	四川省清单计价定额说明(2009)	四川省定额建筑面积计算规则(2015)
	贵州	贵州省建筑面积计算规则(2009)	
	西藏	西藏自治区统一建筑及建筑安装工程基价定额工程量计算规则	
	陕西	陕西定额建筑面积计算规则(2009)	
	无规则省份	内蒙古、广西、云南、甘肃、青海、宁夏、新疆	

3.2.3 建筑工程建筑面积计算重点城市规则名录(3-4)

表 3-4 建筑工程建筑面积计算重点城市规则统计

<table>
<tr><th colspan="2">重点城市</th><th>第一阶段</th><th>第二阶段</th></tr>
<tr><td rowspan="15">东部</td><td rowspan="2">天津</td><td>天津市建筑工程预算基价土建(2008)</td><td rowspan="2"></td></tr>
<tr><td>天津市建筑工程预算基价定额说明(土建专业)(2012)</td></tr>
<tr><td>南京</td><td></td><td>南京市建筑工程建筑面积计算规则(2014)</td></tr>
<tr><td>上海</td><td>关于印发《上海市建筑面积计算规划管理暂行规定》的通知(2011)</td><td></td></tr>
<tr><td>杭州</td><td>杭州市建设项目规划技术指标计算规则(试行)(2010)
杭州市建设项目计算容积率面积及建筑密度的实施细则(2013.2.28 讨论稿)</td><td></td></tr>
<tr><td>宁波</td><td>《宁波市建筑工程容积率计算规定》(2010)
宁波市建筑工程经济技术指标计算办法(2010)</td><td></td></tr>
<tr><td>福州</td><td>《建筑面积计算规则》(2012)</td><td>福州市城市规划管理技术规定(2016)</td></tr>
<tr><td>青岛</td><td></td><td>关于执行《建筑工程建筑面积计算规范》(GB/T 50353—2013)中常见问题的解释说明(2014)</td></tr>
<tr><td rowspan="3">广州</td><td rowspan="3">广州市规划局贯彻实施《建筑工程建筑面积计算规范》办法(征求意见稿)(2011)</td><td>广州市规划管理建筑面积计算方法(征求意见稿)(2014)</td></tr>
<tr><td>广州市规划管理容积率指标计算办法(2016)</td></tr>
<tr><td>广州市规划管理容积率指标计算办法(2017)</td></tr>
<tr><td>深圳</td><td></td><td>深圳市建筑设计规则—深规土(2014)402 号</td></tr>
<tr><td rowspan="2">海口</td><td>关于进一步规范建筑面积的计算规则(2010)</td><td rowspan="2">海口市建筑工程建筑面积计算规则(2016)</td></tr>
<tr><td>海口市规划局建筑工程建筑面积计算补充规定(2011)</td></tr>
<tr><td>无规则城市</td><td colspan="2">北京、石家庄、厦门、济南</td></tr>
</table>

续表 3-4

重点城市		第一阶段	第二阶段
东北部	无规则城市	哈尔滨、长春、沈阳、大连	
中部	南昌	关于规范建筑工程建筑面积、容积率计算规则的通知(洪规技字〔2006〕第1号)	
		南昌市建筑工程建筑面积、容积率计算规则(修订)(2012)	
	武汉	武汉市规划管理建筑面积计算技术规定(试行)(2013)	武汉市规划管理建筑面积计算技术规定(2014)
			武汉市建设工程建筑面积计算规则(2018)
	长沙		《长沙市2017主要技术经济指标与建筑面积计算实施细则》征求意见稿(2017-2-12)
	无规则城市	太原、合肥、郑州	
西部	重庆		重庆市最新建筑面积计算规则(2014)
			重庆市计容面积计算规范主要内容解读(2018)
	南宁	南宁市城市规划管理技术规定(2011)	南宁市城市规划管理技术规定(2014)
	无规则城市	呼和浩特、成都、贵阳、昆明、拉萨、西安、兰州、西宁、银川、乌鲁木齐	

3.2.4 建筑工程建筑面积计算一般城市规则名录(表3-5)

表3-5 建筑工程建筑面积计算一般城市规则统计

一般城市		第一阶段	第二阶段
东部	东莞市(广东)		东莞市建设项目规划指标计算细则(试行稿)(2016)
	无规则城市	唐山(河北)、保定(河北)、苏州(江苏)、无锡(江苏)、泉州(福建)、珠海(广东)、湛江(广东)、三亚(海南)、烟台(山东)	

续表 3-5

<table>
<tr><th colspan="2">一般城市</th><th>第一阶段</th><th>第二阶段</th></tr>
<tr><td>东北部</td><td>无规则城市</td><td colspan="2">齐齐哈尔(黑龙江)、大庆(黑龙江)、吉林(吉林)、大连(辽宁)</td></tr>
<tr><td rowspan="5">中部</td><td>芜湖市(安徽)</td><td>芜湖容积率和建筑面积计算规范有关问题的通知(2009)</td><td></td></tr>
<tr><td>赣州市(江西)</td><td>赣州市 2010《建筑层高控制与建筑面积、容积率计算规定(试行)》(2010)</td><td>赣州市中心城区建筑工程建筑面积、容积率、建筑密度计算规则(2017)</td></tr>
<tr><td>鄂州市(湖北)</td><td></td><td>鄂州市规划管理建筑面积计算技术规定(2015)</td></tr>
<tr><td>常德市(湖南)</td><td></td><td>《常德市规划局关于进一步规范规划区内建设项目建筑设计、建筑面积及容积率核算管理的通知》(2017)</td></tr>
<tr><td>无规则城市</td><td colspan="2">南阳(河南)、洛阳(河南)、宜昌(湖北)、襄阳(湖北)、衡阳(湖南)、大同(山西)</td></tr>
<tr><td rowspan="2">西部</td><td>柳州市(广西)</td><td colspan="2">柳州市关于规范阳台设计及建筑面积计算的通知(2009)</td></tr>
<tr><td>无规则城市</td><td colspan="2">包头(内蒙古)、鄂尔多斯(内蒙古)、绵阳(四川)、遵义(贵州)、曲靖(云南)、大理(云南)、日喀则(西藏)、宝鸡(陕西)、酒泉(甘肃)、天水(甘肃)、格尔木(青海)、无副中心(宁夏)、喀什(新疆)</td></tr>
</table>

3.2.5　房屋测量相关省市规则名录(表 3-6)

表 3-6　房屋测量相关省市规则、规定、标准汇总

第一阶段
深圳市房屋建筑面积计算规定(2012)
江苏省地方标准《房屋面积测算技术规程》(J11973—2012)
厦门市房产面积测算细则(2011)
湖南省房产面积测算及共有建筑面积分摊规则(2010)
石家庄市房屋面积测算规定(2010)
济南市房产平面图绘制及房产面积测量计算实施细则(2010)

续表 3-6

第一阶段
北京市地方标准《房屋面积测算技术规程》(DB 11/T661—2009)
深圳经济特区技术规范《房屋建筑面积测绘技术规范》(SZJG 22—2006)
黑龙江省房屋建筑面积测绘技术标准(2005)
重庆市房屋面积测算实施细则(试行)(2003)
厦门市房产面积测算细则(2003)
哈尔滨市商品房面积计算与分摊实施细则(2002)
沈阳市房屋面积测量与计算细则(2002)
郑州市房屋建筑面积测算及共有共用建筑面积分摊规则(2001)
大连市房屋建筑面积测算及公用建筑面积分摊规则(1998)
第二阶段
合肥市房屋建筑面积计算规则(2018)
《上海市房产面积测算规范》(沪建权籍〔2017〕583 号)
湖北省《房产测绘技术规程》(DB42/T 1049—2015)
深圳经济特区技术规范《房屋建筑面积测绘技术规范》(SZJG 22—2015)
《天津市房屋面积测算技术规范》(津国土房测〔2014〕142 号)

3.3 规则编制基本情况

3.3.1 规则编制层级概况(表 3-7)

表 3-7 建筑工程建筑面积相关规则层级、阶段统计表

	样本省(市)数量	收集到规则的省(市)数量	占比	收集到规则总数量	第一阶段规则数量及占比		第二阶段规则数量及占比	
					数量	占比	数量	占比
省、自治区	27	13	48.2%	17	12	70.5%	5	29.5%
重点城市	36	16	44.4%	30	16	53.3%	14	46.7%
一般城市	38	5	13.2%	7	4	57.1%	3	42.9%

以全国27个省、自治区(除台湾省外)为样本,共查找到13个省、自治区编制过17个省级建筑工程建筑面积测算相关规则,编制过相关规则的省份数量占比为48.2%。2005年以后,这13个省、自治区中有9个只编制过1个规则,分别是河北省、浙江省、福建省、山东省、广东省、安徽省、贵州省、西藏自治区、陕西省,占比69.2%;4个省份编制过2个规范,分别是辽宁省、吉林省、江西省、四川省。在17个省级规则中,第一阶段编制有12个规则,占比70.5%;第二阶段编制有5个规则,占比29.5%。

以省会、直辖市、计划单列市(重点城市)为一层级进行规则收集,共有36个城市样本,2005年以后共查询到16个城市编制过相关规则,占比44.4%。这16个城市中有5个城市只编制过一个规则,分别是南京市、上海市、青岛市、深圳市,占比31.3%;有7个城市编制过2个规则,分别是天津市,杭州市、宁波市、福州市、南昌市、重庆市、南宁市,占比43.8%;有2个城市编制过3个规则,分别是海口市和武汉市,占比12.5%;有1个城市编制过5个规则,是广州市,占比6.3%。30个城市规则从编制时间阶段来看,第一阶段编制16个规则,占比53.3%;第二阶段编制了14个规则,占比46.7%。

以全国38个一般城市(省域副中心城市)为样本,一共只查到5个城市共编制7个相关规则,编制规则的一般城市数量占总量的13.2%。其中有3个城市编制了一个规则,分别是温州市、芜湖市、柳州市,占编制规则一般城市数量的60%;有2个城市编制了两个规则,分别是东莞市和赣州市,占编制规则一般城市数量的40%。7个规则中,第一阶段编制有4个,占比57.1%;第二阶段编制3个,占比42.9%。

由以上数据分析可以看出,在省、自治区以及重点城市中,编制过相应规则的省、自治区及重点城市数量占比大致相当,都为45%左右,而仅有5个一般城市编制过相关规则,编制规则的一般城市数量占比较省、自治区及重点城市层级有较为显著的减少,仅为13.2%。

3.3.2 规则编制时间阶段概况

省级规则总共收集17个,从时间上看,第一阶段共有12个省、自治区编制了12个规则,编制规则的省、自治区数量占到全国省、自治区总数的近一半,第二阶段有5个省、自治区编制了5个规则。从两阶段规则编制的数量占比上来看,两阶段分别为70.5%和29.5%,第二阶段的省级规则数量比第一阶段大幅度减少,第一阶段编制过规则的省份在第二阶段大部分并未进行规则的修编。

重点城市共搜集规则30个,其中第一阶段有16个规则,占比53.3%;第二阶段有 14 个规则，占比 46.7%。两个阶段的规则数量并无明显变化，在一定程度上说明城市建筑工程建筑面积计算情况较为复杂，国家规范进行修编调整后，其适用概率并未发生较大变化，地方城市仍需要结合地区特征重新编制适用于本地区的相关规则。

一般城市规则收集数量太少，占比统计并不具备参考性，但从仅有的规则编制情况来看，两阶段并未出现明显的差异。

3.3.3 规则编制空间概况

从规范编制的空间区域及层级来看，其数量特征如下：

2005 年之后，东部有 7 个省、自治区共编制 5 个省级规则，每个省份平均编制 0.7 个规则；东北部 3 个省份未搜集到相关规则；中部省份 6 个，每个省份平均编制 0.5 个规范；西部 11 个省、自治区，每个省份平均编制 0.45 个。

东部重点城市有 14 个，搜集规则数量为 20 个，平均每个城市编制了 1.4 个规则；东北部重点城市有 4 个，总规则数量为 0；中部重点城市有 6 个，搜集规则数量为 6 个，平均每个城市编制 1 个规则；西部重点城市有 12 个，搜集规则数量为 4 个，平均每个城市编制了 0.33 个规则。

东部一般城市 10 个，搜集规则数量为 3 个，平均每个城市编制了 0.33 个规则；东北部一般城市 4 个，搜集规则数量为 0；中部一般城市有 10 个，搜集规则数量为 3 个，平均每个城市编制了 0.33 个规则；西部一般城市 14 个，搜集规则数量为 1 个，平均每个城市编制了 0.07 个。

对比三个层级的规则编制数量与编制城市数量可以发现，从东部到西部呈现显著的递减趋势。

3.4.4 规则编制时空特征

3.3.4.1 规则编制需求与经济发展水平的显著相关性

将省市编制规则的情况进行空间分析后发现，东部沿海地区省市编制规则数量及密度明显大于西部地区省市，且西部地区省市中经济较为发达地区编制的规则数量比经济相对落后地区多。通过图面对比可以明显看出，重点城市规则数量远大于一般城市规则数量，据此可推断地区经济发展水平是影响建筑工程建筑面积规则编制的重要因素。为了满足建筑工程中日益出现的新技术、新材料带来的新要求，经济较发达地区规则编制内容也更为全面、严谨。

3.3.4.2 省级规则的适用性减弱，城市规则的地域适用性可能增强

从省级和重点城市层级规则编制的数量来看，在两个阶段上变化是不一致

的。省级规则编制数量从第一阶段到第二阶段明显减少，而重点城市规则编制数量在两个阶段并未出现较大变化。

可能的原因是，随着国家规范内容调整，其在全国范围内的纲领性作用增强，而第二阶段省级规则的编制数量大幅下降，约一半省份以通知形式告知使用同期国家规范，只是进行了部分条文的补充说明，部分省级规则内容与国家规范趋同，并未结合省域不同等级城市做出条文内容的具体深化，导致其在省域范围内的指导性作用减弱。需要指出的是，少数经济相对较发达的省份还是进行了地方规则的修编，且提出了计算细则。

重点城市规则的适用范围仅仅限于本市，针对自身城市发展需要对规则内容进行修编与调整，对本市具有较强的适用性。此外，在一定的区域范围内，重点城市规则往往也会对周边一般城市的规则编制或行政管理提供有效的技术支撑，所以第二阶段重点城市仍然是地方规则编制的主体。

3.3.4.3 省市规则的综合性增强，并具有一定的内容承接性

从内容上看，国家规范主要应用在建筑工程建设领域，省市规则大多承接这一特征，但也有某些省市规则从命名上就与国家规范有所区别，如《建筑工程容积率计算规定》《规划管理建筑面积计算技术规定》等。这些规则、规定内容较为综合，一般涵盖较多方面，如建筑面积计算的相关内容、容积率的计算规定、工程造价计算规定、城市规划管理规定等，其中建筑工程建筑面积计算相关内容一般与国家规范内容相对应。

从形式上说，建筑工程建筑面积计算省市规则有一部分以通知文件的形式颁布，大多数是对国家规范的条文补充或实施细则，同一地区省级规则与市级规则重点补充条文内容较为类似，具有一定承接相关性。

3.4 规则条文基本情况

3.4.1 各层级规范、规则条文结构的逻辑性比较

3.4.1.1 “计算建筑面积规定部分”表述结构进一步细化

05 版国家规范与 13 版国家规范由总则、术语和计算建筑面积的规定三部分组成。在计算建筑面积的规定部分，05 版国家规范与 13 版国家规范分别由 24 及 27 个条文所组成，具体条文间并列表述，内容上看只有一级结构。

2005 年以后的省、市层级建筑工程建筑面积计算相关规范、规则、标准的条

文表述结构与两版国家规范较为一致，但比对后发现两阶段还是存在省市特例，不同于国家规范的结构模式。

(1) 第一阶段

第一阶段省、市层级规则、标准特例主要是将所有条文分为两级结构。

第一层级为计算建筑面积的规定分类：计算建筑面积的部位归为一类，不计算建筑面积的部位归为另一类。如《吉林省建筑工程计价定额说明和计算规则》(2009)(图 3-1)、《吉林省建筑工程计价定额》(2014)、《陕西定额建筑面积计算规则》(2009)、《四川省清单计价定额说明》(2009)，以上规则将所有条文分为两类进行表述：计算建筑面积的范围、不计算建筑面积的范围。其中计算一半建筑面积的部位和情况也并入"计算建筑面积的范围"中论述。

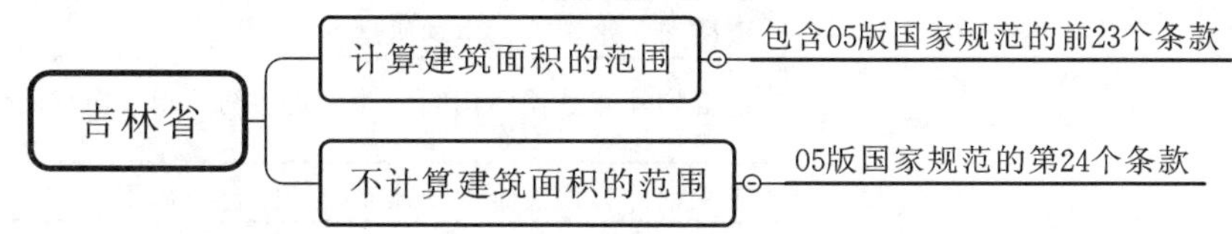

图 3-1 《吉林省建筑工程计价定额说明和计算规则》(2009)条文层级结构

第一阶段中还有部分省、市规则加入了兜底说明，如《广东省建筑面积计算规则(第一阶段)》(图 3-2)、《贵州省建筑面积计算规则》(2009)、《山东省定额建筑面积计算规则》(2008)、《福州市建筑面积计算规则》(2012)中在所有条文分为"计算建筑面积的范围"、"不计算建筑面积的范围"两类进行表述的基础上另增第三部分"其他"，其内容具体表述为：①建筑物与构筑物连接成一体的，属建筑物部分按本规则有关规定计算；②本规则适用于地上、地下建筑物的建筑面积计算，如遇有上述未尽事宜，可参照上述相关规则办理。

第二层级为条文分类：上述省、市规则基本是将 05 版国家规范的 24 个条文在第一层级的两个计算建筑面积的规定分类中分别进行表述，其中前 23 个条文在"计算建筑面积的范围"中表述，"不计算建筑面积的范围"实际上就是第 24 个条文。

总的来说第一阶段以上省、市规则特例的条文逻辑与 05 版国家规范并没有大的不同，一般都是以 05 版国家规范的 1～23 条文为基础，对其进行删减补充后归为"计算建筑面积的范围"；同时在 05 版国家规范第 24 条文的基础上进行补充，并归为"不计算建筑面积的范围"部分。

(2) 第二阶段

第二阶段部分省、市建筑工程建筑面积计算相关规则、标准在条文表述结构上则较《建筑工程建筑面积计算规范》(GB/T 50353—2013)有较大的变化，以浙江省和武汉市尤为明显。

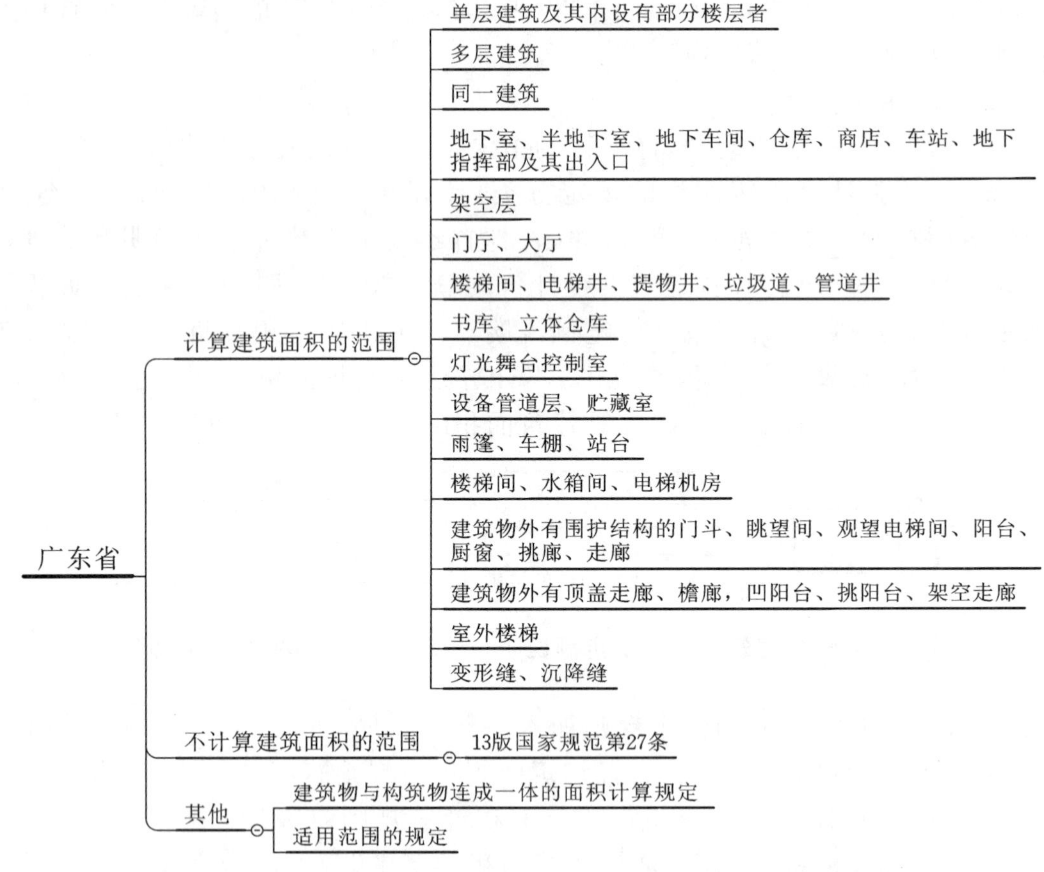

图 3-2 《广东省建筑面积计算规则（第一阶段）》条文层级结构

浙江省《建筑工程建筑面积计算和竣工综合测量技术规程》（DB33/T 1152—2018）（图 3-3）与《武汉市建设工程建筑面积计算规则》（2018）（图 3-4）中，将所有规范条文细化为三级结构：

第一层级为计算建筑面积的规定分类：《武汉市建设工程建筑面积计算规则》（2018）分为一般规定、计算细则、特殊规定三类，《建筑工程建筑面积计算和竣工综合测量技术规程》（DB33/T 1152—2018）分为一般规定与计算细则两类。两特例一般规定重点表述建筑面积以建筑占有的空间为基础进行计算边界，建筑面积计算全面积、1/2 面积及其他情况应符合的规定，地上地下建筑面积区分应符合的规定三大部分。《武汉市建设工程建筑面积计算规则》（2018）中特殊规定部分重点表述特殊层高建筑部位的面积计算规定以及易引发争议的特殊建筑部位的面积计算规定。

第二层级为条文分类：《武汉市建设工程建筑面积计算规则》（2018）和《建筑工程建筑面积计算和竣工综合测量技术规程》（DB33/T 1152—2018）将位置类似、功能趋同的建筑部位合并到一条论述，两者将计算细则分为了 16 个和 14

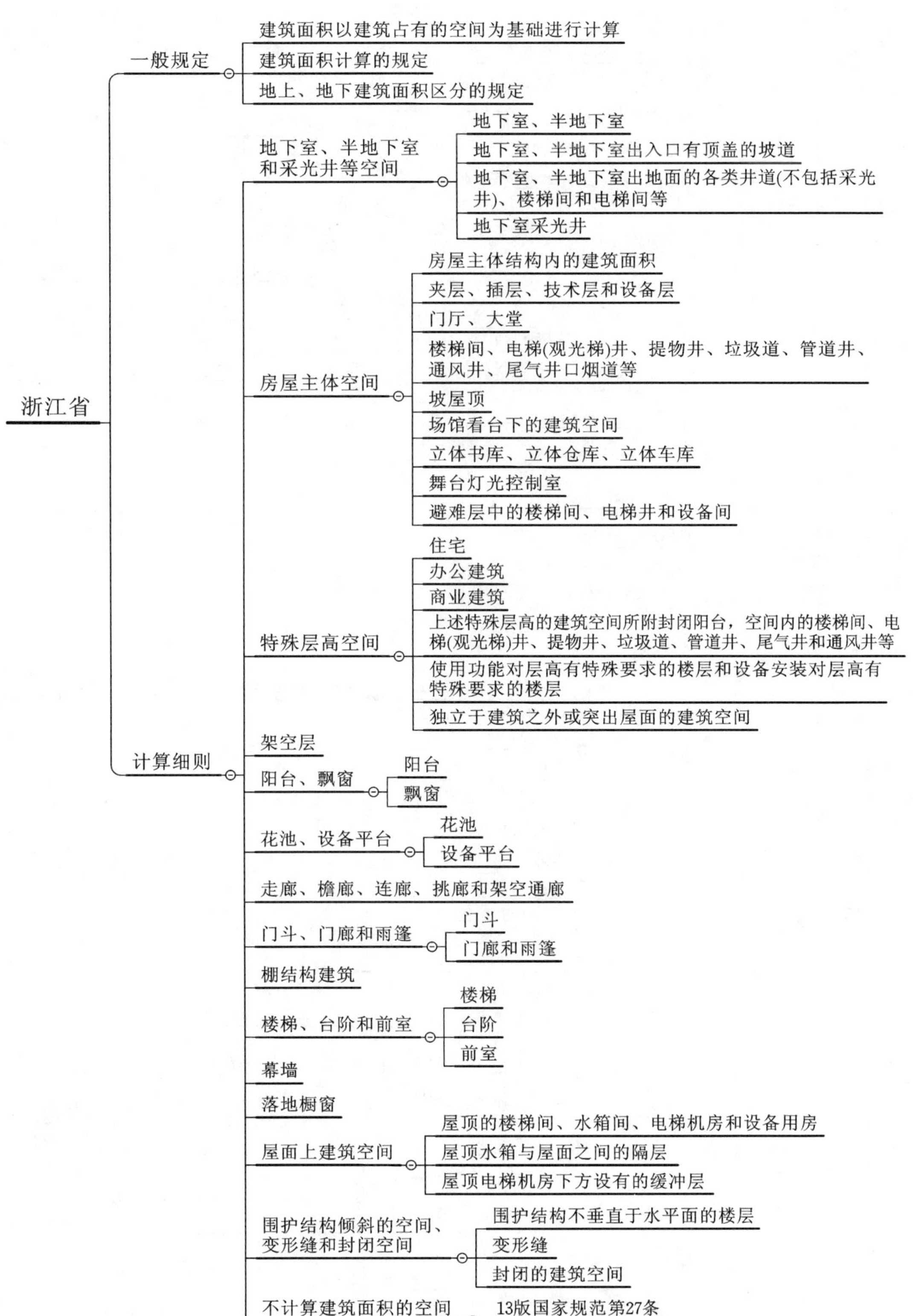

图 3-3 浙江省《建筑工程建筑面积计算和竣工综合测量技术规程》(DB33/T 1152—2018)条文层级结构

图 3-4 《武汉市建设工程建筑面积计算规则》(2018)条文层级结构

个中类条文进行表述，武汉市还在特殊规定部分拟定 6 个中类条文进行表述。

《武汉市建设工程建筑面积计算规则》(2018)计算细则 16 个中类条文中，有 10 个条文无法与其他条文合并的，单独作为中类表述，如①结构板、结构联系梁，②机械式停车库，③走廊、檐廊、挑廊、连廊和架空走(通)廊，④棚结构建筑，⑤楼梯，⑥台阶和前室，⑦变形缝，⑧幕墙，⑨保温层，⑩落地橱窗等，此外还有 6 个条文细分到了小类，如①地下室、半地下室，②房屋主体空间，③围护结构倾斜的空间和封闭空间，④门斗、门廊和雨篷，⑤屋面上建筑空间，⑥化工构筑物、设施等；特殊规定部分则分①特殊层高空间，②阳台，③飘窗，④空调室外机搁板、设备平台，⑤突出外墙面建筑部件，⑥装配式建筑外墙 6 个中类条文进行表述，其中特殊层高空间和空调室外机搁板、设备平台分为小类条文论述。

《建筑工程建筑面积计算和竣工综合测量技术规程》(DB33/T 1152—2018)计算细则 14 个中类条文中，有 6 个条文无法与其他条文合并的，单独作为中类表述，包括：①架空层，②棚结构建筑，③走廊、檐廊、挑廊和室外走廊，④楼梯、台阶和前室，⑤幕墙，⑥不计算建筑面积等；此外还有 9 个条文细分到了小类条文，分别是：①地下室、半地下室和采光井等空间，②房屋主体空间，③特殊层高空间，④阳台、飘窗，⑤花池、设备平台，⑥门斗、门廊和雨篷，⑦楼梯、台阶与前室，⑧屋面上建筑空间，⑨围护结构倾斜的空间、变形缝和封闭空间等。

第三层级为具体条文表述，《建筑工程建筑面积计算和竣工综合测量技术规程》(DB33/T 1152—2018)在计算细则部分分列 38 个小类条文进行论述；《武汉市建设工程建筑面积计算规则》(2018)在计算细则部分分列 42 个小类条文进行论述，在特殊规则部分分列 7 个小类条文进行论述。如《武汉市建设工程建筑面积计算规则》(2018)在计算细则部分将①建筑空间的面积计算，②设备层的面积计算，③结构转换层的面积计算，④避难层的面积计算，⑤架空层的面积计算，⑥建筑物内设有局部楼层的面积计算，⑦建筑物的室内楼梯、电梯井、提物井、管道井、通风排气竖井、烟道的面积计算，⑧坡屋顶的面积计算，⑨场馆看台下的建筑空间的面积计算，⑩建筑物形态的立体书库、立体仓库、立体车库的面积计算十个小类条文合并在“建筑物主体空间的建筑面积计算”这一中类条文中；《建筑工程建筑面积计算和竣工综合测量技术规程》(DB33/T 1152—2018)将中类条文“房屋主体空间”细分为①房屋主体结构内的建筑空间，②夹层、插层、技术层和设备层，③门厅、大堂，④楼梯间、电梯(观光梯)井、提物井、垃圾道、管道井、通风井、尾气井和烟道，⑤坡屋顶，⑥场馆看台下的建筑空间，⑦立体书库、立体仓库和立体车库，⑧舞台灯光控制室，⑨避难层中的楼梯间、电梯井和设备间等。

从《建筑工程建筑面积计算和竣工综合测量技术规程》(DB33/T 1152—2018)及《武汉市建设工程建筑面积计算规则》(2018)对比来看，未做进一步细化表述的中类条文有①结构板、结构联系梁，②走廊、檐廊、挑廊、连廊和架空走（通）廊，③棚结构建筑，④幕墙，⑤保温层，⑥落地橱窗。

两标准、规则都进行表述的中类条文有①地下室、半地下室，②房屋主体空间，③特殊层高空间的建筑，④走廊、檐廊、挑廊、连廊和架空走（通）廊，⑤门斗、门廊和雨篷，⑥棚结构建筑，⑦楼梯、台阶和前室，⑧幕墙，⑨落地橱窗，⑩屋面上建筑空间。

此外，《重庆市计容面积计算规范》（2018）（图 3-5）将所有条文分为两个层级：第一层级分为计算全面积、计算一半面积、不计算面积三类表述；第二层级为详细条文。值得注意的是在《重庆市计容面积计算规范》（2018）中，有 16 个条文基于限定条件或前置条件不同，在计算全面积与计算一半面积分类中，对其计算方式进行了不同的表述。

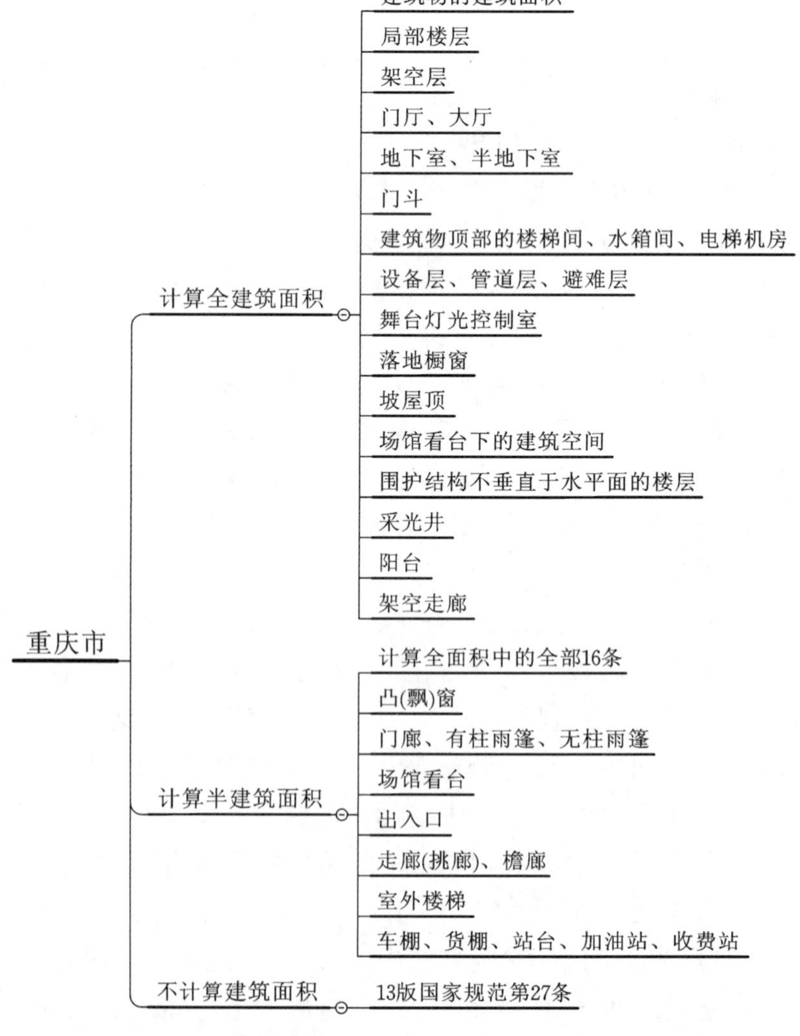

图 3-5 《重庆市计容面积计算规范》（2018）条文层级结构

而《南京市建筑工程建筑面积计算规则》(2014)结构更为简单,全规则分为十三条,将总则、计算规则、术语全部并列表述,前两条为总则,最后一条为术语,中间 3～12 条为建筑部位的表述。

3.4.1.2 条文论述结构的重新排列组合

(1) 国家规范比较

13 版国家规范与 05 版国家规范中存在某些条文的描述内容在多个条文间进行组合或分解,个别地方省、市规则条文相比国家规范有所调整(图 3-6)。

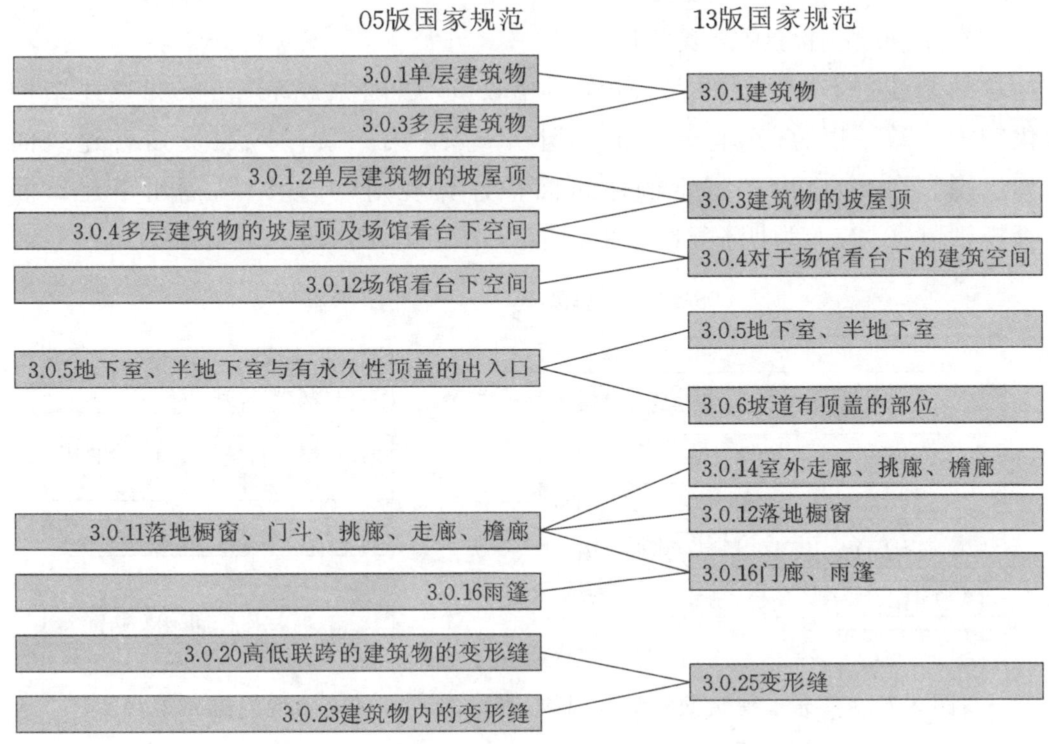

图 3-6 两个版本国家规范条文结构的排列组合图

① 05 版国家规范将“3.0.1 单层建筑物”与“3.0.3 多层建筑物”分别论述;而在 13 版国家规范中合并在“3.0.1 建筑面积(自然层)”中描述。

② 05 版国家规范中“坡屋顶”分别在“3.0.1 单层建筑物”及“3.0.4 多层建筑物”里分别论述;13 版国家规范改为“3.0.3 形成建筑空间的坡屋顶”一条论述。

③ 05 版国家规范将“多层建筑坡屋顶内空间”与“看台下空间”在 3.0.4 一起论述,3.0.12 单独论述场馆看台;13 版版国家规范中“场馆看台下建筑”、“悬挑看台、场馆看台”合并在 3.0.4 中论述。

④ 05 版国家规范将“3.0.5 地下室、半地下室与有永久性顶盖的出入口(坡

道机动车出入口)”一起论述;13 版国家规范分为“3.0.5 地下室、半地下室”和“3.0.6 坡道有顶盖的部位”,且将永久性顶盖精确概述为“外墙外侧坡道有顶盖的部分”。

⑤ 05 版国家规范将“3.0.11 落地橱窗、门斗、挑廊、走廊、檐廊”,“3.0.16 雨篷”拆分为了 13 版国家规范的“3.0.12 落地橱窗”,“3.0.14 室外走廊、挑廊、檐廊”,“3.0.16 门廊、雨篷”。

⑥ 05 版国家规范变形缝由 3.0.20 条文和 3.0.23 条文分别表述;13 版国家规范合并为 3.0.25 一个条文表述。

(2) 省、市规则与国家规范比较

总的来说,第一阶段的省、市规则相较 05 版国家规范,在条文表述结构上变化较为一致。以《广东省建筑面积计算规则(第一阶段)》、《贵州省建筑面积计算规则》(2009)、《山东省定额建筑面积计算规则》(2008)、《福州市建筑面积计算规则》(2012)尤为明显,具体来说有以下变化(图 3-7):

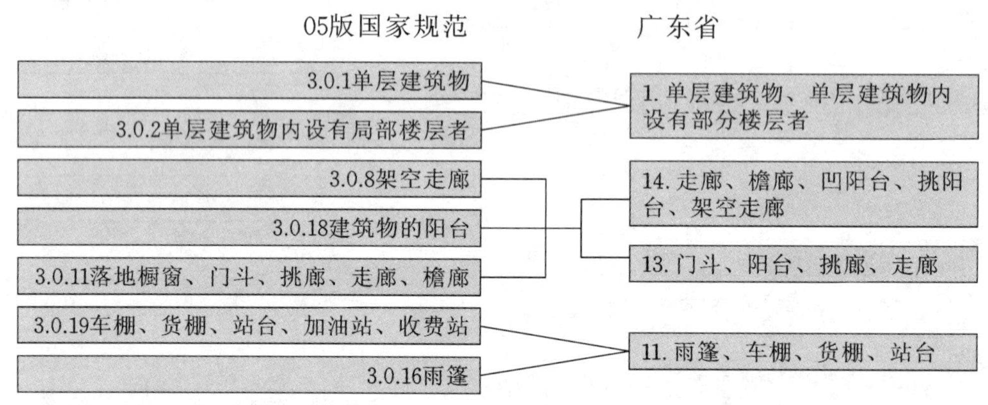

图 3-7 《广东省建筑面积计算规则(第一阶段)》条文结构的排列组合图

① 省、市规则将 05 版国家规范中的“3.0.1 单层建筑物”与“3.0.2 单层建筑物内设有局部楼层”两条合并论述。

② 省、市规则将 05 版国家规范中的“3.0.8 架空走廊”,“3.0.18 建筑物的阳台”,“3.0.11 落地橱窗、门斗、挑廊、走廊、檐廊”等三条重新排列组合为①门斗、阳台、挑廊、走廊和②走廊、檐廊、凹阳台、挑阳台、架空走廊。分析以上省市规则发现,规则对门斗、阳台、挑廊、走廊建筑面积计算方式表述一致,均按围护结构外围水平面积计算建筑面积,所以合并在一起论述;而走廊、檐廊、凹阳台、挑阳台、架空走廊均可能存在有顶盖的情况,所以合并论述。

③ 省、市规则将 05 版国家规范中的“3.0.19 车棚、货棚、站台、加油站、收费站”与“3.0.16 雨篷”合并为“雨篷、车棚、货棚、站台”(取消了加油站、收费站)。

此外，福州市《建筑面积计算规则》(2012)中将阳台与挑廊一并论述。

第二阶段以武汉市和浙江省规则变化较为明显(图 3-8)。《武汉市建设工程建筑面积计算规则》(2018)中“3.2.1 地下室、半地下室的建筑面积计算”这一条文将 13 版本国家规范中“3.0.5 地下室、半地下室”与“3.0.6 地下室、半地下室的出入口坡道有顶盖部位”合并论述，这与 05 版国家规范的做法相同。

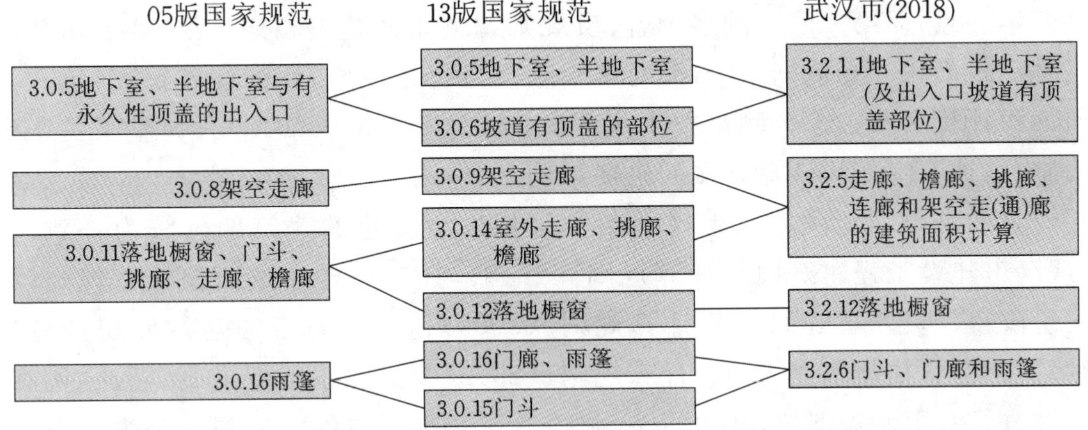

图 3-8 《武汉市建设工程建筑面积计算规则》(2018)条文结构的排列组合图

《武汉市建设工程建筑面积计算规则》(2018)中“3.2.5 走廊、檐廊、挑廊、连廊和架空走(通)廊的建筑面积计算”这一条文中将“3.0.14 室外走廊、檐廊、挑廊”和“3.0.9 架空走廊”合并论述;“3.2.6 门斗、门廊和雨篷的建筑面积计算”这一条文中将“3.0.15 门斗”与“3.0.16 门廊、雨篷”合并为中类条文，然后三个部位单独论述。

浙江省《建筑工程建筑面积计算和竣工综合测量技术规程》(DB33/T 1152—2018)中“5.2.1 地下室、半地下室和采光井等空间建筑面积计算”这一条文将①地下室、半地下室、②地下室、半地下室出入口有顶盖的坡道合并论述，并增加了③地下室、半地下室出地面的各类井道(不包括采光井)、楼梯间和电梯间和④有顶盖的地下室采光井等的面积计算规定内容。

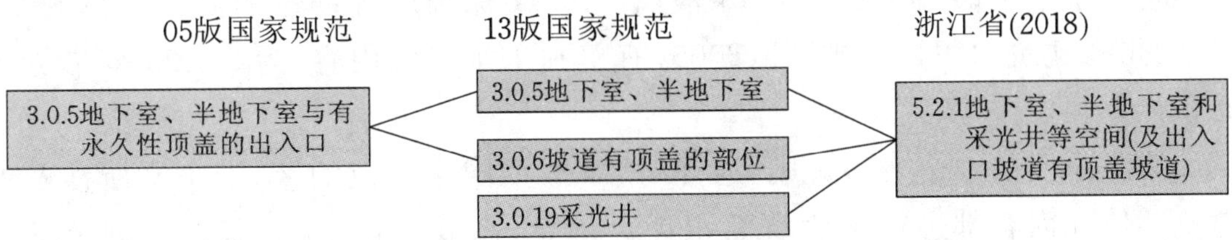

图 3-9 浙江省《建筑工程建筑面积计算和竣工综合测量技术规程》(DB33/T 1152—2018)条文结构的排列组合图

综上所述发现，第二阶段省、市规则相较13版国家规范而言，重点将功能相近、部位相似的建筑部位一并论述。

(3) 省、市规则比较

省、市规则之间条文论述结构的重新排列组合从层级上看并无特别的规律，而从时间上看，第一阶段条文论述结构发生变化的省、市规则，其调整的条文基本一致，而第二阶段的多个省、市规则调整条文并不相同。如《武汉市建设工程建筑面积计算规则》(2018)对多个条文进行了调整，而浙江省《建筑工程建筑面积计算和竣工综合测量技术规程》(DB33/T 1152—2018)只调整了关于地下室、半地下室面积计算条文的论述结构。

总的来说，两阶段省、市规则条文结构发生变化的建筑部位较为一致，如《武汉市建设工程建筑面积计算规则》(2018)与《广东省建筑面积计算规则(第一阶段)》、《贵州省建筑面积计算规则》(2009)、《山东省定额建筑面积计算规则》(2008)、《福州市建筑面积计算规则》(2012)都关注了架空走廊、门斗、挑廊、走廊、檐廊、雨篷等部位，其中门斗、雨篷等建筑出入口的建筑部位分为一类，而架空走廊、挑廊、走廊、檐廊的廊结构分为一类。

3.4.2 各层级规范、规则条文承接性比较

3.4.2.1 省、市规则条文承接的内容特征

(1) 省级(表3-8)

第一阶段的12个省级规则，通知中有3个没有完全承接05版国家规范，分别是《山东省定额建筑面积计算规则》(2008)、《贵州省建筑面积计算规则》(2009)和《广东省建筑面积计算规则(第一阶段)》。从具体条文来看，三个省级规则未承接05版本国家规范的内容几乎完全相同，其中相同的内容有：3.0.3坡屋顶，3.0.4场馆看台下的建筑空间，3.0.13落地橱窗、凸(飘)窗，3.0.18围护结构不垂直于水平面的楼层，3.0.23幕墙，3.0.24保温层等部位的面积计算规定，而《贵州省建筑面积计算规则》(2009)有单独未承接的内容，为3.0.25变形缝的面积计算规定。

第二阶段的5个省级规则、通知对13版本国家规范的27个条文所涉及的建筑部位或内容都进行了建筑面积计算规定，高度承接了13版国家规范的条文内容。其中只有浙江省《建筑工程建筑面积计算和竣工综合测量技术规程》(DB33/T 1152—2018)未对“建筑物局部楼层”的建筑面积计算这一条文作出规定，而是在相应位置对“房屋内的夹层、插层、技术层和设备层等”建筑面积的计

表 3-8 省级规则承接国家规范条文内容统计

	吉林省 2009	辽宁省 2008	河北省 2008	山东省 2008	陕西省 2009	安徽省 2005	江西省 2006	四川省 2009	贵州省 2009	福建省 2008	广东省	西藏自治区	吉林省 2014	辽宁省 2017	浙江省 2018	江西省 2015	四川省 2015
3.0.1 建筑物	√	√	√	√	√	√	√	√	√	√	√	√	√	√	√	√	√
3.0.2 建筑物的局部楼层	√	√	√	√	√	√	√	√	√	√	√	√	√	√		√	√
3.0.3 对于形成建筑空间的坡屋顶	√	√	√		√	√	√	√	√	√		√	√	√	√	√	√
3.0.4 场馆看台下的建筑空间	√	√	√		√	√	√	√	√	√		√	√	√	√	√	√
3.0.5 地下室、半地下室	√	√	√	√	√	√	√	√	√	√	√	√	√	√	√	√	√
3.0.6 出入口	√	√	√	√	√	√	√	√	√	√	√	√	√	√	√	√	√
3.0.7 架空层	√	√	√	√	√	√	√	√	√	√	√	√	√	√	√	√	√
3.0.8 门厅、大厅	√	√	√	√	√	√	√	√	√	√	√	√	√	√	√	√	√
3.0.9 架空走廊	√	√	√	√	√	√	√	√	√	√	√	√	√	√	√	√	√
3.0.10 立体书库、立体仓库、立体车库	√	√	√	√	√	√	√	√	√	√	√	√	√	√	√	√	√
3.0.11 舞台灯光控制室	√	√	√	√	√	√	√	√	√	√	√	√	√	√	√	√	√
3.0.12 落地橱窗	√	√	√		√	√	√	√		√		√	√	√	√	√	√
3.0.13 凸(飘)窗	√	√	√		√	√	√	√		√		√	√	√	√	√	√
3.0.14 室外走廊(挑廊)	√	√	√	√	√	√	√	√	√	√	√	√	√	√	√	√	√
3.0.15 门斗	√	√	√	√	√	√	√	√	√	√	√	√	√	√	√	√	√
3.0.16 雨篷、门廊	√	√	√	√	√	√	√	√	√	√	√	√	√	√	√	√	√
3.0.17 楼梯间、水箱间、电梯机房	√	√	√	√	√	√	√	√	√	√	√	√	√	√	√	√	√
3.0.18 围护结构不垂直于水平面的楼层	√	√	√		√	√	√	√		√		√	√	√	√	√	√
3.0.19 室内楼梯、电梯井、提物井	√	√	√	√	√	√	√	√	√	√	√	√	√	√	√	√	√
3.0.20 室外楼梯	√	√	√	√	√	√	√	√	√	√	√	√	√	√	√	√	√
3.0.21 阳台	√	√	√	√	√	√	√	√	√	√	√	√	√	√	√	√	√
3.0.22 车棚、货棚、站台、加油站、收费站	√	√	√	√	√	√	√	√	√	√	√	√	√	√	√	√	√
3.0.23 幕墙	√	√	√		√	√	√	√		√		√	√	√	√	√	√
3.0.24 保温层	√	√	√		√	√	√	√		√		√	√	√	√	√	√
3.0.25 变形缝	√	√	√	√	√	√	√	√		√	√	√	√	√	√	√	√
3.0.26 设备层、管道层、避难层	√	√	√	√	√	√	√	√	√	√	√	√	√	√	√	√	√
3.0.27 不计算建筑面积的项目	√	√	√	√	√	√	√	√	√	√	√	√	√	√	√	√	√

算进行表述。分析主要原因是，插层指位于房屋两自然层之间与房屋整体结构不相关联而加插进去的局部楼层，插层包含了局部楼层的含义，且夹层、插层与技术层、设备层的功能及建筑面积计算方法相似，所以将国家规范中的两部分内容融合到一起表述。

（2）重点城市（表 3-9）

两版国家规范中一共有 27 个建筑面积计算的条文或建筑部位，但是在重点城市规则中，并不是每个规则都对国家规范中的全部条文做出了相关内容的表述及规定。重点城市建筑工程建筑面积计算相关规则的条文承接国家规范的形式可概括为两种类型：第一类规则对国家规范条文进行了较为完整的承接和表述；第二类规则或通知在国家规范条文表述内容的基础上，就部分重点条文进行扩展表述及说明，如《海口市规划局建筑工程建筑面积计算补充规定》（2011）中对凸（飘）窗和阳台做出了面积计算规定和方法。

第一种类型城市规则以三种形式命名，分别为：建筑工程建筑面积计算、建筑工程预算基价定额说明、建筑面积计算规则。

第二种类型城市相关规则、通知主要以两种形式进行命名：①以城市规划管理技术规定命名，如《南宁市城市规划管理技术规定》（2011）和《南宁市城市规划管理技术规定》（2014）；②以关于执行《建筑工程建筑面积计算规范》的补充说明命名，如青岛市关于执行《建筑工程建筑面积计算规范》（GB/T 50353—2013）中常见问题的解释说明。

两个阶段较为完整承接类型的重点城市规则、通知共 20 个，均作出建筑面积计算规定的有：3.0.5 地下室、半地下室的面积计算，3.0.7 建筑物架空层及坡地建筑物吊脚架空层面积计算，3.0.21 阳台，3.0.26 对于建筑物内的设备层、管道层、避难层等有结构层的楼层面积计算等四个条文，由此分析，地下室、半地下室、阳台、架空层、设备管道夹层这四类建筑部位为各重点城市规则重点表述的内容。

重点城市中选择性承接类型的建筑面积计算相关规则、通知共 10 个，在两个阶段各规则的承接特征也较为相似，综合来看：3.0.1 建筑物的建筑面积，3.0.7 建筑物架空层及坡地建筑物吊脚架空层，3.0.13 凸（飘）窗，3.0.21 阳台这四个条文有 7 个以上的规则对其做出规定，这四个建筑部位为城市规则重点关注对象。

（3）一般城市（表 3-10）

一般城市与重点城市的情况相似，规则分为两种类型：第一类为对国家规范条文进行完整表述的规则，此类仅有《鄂州市规划管理建筑面积计算技术规定》（2015）一个；第二类为仅表述重点条文的规则，此类包含 6 个规则。

表 3-9 重点城市规则承接国家规范条文类型及内容统计

条文	完整承接型																				选择性承接型									
	第一阶段											第二阶段									第一阶段					第二阶段				
	天津市2008	天津市2012	上海市2011	杭州市2010	杭州市2013	南昌市2006	南昌市2012	武汉市2013	福州市2012	广州市2007	广州市2011	武汉市2014	武汉市2018	重庆市2014	重庆市2018	广州市2014	广州市2016	广州市2017	海口市2016	青岛市2018	宁波市2010	宁波市2010	南宁市2011	海口市2010	海口市2011	青岛市2014	南京市2014	长沙市2017	福州市2016	南宁市2014
3.0.1 建筑物	√	√	√	√		√	√		√	√	√	√	√	√	√	√	√	√	√	√	√		√			√	√	√	√	√
3.0.2 建筑物局部楼层	√	√	√			√	√			√	√	√	√	√	√	√	√	√	√	√										
3.0.3 对于形成建筑空间的坡屋顶	√	√	√	√	√	√	√			√	√	√	√	√	√	√	√	√	√	√	√							√		
3.0.4 场馆看台下的建筑空间	√	√	√	√	√	√	√		√	√	√	√	√	√	√	√	√	√	√	√	√	√								
3.0.5 地下室、半地下室	√	√	√	√	√	√	√	√	√	√	√	√	√	√	√	√	√	√	√	√						√		√	√	
3.0.6 出入口	√	√	√	√	√	√	√	√	√		√	√	√	√	√	√	√	√	√	√		√								
3.0.7 架空层	√	√	√	√	√	√	√	√	√	√	√	√	√	√	√	√	√	√	√	√	√	√	√				√	√	√	√
3.0.8 门厅、大厅	√	√	√	√		√	√		√	√	√	√	√	√	√	√	√	√	√	√										
3.0.9 架空走廊	√	√	√	√		√	√			√	√	√	√	√	√	√	√	√	√	√									√	
3.0.10 立体书库、立体仓库、立体车库	√	√	√	√		√	√			√	√	√	√	√	√	√	√	√	√	√		√								
3.0.11 舞台灯光控制室	√	√	√	√		√	√				√			√	√	√	√	√	√	√										
3.0.12 落地橱窗	√	√	√	√		√	√		√	√	√	√	√	√	√	√	√	√	√	√									√	
3.0.13 凸(飘)窗	√	√	√	√	√	√	√	√		√	√	√	√	√	√	√	√	√	√	√	√	√		√	√	√	√		√	
3.0.14 室外走廊(挑廊)	√	√	√	√	√	√	√		√	√	√	√	√	√	√	√	√	√	√	√							√			
3.0.15 门斗	√	√	√	√	√	√	√		√	√	√	√	√	√	√	√	√	√	√	√	√								√	
3.0.16 雨篷、门廊	√	√	√	√	√	√	√		√	√	√	√	√	√	√	√	√	√	√	√	√		√						√	√
3.0.17 楼梯间、水箱间、电梯机房	√	√	√	√	√	√	√		√	√	√	√	√	√	√	√	√	√	√	√	√								√	
3.0.18 围护结构不垂直于水平面的楼层	√	√	√	√	√	√	√				√	√	√	√	√	√	√	√	√	√										
3.0.19 室内楼梯、电梯井、提物井	√	√	√	√		√	√			√	√	√	√	√		√	√	√	√	√										
3.0.20 室外楼梯	√	√	√	√	√	√	√		√	√	√	√	√	√	√	√	√	√	√	√	√	√						√	√	
3.0.21 阳台	√	√	√	√	√	√	√	√	√	√	√	√	√	√	√	√	√	√	√	√	√	√		√	√	√	√	√	√	
3.0.22 车棚、货棚、站台、加油站	√	√	√	√	√	√	√		√	√	√	√	√	√	√	√	√	√	√	√	√		√					√	√	√
3.0.23 幕墙	√	√	√	√		√	√				√	√	√	√		√	√	√	√	√	√						√	√		
3.0.24 保温层	√	√	√			√	√				√	√	√	√		√	√	√	√	√	√	√						√		
3.0.25 变形缝	√	√	√	√	√	√	√				√	√	√	√		√	√	√	√	√		√						√		
3.0.26 设备层、管道层、避难层	√	√	√	√	√	√	√	√	√	√	√	√	√	√	√	√	√	√	√	√	√	√						√	√	
3.0.27 不计算建筑面积的项目	√	√	√	√		√	√			√	√	√	√	√	√	√	√	√	√	√								√	√	

表 3-10　一般城市规则承接国家规范条文类型及内容统计

条文	完整承接型	选择性承接型					
	第二阶段	第一阶段			第二阶段		
	鄂州市 2015	芜湖市 2009	柳州市 2009	赣州市 2010	常德市 2017	赣州市 2017	东莞市 2016
3.0.1 建筑物	√						√
3.0.2 建筑物局部楼层	√						
3.0.3 对于形成建筑空间的坡屋顶	√	√					√
3.0.4 场馆看台下的建筑空间	√						
3.0.5 地下室、半地下室	√			√			√
3.0.6 出入口	√						
3.0.7 架空层	√	√		√	√		√
3.0.8 门厅、大厅	√			√			√
3.0.9 架空走廊	√						
3.0.10 立体书库、立体仓库、立体车库	√						
3.0.11 舞台灯光控制室							
3.0.12 落地橱窗	√						
3.0.13 凸(飘)窗	√	√		√	√	√	√
3.0.14 室外走廊(挑廊)	√						√
3.0.15 门斗	√	√					
3.0.16 雨篷、门廊	√						√
3.0.17 楼梯间、水箱间、电梯机房	√			√			
3.0.18 围护结构不垂直于水平面的楼层	√						
3.0.19 室内楼梯、电梯井、提物井	√						
3.0.20 室外楼梯	√						√
3.0.21 阳台	√	√	√	√		√	√
3.0.22 车棚、货棚、站台、加油站、收费站	√						

续表 3-10

条文	完整承接型	选择性承接型					
	第二阶段	第一阶段			第二阶段		
	鄂州市 2015	芜湖市 2009	柳州市 2009	赣州市 2010	常德市 2017	赣州市 2017	东莞市 2016
3.0.23 幕墙	√						√
3.0.24 保温层	√						
3.0.25 变形缝	√						
3.0.26 设备层、管道层、避难层	√	√			√		√
3.0.27 不计算建筑面积的项目	√						

《鄂州市规划管理建筑面积计算技术规定》(2015)仅未对"3.0.11 舞台灯光控制室"进行表述,而该条文在第二类型的 6 个规则中也均未进行表述,所以"3.0.11舞台灯光控制室"在一般城市的规则中的承接性最弱。此外,一半以上的选择性表述规则对"3.0.7 建筑物架空层及坡地建筑物吊脚架空层"、"3.0.13 凸(飘)窗"、"3.0.21 阳台"这三个建筑部位进行了表述。

3.4.2.2 省、市规则条文承接占比的差异特征

两阶段分别收集了建筑工程建筑面积省级规则 12 个和 5 个、重点城市规则 16 个和 14 个、一般城市规则 4 个和 3 个;两阶段 17 个省级规则都属于完全承接国家规范类型,两阶段重点城市分别有 11 个和 9 个属于完全承接国家规范类型,两阶段一般城市仅有 1 个规则属于完全承接国家规范类型。由于一般城市数量及规则数量过少,所以各规则承接占比差异性统计不纳入一般城市规则。详见表 3-11、图 3-10、图 3-11 所示。

表 3-11　13 版国家规范各条文在省、市规则中被作出规定或表述比例统计

条文名称	阶段划分	含有本条文内容的省级规则个数占比	含有本条文内容的市级规则个数占比
3.0.1 建筑物	第一阶段	100.00%	81.82%
	第二阶段	100.00%	100.00%
3.0.2 建筑物局部楼层	第一阶段	100.00%	63.64%
	第二阶段	80.00%	100.00%

续表 3-11

条文名称	阶段划分	含有本条文内容的省级规则个数占比	含有本条文内容的市级规则个数占比
3.0.3 对于形成建筑空间的坡屋顶	第一阶段	83.33%	81.82%
	第二阶段	100.00%	100.00%
3.0.4 场馆看台下的建筑空间	第一阶段	83.33%	90.91%
	第二阶段	100.00%	100.00%
3.0.5 地下室、半地下室	第一阶段	100.00%	100.00%
	第二阶段	100.00%	100.00%
3.0.6 出入口	第一阶段	100.00%	90.91%
	第二阶段	100.00%	100.00%
3.0.7 架空层	第一阶段	100.00%	100.00%
	第二阶段	100.00%	100.00%
3.0.8 门厅、大厅	第一阶段	100.00%	81.82%
	第二阶段	100.00%	100.00%
3.0.9 架空走廊	第一阶段	100.00%	72.73%
	第二阶段	100.00%	100.00%
3.0.10 立体书库、立体仓库、立体车库	第一阶段	100.00%	72.73%
	第二阶段	100.00%	100.00%
3.0.11 舞台灯光控制室	第一阶段	100.00%	63.64%
	第二阶段	100.00%	75.00%
3.0.12 落地橱窗	第一阶段	75.00%	81.82%
	第二阶段	100.00%	100.00%
3.0.13 凸(飘)窗	第一阶段	75.00%	90.91%
	第二阶段	100.00%	100.00%
3.0.14 室外走廊(挑廊)	第一阶段	100.00%	90.91%
	第二阶段	100.00%	100.00%
3.0.15 门斗	第一阶段	100.00%	90.91%
	第二阶段	100.00%	100.00%
3.0.16 雨篷、门廊	第一阶段	100.00%	90.91%
	第二阶段	100.00%	100.00%

续表 3-11

条文名称	阶段划分	含有本条文内容的省级规则个数占比	含有本条文内容的市级规则个数占比
3.0.17 楼梯间、水箱间、电梯机房	第一阶段	100.00%	90.91%
	第二阶段	100.00%	100.00%
3.0.18 围护结构不垂直于水平面的楼层	第一阶段	75.00%	72.73%
	第二阶段	100.00%	100.00%
3.0.19 室内楼梯、电梯井、提物井等	第一阶段	100.00%	72.73%
	第二阶段	100.00%	87.50%
3.0.20 室外楼梯	第一阶段	100.00%	90.91%
	第二阶段	100.00%	100.00%
3.0.21 阳台	第一阶段	100.00%	100.00%
	第二阶段	100.00%	100.00%
3.0.22 车棚、货棚、站台、加油站、收费站	第一阶段	100.00%	90.91%
	第二阶段	100.00%	100.00%
3.0.23 幕墙	第一阶段	75.00%	63.64%
	第二阶段	100.00%	87.50%
3.0.24 保温层	第一阶段	75.00%	54.55%
	第二阶段	100.00%	87.50%
3.0.25 变形缝	第一阶段	91.67%	72.73%
	第二阶段	100.00%	87.50%
3.0.26 设备层、管道层、避难层	第一阶段	100.00%	100.00%
	第二阶段	100.00%	100.00%
3.0.27 不计算建筑面积的项目	第一阶段	100.00%	72.73%
	第二阶段	100.00%	100.00%
平均值	第一阶段	93.83%	82.49%
	第二阶段	99.26%	97.22%
	总平均值	96.54%	89.86%
标准差	第一阶段	10.04%	12.60%
	第二阶段	3.78%	6.21%
	总标准差	8.06%	12.37%

■ 第一阶段　　■ 第二阶段

条文	第一阶段	第二阶段
3.0.27 不计算建筑面积的项目	100.00%	100.00%
3.0.26 设备层、管道层、避难层	100.00%	100.00%
3.0.25 变形缝	91.67%	100.00%
3.0.24 保温层	75.00%	100.00%
3.0.23 幕墙	75.00%	100.00%
3.0.22 车棚、货棚、站台、加油站、收费站	100.00%	100.00%
3.0.21 阳台	100.00%	100.00%
3.0.20 室外楼梯	100.00%	100.00%
3.0.19 室内楼梯、电梯井、提物井等	100.00%	100.00%
3.0.18 围护结构不垂直于水平面的楼层	75.00%	100.00%
3.0.17 楼梯间、水箱间、电梯机房	100.00%	100.00%
3.0.16 雨篷、门廊	100.00%	100.00%
3.0.15 门斗	100.00%	100.00%
3.0.14 室外走廊(挑廊)	100.00%	100.00%
3.0.13 凸(飘)窗	75.00%	100.00%
3.0.12 落地橱窗	75.00%	100.00%
3.0.11 舞台灯光控制室	100.00%	100.00%
3.0.10 立体书库、立体仓库、立体车库	100.00%	100.00%
3.0.9 架空走廊	100.00%	100.00%
3.0.8 门厅、大厅	100.00%	100.00%
3.0.7 架空层	100.00%	100.00%
3.0.6 出入口	100.00%	100.00%
3.0.5 地下室、半地下室	100.00%	100.00%
3.0.4 场馆看台下的建筑空间	83.33%	100.00%
3.0.3 对于形成建筑空间的坡屋顶	83.33%	100.00%
3.0.2 建筑物局部楼层	100.00%	80.00%
3.0.1 建筑物	100.00%	100.00%

图 3-10　13 版国家规范各条文在省级规则中被作出规定或表述比例统计

条文	第一阶段	第二阶段
3.0.27 不计算建筑面积的项目	72.73%	100.00%
3.0.26 设备层、管道层、避难层	100.00%	100.00%
3.0.25 变形缝	72.73%	87.50%
3.0.24 保温层	54.55%	87.50%
3.0.23 幕墙	63.64%	87.50%
3.0.22 车棚、货棚、站台、加油站、收费站	90.91%	100.00%
3.0.21 阳台	100.00%	100.00%
3.0.20 室外楼梯	90.91%	100.00%
3.0.19 室内楼梯、电梯井、提物井等	72.73%	87.50%
3.0.18 围护结构不垂直于水平面的楼层	72.73%	100.00%
3.0.17 楼梯间、水箱间、电梯机房	90.91%	100.00%
3.0.16 雨篷、门廊	90.91%	100.00%
3.0.15 门斗	90.91%	100.00%
3.0.14 室外走廊(挑廊)	90.91%	100.00%
3.0.13 凸(飘)窗	90.91%	100.00%
3.0.12 落地橱窗	81.82%	100.00%
3.0.11 舞台灯光控制室	63.64%	75.00%
3.0.10 立体书库、立体仓库、立体车库	72.73%	100.00%
3.0.9 架空走廊	72.73%	100.00%
3.0.8 门厅、大厅	81.82%	100.00%
3.0.7 架空层	100.00%	100.00%
3.0.6 出入口	90.91%	100.00%
3.0.5 地下室、半地下室	100.00%	100.00%
3.0.4 场馆看台下的建筑空间	90.91%	100.00%
3.0.3 对于形成建筑空间的坡屋顶	81.82%	100.00%
3.0.2 建筑物局部楼层	63.64%	100.00%
3.0.1 建筑物	81.82%	100.00%

图 3-11　13 版国家规范各条文在重点城市规则中被作出规定或表述比例统计

(1) 省级规范具有明显的承接性

总体上,多数国家规范条文在省级规则中出现的比例要大于市级规则,27个条文在省级规则中被做出规定的平均占比为96.54%,在市级规则中为89.86%,即有更多的省级规则承接了国家规范的内容,省级规则的承接性大于市级规则。

各条文在省级规则中出现占比的标准差为8.06%,市级标准差为12.37%,说明各条文在各省级规则中出现占比的差异性相对于市级规则较小。换言之,各城市规则在承接国家规范条文的平均比例上相较省级规则低出近7%。而同时,各城市规则也是基于各地的特有情况有选择的承接国家规范条文,各城市规则承接国家规范的条文差异也较省级规范高出4%。

从阶段上来看,第一阶段国家规范各条文在省级规则中出现的平均占比为93.83%,第二阶段为99.26%,第一阶段标准差为10.04%,第二阶段为3.78%,即平均值随阶段增大,但是标准差减小。所以省级规则随着阶段的变化,对国家规范的承接性越来越高,且规则之间的承接差异性变小。

第一阶段国家规范各条文在市级规则中出现的占比平均值为82.49%,第二阶段为97.22%,第一阶段标准差为12.60%,第二阶段为6.21%,即平均值增大的同时标准差减小,与省级规则具有相同的变化规律。

(2) 市级规范具有较大的独特性

国家规范条文在第一阶段重点城市规则中出现占比有明显的不同。例如3.0.2局部楼层的面积计算、3.0.11舞台灯光控制室、3.0.23幕墙的建筑面积计算、3.0.24保温层的建筑面积计算等多个条文,在第一阶段重点城市规则中出现的比例都低于65%,而3.0.5地下室、半地下室的面积计算、3.0.7建筑物架空层及坡地建筑物吊脚架空层面积、3.0.21阳台的面积计算、3.0.26对于建筑物内的设备层、管道层、避难层等有结构层的楼层面积计算等条文上的占比都是100%。可见,不同城市会根据自身城市的独特情况,调整规则的侧重点,对无争议的条文直接使用国家规范,自己城市中需要特别说明的条文则根据自身城市的需求组织编制调整。

值得注意的是,“幕墙的建筑面积计算”以及“保温层的建筑面积计算”条文上,各市级规则对其作出内容规定的比例并不高,但已作出表述的城市规则之间在计算边界及判定依据特征上存在较大的差异,说明这类条文的建筑面积计算在地区间差异较大,如果相关规则中缺少这类条文的明确表述,在实际的建筑设计及管理环节中可能会出现问题,所以需要进一步要求地方规则加强对这类条文的表述。

3.4.2.3 省、市规则条文阶段性特征总结

(1) 省、市规则条文承接性大幅提高

第一阶段,有多个省、市规则未对05版国家规范24个条文(部位)进行完整表述。

第二阶段,省、市规则、通知等对13版国家规范条文的承接性大幅提高。在第二阶段的省级规则中,仅有浙江省(2018年)规则未对“3.0.2 局部楼层的面积计算”条文做出规定;重点城市的规则中,仅有“3.0.11 舞台灯光控制室的面积计算”条文存在两个城市规则未进行表述;一般城市中仅有《鄂州市规划管理建筑面积计算技术规定》(2015)对国家规范条文进行完整表述,而这个规则也未表述“3.0.11 舞台灯光控制室的面积计算”这一条文。

(2) 市级规则条文表述方式多样化进一步提升

两阶段省级规则都属于对国家规范条文进行完整承接表述的类型,而在重点城市及一般城市规则中,既有对国家规范条文进行完整表述的类型,又有仅对国家规范条文进行选择性表述的类型,其中在重点城市规则中,对国家规范条文进行完整表述的规则的数量大于仅对国家规范条文进行选择性表述规则的数量,而在一般城市中则正好相反。

(3) 重点及一般城市规则中选择性表述条文较为一致

重点及一般城市中仅有对国家规范条文进行选择性表述的规则,所选择表述的条文内容基本一致,例如绝大部分重点城市及一般城市规则都对“3.0.7 架空层”、“3.0.13 凸(飘)窗”、“3.0.21 阳台”、“3.0.26 设备层、避难层”等条文进行了选择性表述。

3.4.3 各层级规则条文地域性比较

相较于国家规范中27个条文表述的内容,有多个地方规则、通知在条文或内容上有所增加,新增的条文或内容可分为两种类型:

第一种类型是增加了对不同使用性质建筑的面积计算或控制规定,共有3种,分别为:①居住类建筑;②商业类建筑;③办公、旅馆类建筑。

第二种类型是增加了不同类型建筑部位或空间的面积计算规定,一共23个,汇总为:①封闭的建筑空间;②结构板、结构联系梁;③机械式停车库;④楼梯、台阶和前室;⑤屋顶水箱与屋面之间的隔层;⑥屋顶电梯机房下方设有的缓冲层化工构筑物、设施;⑦住宅建筑;⑧跃层式住宅门厅、起居室、餐厅的通高部分;⑨商业建筑;⑩办公、旅馆;⑪空调室外机搁板、设备平台;⑫突出外墙面建筑部件;⑬装配式建筑外墙的建筑面积计算;⑭房屋内的夹层、插层、技术层;⑮室内体育馆;⑯原始设计为假层(含顶层阁)屋面;⑰独立门岗;⑱室外自动扶梯;⑲室

外结构板、装饰性飘板；⑳入户花园、空中花园；㉑封闭的建筑空间；㉒露台、挑台；㉓天井和凹槽。

这些新增的条文或内容中，有一部分是在多个规则或通知中重复出现的，分别是：①居住类建筑；②商业类建筑；③办公、旅馆类建筑；④花池(台)、空调室外机搁板、设备平台；⑤房屋内的夹层、插层、技术层等；⑥露台，挑台；⑦入口花园。详见表 3-12 所示。

表 3-12　各省、市规则新增条文统计

规则层级	序号	省市名称（年份）	各城市新增条文统计						
省级规则	1	浙江省 2018	住宅	商业建筑	办公建筑	花池、设备平台	夹层、插层、技术层等		
重点城市规则	2	武汉市 2018	住宅	商业建筑	办公建筑	空调室外机搁板、设备平台			
	3	长沙市 2017				空调室外机搁板			
	4	常德市 2017				(1) 空调室外机搁板、设备平台；(2) 建筑花池			
	5	青岛市 2014				花池、结构板、分体制冷(供热)的空调室外机搁板等建筑部件			
	6	南京 2014				设备平台、空调室外机搁板		露台、挑台	
	7	杭州市 2013				花池、空调室外机搁板、设备平台	夹层、插层、技术层		
	8	福州市 2012					建筑物内的技术层(管道层、附层、夹层)		
	9	海口市 2014				花池(独立)、空调室外机搁板、设备平台		存在少量顶盖的露台	
	10	海口市 2011	居住建筑	商业建筑	办公建筑			露台	空中花园
	11	海口市 2010							入户花园、空中花园

续表 3-12

规则层级	序号	省市名称（年份）	各城市新增条文统计						
一般城市规则	12	赣州市 2017			设备平台			入户花园
	13	赣州市 2010						入户花园
	14	芜湖市 2009			与阳台相连、且底板标高与阳台一致的附属构件（如花台等）并入阳台			

第四章 解读模式

4.1 模式制定

我国各省份、各地区由于发展差异和基础条件不同，基于自身情况积极编制相关建筑面积计算规则或规定，对加强城市建筑工程管理和城市建设起到了积极作用。20 世纪 90 年代以后，在《全国统一建设工程工程量计算规则》(土建工程 GJDGZ—101—95)、《建筑工程建筑面积计算规范》(GB/T 50353—2005)和《建筑工程建筑面积计算规范》(GB/T 50353—2013)的框架体系下，相关省市规则的编制重点从关注"怎么算清楚"、"怎么算合理"到"怎么算科学"，结合规划容积率核算、房产测量和工程量核算等相应规范内容一直在修订调整中，同一建筑部位从术语定义、计算规则、计算方法等多方面上都存在较为显著的差异。这种差异一方面存在于不同时期，由于不同版本国家规范内容的调整所引起；另一方面也存在于同一时期的不同地区，为了更好地适应不同地区经济社会发展水平及管理水平的差异所产生。为了进一步厘清国家规范与地方省市规则间、省市规则与省市规则间的条文内容阶段差异，更好的对国家规范进行解读，以 13 版国家规范 27 个条文内容为基础框架，从限定条件、判定依据、计算边界、计算方式等四个方面制定条文解读模式，对国家规范及省市规则条文内容特征进行梳理总结。

4.1.1 限定条件

对于建筑部位的计算：①首先需要明确各种建筑部位的定义；②明确各个建筑部位与其他建筑部位的关联性，是否需要归入同条论述；③在具体表述时，前置条件的调整和增减。

以上三种情况都属于限定条件特征的范畴。如 05 版国家规范表述为"利用坡屋顶内空间"，13 版国家规范表述为"形成建筑空间的坡屋顶"，建筑空间具备了可出入条件及使用功能，13 版国家规范不再强调"设计加以利用"的说法，此属于第一种情况；武汉市(2018)规则提出"建筑物顶部局部设置的用于观景、休闲活动的构筑物形态的开敞建筑空间，其建筑面积计算参照上述架空层标准控制”则属于第二种情况；13 版国家规范对顶盖的描述，较 05 版国家规范删除“永久性”限定属于第三种情况。

4.1.2 判定依据

根据不同的建筑部位构造特征，对其建筑面积计算进行判定的相关客观条件，可概括为：①围护构件判定依据（围护结构、围护设施、顶盖等）；②支撑构件判定依据（独立柱、单排柱、多排柱、结构柱、附墙柱等）；③建筑部位功能性质判定依据（公共使用、非公共使用）；④建筑构件尺度判定依据（长度、宽度、高度、进深、面积）；⑤建筑构件材料判定依据（木质、钢制、混凝土）。

地方省市规则一般较国家规范提出更为细致的判定依据，如阳台建筑面积计算中，省市规则判定依据有柱、宽度、顶盖、进深等，门廊、走廊、檐廊等廊结构建筑部位建筑面积判定依据有柱（独立柱 、多排柱、单排柱）、围护结构与围护设施、顶盖等。

4.1.3 计算边界

建筑部位依据多种判定依据综合分析后，结合判定依据和建筑部位的构造特征提出建筑面积计算具体边界范围，可概括为：①按水平结构板投影面积计算（结构顶板、结构底板、楼板、顶盖）；②按围护结构投影面积计算（结构外围、柱的外围、外墙外围、外墙上口外边线外围）；③按围护设施投影面积计算；④按构建尺度特征计算（按外边线、按水平截面积）。如建筑物主体结构内的建筑空间，有围护结构的，其建筑面积按自然层外墙外边线水平面积之和计算；无围护结构的，建筑面积应按自然层顶板水平投影面积之和计算。

4.1.4 计算方式

建筑部位建筑面积计算边界确定后，进一步结合建筑部位建筑面积判定依据特征，对其建筑面积计算的方式进行确定。结合国家规范和省市规则，一般分为三类，即计算全面积、计算 1/2 面积和不计算面积。对于同一建筑部位，省市规则的建筑面积计算方式分类往往较国家规范更为细致，如 13 版国家规范提出“建筑物的建筑面积应按自然层外墙结构外围水平面积之和计算。结构层高在 2.20 m 及以上的，应计算全面积；结构层高在2.20 m以下的，应计算 1/2 面积”，而武汉市规则增加建筑空间中 1.30 m 以下部位不计算面积的内容：“结构层高在 2.20 m 及以上的，应计算全面积；结构层高在 1.30 及以上至2.20 m，应计算1/2 面积;结构层高在 1.30 m 以下的,不计算面积”。

本章主要对 13 版国家规范前 26 条进行解读,第 27 条特征解读见第六章。

4.2 限定条件

从第一、二阶段总体来看,国家规范中有 24 个条文在计算对象限定条件这一内容上作出了相应调整。其中 12 个条文的限定条件变更发生于两版国家规范之间,省市规则随着国家规范内容的调整而调整,说明在实操管理层面这类国家规范条文表述较好地适应了省市地方需要。

此外,还有 12 个条文的省市规则限定条件表述内容与国家规范不完全一致,属于增加或减少相应限定条件类型,其中省市规则对 6 个条文限定条件内容调整频次较高,有 4 个及以上的省市规则对其进行调整,分别是:局部楼层(4 个);地下、半地下室(5 个);外墙外侧坡道出入口(6 个);建筑物架空层(4 个);保温层(4 个);设备层、管道层、避难层(5 个)。由此可见,这些条文较其他条文相对缺乏地方适用性,较多的省市规则在国家规范基础上深化或修改计算对象限定条件。

分阶段来看,第一阶段省市规则与国家规范的 11 个条文在内容限定条件上进行了表述调整,第二阶段数量大幅减少到 6 个,分别是:地下、半地下室,建筑物架空层,门厅、大厅,门斗,幕墙,保温层。从两阶段对比上看,一方面由于第二阶段开展建筑面积计算相关规则编制的省市数量较第一阶段有所减少,另一方面也能从一定程度上反映出 13 版国家规范较好的吸取了地方省市规则施行后的意见和建议,各条文在限定条件表述方面已能相对较好的适应大部分省市地区的管理需要。

省市规则对国家规范条文进行限定条件调整主要体现于对前置条件的调整或增减,以便进一步严格计算对象的界定,便于建筑面积的管理。如与国家规范相比,省市规则中地下室、半地下室(5 个省市规则)与外墙外侧坡道出入口(6 个省市规则)、建筑物架空层及坡地建筑物吊脚架空层(4 个省市规则)条文内容前置条件调整数量相对较多。地下室、半地下室条文中,武汉市(2014 年、2018 年)规则、青岛市(2014 年)规则、杭州市(2013 年)规则、福州市(2012 年)规则都增加“地下室、半地下室除地下车库出入口外只能通过垂直交通(电梯、楼梯)进入室内”表述,对地下室、半地下室作出定义前置条件的限定。第一阶段,有 6 个省市规则在“外墙外侧坡道出入口”这一条文相较 05 版国家规范“地下室、半地下室(车间、商店、车站、车库、仓库等),包括相应的有永久性顶盖的

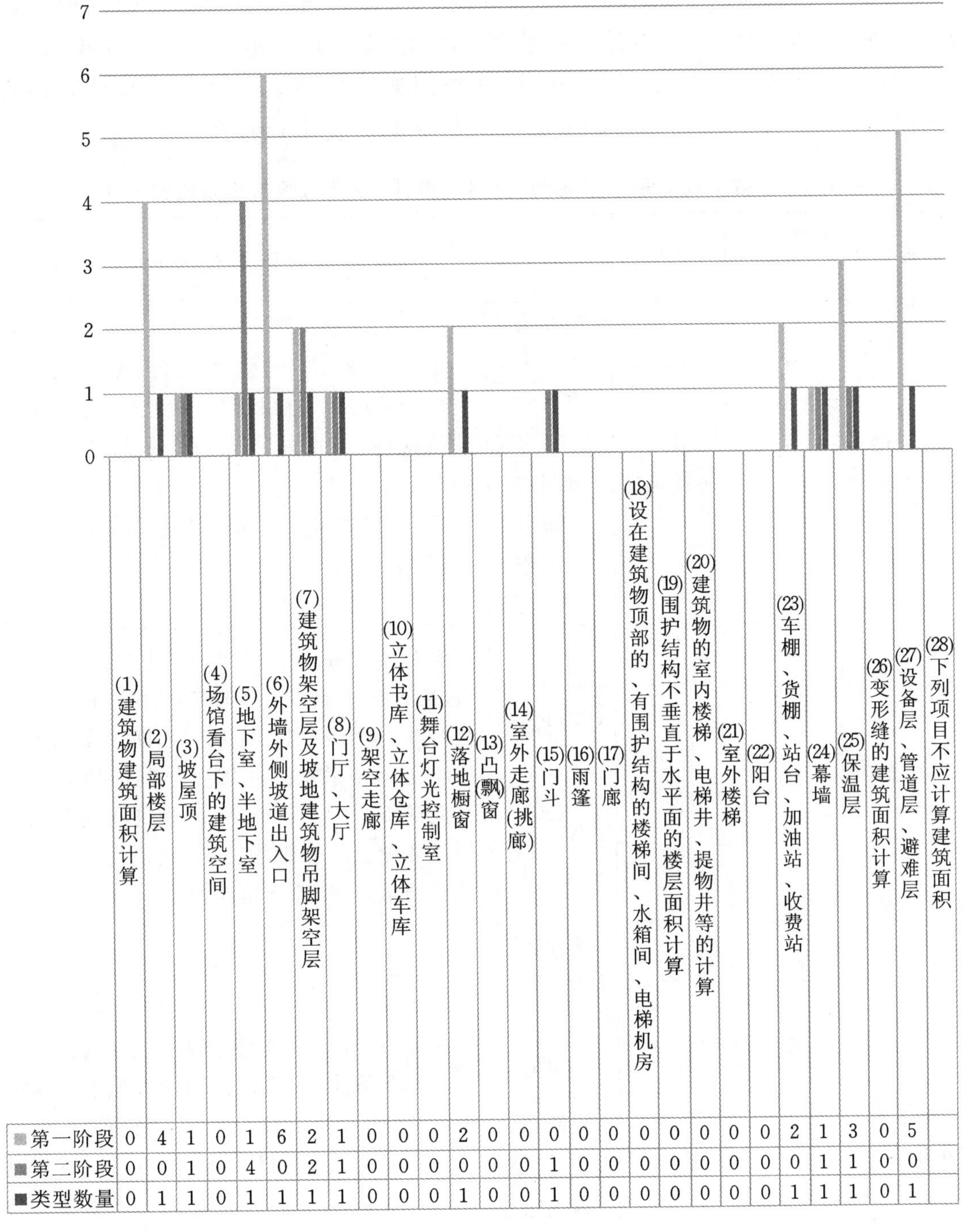

	(1)建筑物建筑面积计算	(2)局部楼层	(3)坡屋顶	(4)场馆看台下的建筑空间	(5)地下室、半地下室	(6)外墙外侧坡道出入口	(7)建筑物架空层及坡地建筑物吊脚架空层	(8)门厅、大厅	(9)架空走廊	(10)立体书库、立体仓库、立体车库	(11)舞台灯光控制室	(12)落地橱窗	(13)凸(飘)窗	(14)室外走廊(挑廊)
■第一阶段	0	4	1	0	1	6	2	1	0	0	0	2	0	0
■第二阶段	0	0	1	0	4	0	2	1	0	0	0	0	0	0
■类型数量	0	1	1	0	1	1	1	1	0	0	0	1	0	0

	(15)门斗	(16)雨篷	(17)门廊	(18)设在建筑物顶部的、有围护结构的楼梯间、水箱间、电梯机房	(19)围护结构不垂直于水平面的楼层面积计算	(20)建筑物的室内楼梯、电梯井、提物井等的计算	(21)室外楼梯	(22)阳台	(23)车棚、货棚、站台、加油站、收费站	(24)幕墙	(25)保温层	(26)变形缝的建筑面积计算	(27)设备层、管道层、避难层	(28)下列项目不应计算建筑面积
■第一阶段	0	0	0	0	0	0	0	0	2	1	3	0	5	
■第二阶段	1	0	0	0	0	0	0	0	0	1	1	0	0	
■类型数量	1	0	0	0	0	0	0	0	1	1	1	0	1	

图 4-1 省市规则条文限定条件(前置条件)变更与国家规范比较统计

出入口”表述，删除了“永久性”一词，进行了前置条件的调整。建筑物架空层及坡地建筑物吊脚架空层条文，省市规则内容前置条件调整表现为两种形式，分别是“进一步明确架空层中计算面积的部分建筑空间”[浙江省(2018 年)、杭州市(2013 年)、宁波市(2010 年)]和“增加类似架空层建筑空间的面积计算内容”[武汉市(2018 年)、杭州市(2013 年)]。如图 4-1、表 4-1 所示。

表 4-1　省市规则条文限定条件(前置条件)变更与国家规范比较统计

条文	规则数量(部)	类型	规范名称	具体条款举例
2 局部楼层	4	增加前置条件	山东省(2008 年)	山东省(2008 年)规则:“单层建筑物内设有部分楼层者，首层建筑面积已包括在单层建筑物内，二层及二层以上应计算建筑面积”； 广州市(2007 年)规则:“建筑内部设局部复式的”
			广东省(2005 年)	
			贵州省(2009 年)	
			广州市(2007 年)	
3 坡屋顶	2	增加前置条件	温州市(2011 年)	温州市(2011 年)规则表述为“坡屋顶建筑(包括阁楼、看台以及其他有关情况)下部空间”且对设计利用给出了具体解释，即“凡设计有结构层、通风或采光孔的，即视为设计利用”； 武汉市(2018 年)规则:“建筑物顶部因造型需要设置的开敞的、未形成建筑空间的坡屋面构架，不计算建筑面积”
			武汉市(2018 年)	
5 地下室、半地下室	5	增加前置条件	武汉市(2014 年)	武汉市(2014 年)及(2018 年)规则规定，符合以下条件，其建筑面积计入地下建筑面积，否则计入地上建筑面积:“地下室、半地下室在室外地平面以上部分的高度不超过 1.5 m；地下室、半地下室除地下车库出入口外只能通过垂直交通(电梯、楼梯)进入室内”
			武汉市(2018 年)	
			青岛市(2014 年)	
			杭州市(2013 年)	
			浙江省(2018)	

续表 4-1

条文	规则数量(部)	类型	规范名称	具体条款举例
6 外墙外侧坡道出入口	6	减少前置条件	山东省(2008 年) 贵州省(2009 年) 广东省 哈尔滨市(2002 年) 杭州市(2010 年) 福州市(2012 年)	05 版国家规范表述为:"地下室、半地下室(车间、商店、车站、车库、仓库等),包括相应的有永久性顶盖的出入口";山东省(2008年)规则未加入"永久性"限定
7 建筑物架空层及坡地建筑物吊脚架空层	4	增加前置条件	宁波市(2010 年) 杭州市(2013 年) 武汉市(2018 年) 浙江省(2018 年)	浙江省(2018 年)规则:"架空层内有围护结构的电梯间、楼梯间、门厅、井道及以栏杆和矮墙等分隔的出入口通道应按其水平投影面积计算"; 武汉市(2018 年)规则:"建筑物顶部局部设置的用于观景、休闲活动的构筑物形态的开敞建筑空间,其建筑面积计算参照上述架空层标准控制"
8 门厅、大厅	2	增加前置条件	东莞市(2014 年) 贵州省(2009 年)	贵州省(2009 年)规则规定:"穿过建筑物的通道,建筑物的门厅、大厅,不论其高度如何均按一层计算建筑面积",强调了"不论高度如何";也有部分省市规则更为关注公共建筑门厅、大厅有局部楼层的情况
12 落地橱窗	2	减少前置条件	山东省(2008 年) 广东省	05 版国家规范表述为"落地橱窗";山东省(2008 年)、广东省规则表述为"橱窗":"建筑物外有围护结构的门斗、眺望间、观望电梯间、阳台、橱窗、挑廊、走廊等,按其围护结构外围水平面积计算建筑面积"。而橱窗无基础,为悬挑式,应按凸(飘)窗规则计算建筑面积

续表 4-1

条文	规则数量（部）	类型	规范名称	具体条款举例
15 门斗	1	增加前置条件	浙江省（2018 年）	浙江省（2018 年）规则对类似门斗的空间做出了规定，表述为："建筑物出入口的两侧有柱或墙体凸出外墙而形成的有顶盖、不封闭的类似门斗的空间，其进深大于 0.60 m 的，按门斗计算面积"
23 车棚、货棚、站台等	2	增加前置条件	山东省（2008 年） 贵州省（2009 年）	山东省（2008 年）规则、贵州省（2009 年）规则将雨篷纳入此条一并表述，此外贵州省（2009 年）规则还增加"屋顶凉亭"作为计算对象
24 幕墙	2	增加前置条件	宁波市（2010 年） 东莞市（2016 年）	宁波市规则（2010 年）补充了不计算面积的幕墙类型："装饰性幕墙、主墙体外的幕墙均不计算建筑面积"；东莞市（2016 年）规则从幕墙材料入手，定性限制不计算面积的装饰性幕墙只有"穿孔板、百叶板等透空材料构成的"
25 保温层	4	增加前置条件	吉林省（2013 年） 山东省（2008 年） 宁波市（2010 年） 浙江省（2018 年）	吉林省（2013 年）规则："地下室外墙外侧保温隔热层高度超过层高的 1/2 时，应按保温隔热层外边线计算建筑面积；地下室外墙外侧保温隔热层高度在层高的 1/2 以内时，不计算建筑面积"； 山东省（2008 年）规则补充强调粘接层（保温隔热层的一种）也计算面积："建筑物外墙外侧有保温隔热层的，按保温隔热层外边线计算建筑面积；保温隔热层有粘结层、设计注明了粘结层厚度的，保温隔热层的外边线长度，应包括粘结层的厚度"； 宁波市（2010 年）规则、浙江省（2018 年）规则与国家规范内容相反，表述为"建筑外墙外保温层不计建筑面积"

续表 4-1

条文	规则数量（部）	类型	规范名称	具体条款举例
27 设备层、管道层、避难层等有结构层的楼层	5	增加前置条件	山东省（2008 年）	05 版国家规范规定："建筑物内的设备管道夹层不应计算建筑面积"。第一阶段较多省市规则已经要求计算设备层、管道层、避难层等结构层建筑面积，如山东省（2008 年）规则、贵州省（2009 年）规则、杭州市（2013 年）规则、宁波市（2010 年）规则以及广州市（2007 年）规则增加相关结构层的表述，杭州市（2013 年）规则、宁波市（2010 年）规则单独规定："超高层建筑设置的避难层，避难层内的避难空间不计算面积"
			贵州省（2009 年）	
			杭州市（2013 年）	
			宁波市（2010 年）	
			广州市（2007 年）	

4.3 判定依据

第一、二阶段总体来看，省市规则对国家规范 14 个条文在内容判定依据特征上作出调整。其中，省市规则对 5 个条文判定依据调整频次较高，有 5 个及以上的省市规则对其进行了调整，具体的省市规则数量分别是：地下室、半地下室（第一阶段 2 个，第二阶段 3 个）；凸（飘）窗（第一阶段 11 个，第二阶段 6 个）；阳台（第一阶段 19 个，第二阶段 4 个）；车棚、货棚、站台、加油站、收费站等（第一阶段 7 个，第二阶段 3 个）；幕墙（第一阶段 2 个，第二阶段 4 个）。同时，如局部楼层等另外 13 个条文，省市规则的条文判定依据表述与两版国家规范保持一致。

两阶段地方省市规则同对国家规范的 12 个条文判定依据内容进行了调整，其中两个时期都存在大量调整的有凸（飘）窗、阳台、车棚等条文，这些建筑面积计算对象判定依据内容的深入细化有利于地方省市建筑面积管控工作的开展。

从具体条文的判定依据数量来看，阳台最多，达到了 10 种，分别是①围护结构，②阳台面积与房屋套内面积比，③封闭与否，④上盖与底板投影情况，⑤进深，⑥层高，⑦面宽，⑧主要朝向，⑨临主要道路，⑩使用功能；室外走廊（挑廊）判定依据达到 6 种，以武汉市（2018 年）规则及浙江省（2018 年）规则表述最多，分别为：①两侧封闭，②有柱无柱（单排柱、双排柱），③顶盖宽度，④顶盖覆盖情况，⑤主体结构，⑥进深。详见图 4-2、表 4-2 所示。

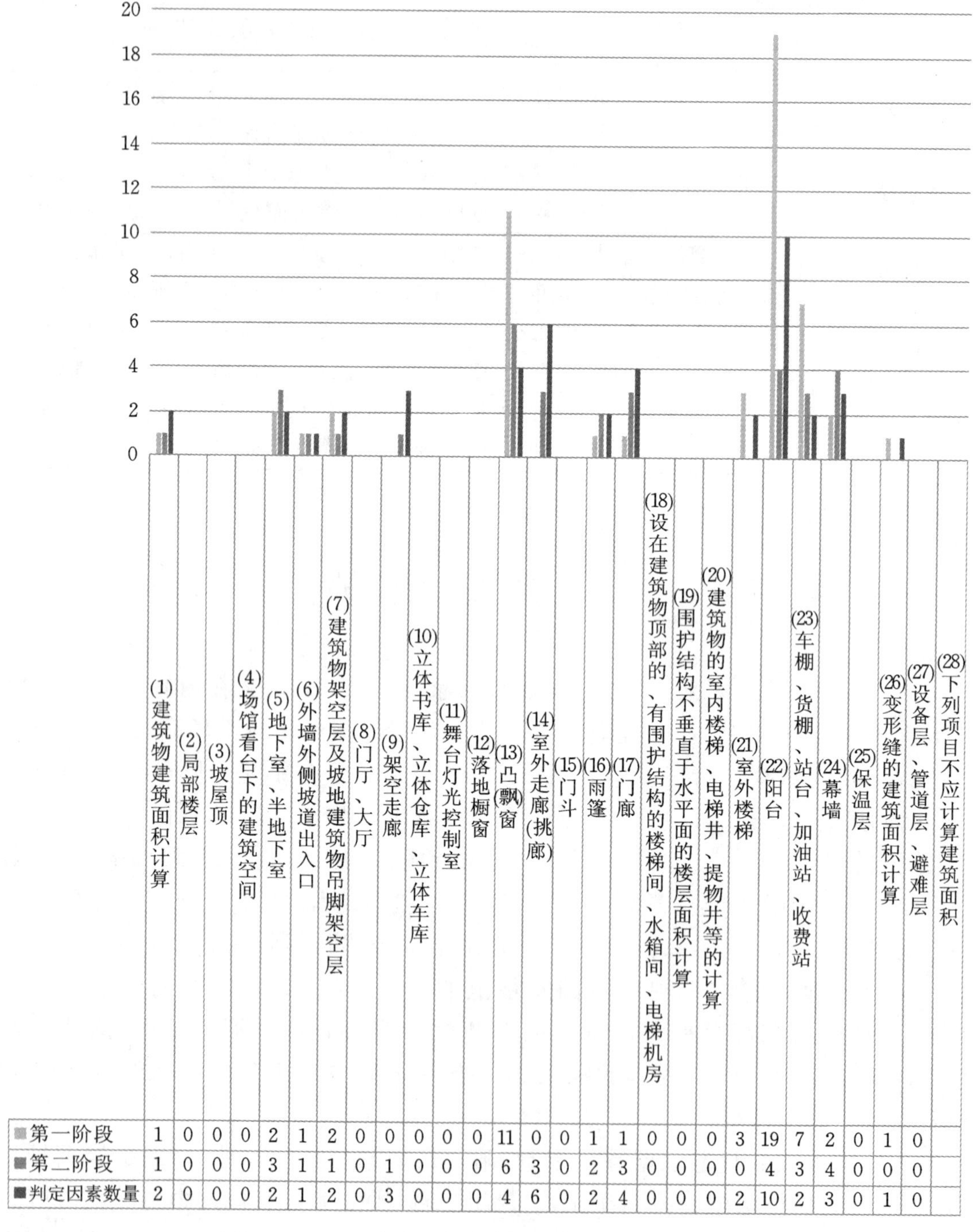

	(1)建筑物建筑面积计算	(2)局部楼层	(3)坡屋顶	(4)场馆看台下的建筑空间	(5)地下室、半地下室	(6)外墙外侧坡道出入口	(7)建筑物架空层及坡地建筑物吊脚架空层	(8)门厅、大厅	(9)架空走廊	(10)立体书库、立体仓库、立体车库	(11)舞台灯光控制室	(12)落地橱窗	(13)凸(飘)窗	(14)室外走廊(挑廊)	(15)门斗	(16)雨篷	(17)门廊	(18)设在建筑物顶部的、有围护结构的楼梯间、水箱间、电梯机房	(19)围护结构不垂直于水平面的楼层面积计算	(20)建筑物的室内楼梯、电梯井、提物井等的计算	(21)室外楼梯	(22)阳台	(23)车棚、货棚、站台、加油站、收费站	(24)幕墙	(25)保温层	(26)变形缝的建筑面积计算	(27)设备层、管道层、避难层	(28)下列项目不应计算建筑面积
第一阶段	1	0	0	0	2	1	2	0	0	0	0	0	11	0	0	1	1	0	0	0	3	19	7	2	0	1	0	
第二阶段	1	0	0	0	3	1	1	0	1	0	0	0	6	3	0	2	3	0	0	0	0	4	3	4	0	0	0	
判定因素数量	2	0	0	0	2	1	2	0	3	0	0	0	4	6	0	2	4	0	0	0	2	10	2	3	0	1	0	

图 4-2　省市规则条文判定依据变更与国家规范比较统计

表 4-2　省市规则条文判定依据变更与国家规范比较统计

条文	规则数量（部）	判定条件	规则名称	具体条文
1 建筑物建筑面积计算	2	层高/使用功能	上海市（2011 年）	上海市（2011 年）规则提出："商业、办公建筑标准层层高不宜超过 4.5 m。标准层层高超出 4.5 m 的，按每 2.8 m 为一层、余数进一的方法折算该层建筑面积，并按折算的建筑面积计入容积率"； 武汉市（2018 年）规则更为全面，对各种性质建筑的特殊层高空间的建筑面积计算进行表述
			武汉市（2018 年）	
5 地下室、半地下室	5	室外地平面以上部分高度/使用性质	武汉市（2014 年）	武汉市（2014 年、2018 年）规则表述为："地下室、半地下室在室外地平面以上部分的高度不超过 1.5 m"； 杭州市（2013 年）规则表述为："地下室、半地下室作为商业服务、文化娱乐、体育等用房的，不论其顶板面标高，均应计算面积。层高 2.20 m 及以上的应按其水平投影面积的 0.5 倍计算"
			武汉市（2018 年）	
			青岛市（2014 年）	
			浙江省（2018 年）	
			杭州市（2013 年）	
6 外墙外侧坡道出入口	2	顶盖高于室外地坪高度	浙江省（2018 年）	浙江省（2018 年）规范："地下室、半地下室出入口有顶盖的坡道，不论顶盖是否高于室外地坪1.50 m 以上，均按其外墙结构外围水平面积计入地下面积"
			杭州市（2013 年）	
7 建筑物架空层及坡地建筑物吊脚架空层	3	高度/功能用途	杭州市（2013 年）	杭州市（2013 年）规则："以承重结构落地、视线通透、无特定使用功能、仅限交通、休闲、景观作用的开放式住宅底层架空层及用地与市政道路等公共开放空间无分隔的公建底层架空层，其有效架空部位的水平投影面积达到建筑主体结构占地面积的 1/3 的，有效架空部位不计面积"
			浙江省（2018 年）	
			宁波市（2010 年）	

续表 4-2

条文	规则数量（部）	判定条件	规则名称	具体条文
9 架空走廊	1	顶盖覆盖/顶盖宽度/敞开面是否有柱	浙江省（2018 年）	浙江省（2018 年）规则中对架空走廊计算全面积与国家规范有较大差异：其一为“两侧均封闭的架空通廊计算全面积”，相对于国家规范的“有围护结构、有顶盖的架空走廊计算全面积”这一表述，“封闭”一词更加精炼且限定条件更大，而且相关省市的《房产测量规范》对于架空走廊的面积计算中普遍以“封闭”与否作为判断依据；其二为“不封闭的架空通廊，当顶盖不能完全覆盖围护设施时，顶盖宽度大于 0.60 m 的，而且敞开面有柱计算全面积”
13 凸（飘）窗	17	高差/结构净高/宽度/进深	南昌市（2012 年） 福州市（2016 年） 赣州市（2017 年） 南京市（2014 年） 浙江省（2018 年） 杭州市（2013 年） 合肥市（2018 年） 芜湖市（2009 年） 青岛市（2014 年） 海口市（2010 年） 赣州市（2010 年） 温州市（2011 年） 上海市（2011 年） 宁波市（2010 年） 武汉市（2013 年） 武汉市（2018 年） 深圳市（2014 年）	（1）13 版国家规范以“高差、结构净高”作为划分不同计算方式的依据； （2）部分省市规则以“高差、结构净高、进深”作为判定依据，如南京市（2014 年）规则：“高差＞0.45 m 、进深＜0.6 m 且结构净高＜2.10 m 不计算建筑面积；高差＜0.45 或进深＞0.6 m 计算一半面积；结构净高＞2.10 m 计算全部建筑面积”； （3）以“高差、结构净高、进深和宽度”作为判定依据，如南昌市（2012 年）、福州市（2016 年）、赣州市（2017 年）规则表述为：“进深≤0.6，净高≤2.20 m，高差≥0.45 m，宽度不大于单个开间的 2/3，凸窗部分可不计算面积；净高＞2.20 m 或进深＞0.6 m 凸窗部分应计算全面积”； （4）以“高差和进深”为判断依据，如芜湖市（2009 年）规则表述为：“高差＞0.45 m 且进深≤0.8 m，不计算建筑面积”

续表 4-2

条文	规则数量（部）	判定条件	规则名称	具体条文
14 室外走廊（挑廊）	3	封闭/有柱/宽度/顶盖覆盖情况/主体结构/进深	浙江省（2018 年）	浙江省（2018 年）规则分五种情况：①两侧均封闭；②与房屋相连的有上盖和柱的；③有顶盖无柱、不封闭的；④宽度在 0.90 m 以上且有上盖无柱的不封闭的檐廊；⑤不封闭的、顶盖不能完全覆盖围护设施且顶盖宽度大于 0.60 m 的；
			武汉市（2018 年）	武汉市（2018 年）规则分七种情况：①与房屋相连的有顶盖和柱的；②双排柱的；③单排柱的；④无柱、不封闭、有围护设施、有顶盖的；⑤无围护设施或无顶盖的；⑥顶盖不能完全覆盖围护设施、顶盖宽度大于 0.60 m 的；⑦顶盖宽度在 0.60 m 及以下或者顶盖为镂空的；
			南京市（2014 年）	南京（2014）规则中增加“主体结构”“进深（公共建筑）”的情况：“在建筑主体结构内的或在建筑主体结构以外住宅建筑最大进深超过 1.8 m 的，公共建筑最大进深超过2.4 m 的挑廊、檐廊，应按结构底板外围水平投影面积计算全面积。与挑廊、檐廊相接的各类建筑外部构件，均作为挑廊、檐廊控制，并计算面积”
16 雨篷	3	有柱否及独立柱/高度	福州市（2012 年）	福州市（2012 年）规则提出：“与建筑物连接的有柱雨篷按柱外围水平面积计算建筑面积；独立柱雨篷按其顶盖水平投影面积的 1/2 计算建筑面积”；
			浙江省（2018 年）	浙江省（2018 年）规则表述为：“有柱的门廊、雨篷，按其柱的外围与房屋外墙水平投影面积计算，高度 2.20 m 及以上的应计全部面积；高度不足2.20 m 的应计算 1/2 面积”
			武汉市（2018 年）	

续表 4-2

条文	规则数量（部）	判定条件	规则名称	具体条文
17 门廊	4	柱/层高/围合结构/进深	宁波市（2010 年） 浙江省（2018 年） 福州市（2016 年） 武汉市（2018 年）	第一阶段宁波市（2010 年）规则考虑了独立柱门廊的情况：“独立柱、单排柱的门廊、车棚、货棚等属永久性建筑的，按其上盖水平投影面积的 1/2 计算建筑面积”； 第二阶段，浙江省（2018 年）规则将门廊与雨篷计算内容一起表述，都将是否有柱（独立柱）或2.20 m 层高作为限制条件：“有柱的门廊、雨篷，按其柱的外围与房屋外墙水平投影面积计算，高度2.20 m 及以上的应计全部面积；高度不足 2.20 m 的应计算 1/2 面积”； 武汉市（2018 年）规则进一步明确围合结构，且加入进深条件：“有柱或三面围合的、进深在 0.6 m 以上的门廊，应按其顶板水平投影面积计算全面积并计入容积率；进深在 0.6 m 及以下的，不计算建筑面积”
21 室外楼梯	3	功能/楼层情况	杭州市（2010 年） 广州市（2007 年） 福州市（2012 年）	广州市（2007 年）规则表述为：“无顶盖的室外楼梯最顶一层不计算建筑面积”； 福州市（2012 年）规则提及了两点：其一为“室外楼梯作为通道和用于疏散的，计算全面积”，强调室外楼梯的使用功能；其二为“楼内有楼梯的，室外楼梯一半计算建筑面积”
22 阳台	23	围护结构/阳台面积与房屋套内面积比/封闭与否/上盖与底板投影情况/阳台进深/阳台层高/	浙江省（2018 年） 广东省（2010 年） 山东省（2008 年） 广州市（2011 年） 福州市（2012 年）	（1）围护结构 如山东省（2008 年）规则和广东省（2010 年）规则表述为：“建筑物外有围护结构的阳台，按其围护结构外围水平面积计算建筑面积；无围护结构的凹阳台、挑阳台，按其水平面积一半计算建筑面积。”

续表 4-2

条文	规则数量（部）	判定条件	规则名称	具体条文
22 阳台	23	阳台面宽/主要朝向/临主要道路/使用功能	南京市（2014 年） 杭州市（2010 年） 杭州市（2013 年） 武汉市（2013 年） 赣州市（2016 年） 贵州省（2009 年） 芜湖市（2009 年） 江西省（2006 年） 上海市（2011 年）	（2）阳台面积与房屋套内面积比 浙江省（2018 年）规则表述为："当套内建筑面积（不含阳台、飘窗）70.00 m^2 以下的住宅套型，不计面积的阳台累计水平投影面积大于 3.00 m^2 的，或70.00 m^2 及以上的住宅套型，不计面积的阳台累计水平投影面积大于 5.00 m^2 的，超过部分按其水平投影面积的 1/2 计算面积。……按 1/2 计算后的单套住宅阳台及飘窗总面积占该套住宅套内建筑面积（不含阳台、飘窗）比值超过 7%的，超过部分按全面积计算。" （3）封闭阳台与不封闭阳台 贵州省（2009 年）规则表述为："符合以下标准的住宅的不封闭阳台，按围护结构水平投影的一半计算建筑面积；如果超过，超过部分计算全部建筑面积。封闭阳台无论是否符合以下标准，均计算全部建筑面积。建筑面积 140 m^2以上住宅户型，各类阳台水平投影面积总和不超过 18 m^2"； （4）上盖与底板投影情况 贵州省（2009 年）规则表述为："不封闭阳台上盖与阳台围护结构外围水平投影线不一致时，按水平投影面积小的面积计算一半建筑面积，当上盖宽度不大于 0.6 m 时，不计建筑面积。" （5）阳台进深 江西省（2006 年）规则、贵州省（2009 年）规则、浙江省（2018 年）规则表述为："南向或东西向主阳台进深不大于 1.8 m、北向或东西向次阳台进深不大于1.20 m 的阳台，按其水平投影面积的 1/2 计算建筑面积并计入容积率；超出此规定的部分按全面积计算建筑面积并计入容积率"；

续表 4-2

条文	规则数量（部）	判定条件	规则名称	具体条文
22 阳台	23	主要朝向/临主要道路/使用功能	宁波市（2010 年） 深圳市（2014 年） 南昌市（2006 年） 南昌市（2012 年） 海口市（2010 年） 海口市（2011 年） 青岛市（2014 年） 武汉市（2018 年） 福州市（2016 年）	（6）阳台层高 浙江省（2018 年）规则表述为："在上述特殊层高的建筑空间所附封闭阳台，按相应层高的倍数计算建筑面积"； （7）阳台面宽 深圳市（2014 年）规则和福州市（2016 年）规则表述为："同时满足以下要求的阳台（外走廊），不论层高均以其围护结构或围护物外围水平投影面积的 1/2 计入地上规定建筑面积（该类阳台简称为计一半面积的阳台），否则须全部计入地上规定建筑面积（该类阳台简称为计全面积的阳台）：阳台面宽不大于1.5 m 时，其对外连续开敞面的边长不小于阳台计建筑面积线周长的 1/6；阳台面宽大于 1.5 m 时，其对外连续开敞面的边长不小于阳台计建筑面积线周长的 1/4"； （8）阳台朝向 赣州市（2016 年）规则的朝向规定："建筑物南向或东西向主阳台（一户仅限一个）进深不大于 2.20 m、北向或东西向次阳台进深不大于 1.5 m 的，无论是否封闭，无论是凹阳台、挑阳台，均按其水平投影面积的 1/2 计算建筑面积并计算容积率；超出此规定尺寸的部分按全面积计算建筑面积并计算容积率。" （9）阳台临主要道路 福州市（2016 年）规则表述为："沿主要干道（规划道路宽 40 m 以上）、沿江及其他城市重要景观控制区内的阳台，不论在主体结构内外均应全封闭，全封闭阳台按其结构外围水平面积或其结构底板水平投影面积计容"； （10）阳台使用功能 福州市（2016 年）规则表述为："办公建筑（含公寓式办公）原则上不设置外挑阳台，确需设置的，按凹阳台设计，应按其结构外围水平面积计容"

续表 4-2

条文	规则数量（部）	判定条件	规则名称	具体条文
23 车棚、货棚、站台、加油站、收费站	10	柱/高度	山东省（2008 年） 贵州省（2009 年） 广东省（2010 年） 杭州市（2010 年） 宁波市（2010 年） 福州市（2012 年） 福州市（2016 年） 武汉市（2018 年） 浙江省（2018 年） 杭州市（2010 年）	山东省（2008 年）规则表述为："有柱的雨篷、车棚、货棚、站台等，按柱外围水平面积计算建筑面积；单排柱的车棚、货棚、站台等，按其顶盖水平投影面积的 1/2 计算建筑面积。" 浙江省（2018 年）规则与杭州市（2010 年）规则规定："高度 2.20 m 及以上的应计全部面积"
24 幕墙	6	装饰性幕墙/幕墙材料/起围护作用幕墙	宁波市（2010 年） 南京市（2014 年） 武汉市（2018 年） 东莞市（2016 年） 长沙市（2017 年） 天津市（2012 年）	(1)装饰性幕墙也要计算建筑面积 东莞市（2016 年）规则从幕墙材料入手，定性限制不计算面积的装饰性幕墙只有"穿孔板、百叶板等透空材料构成的"； (2)起围护作用的幕墙计算建筑面积 长沙市（2017 年）规则表述为："内侧无围护性墙体（包括剪力墙），仅设置有围护性幕墙，计算建筑面积"
26 变形缝的建筑面积计算	1	变形缝宽	广东省（2005 年）	广东省（2005 年）规则限定了变形缝计算建筑面积的限定条件："变形缝宽小于 300 mm，计算建筑面积"

4.4 计算边界

第一、二阶段总体来看，国家规范中有 14 个条文内容发生计算边界变更。其中，7 个条文的计算边界内容变更发生于两版国家规范之间，省市规则随着国家规范内容的调整而调整；此外，还有 7 个条文的省市规则计算边界内容与国家规范不一致。结合各条文与国家规范表述不一致的省市规则数量，分别为：①地下室、半地下室（第一阶段 1 个）；②外墙外侧坡道出入口（第一阶段 2 个）；③建筑物架空层及坡地建筑物吊脚架空层（第一阶段 2 个，第二阶段 1 个）；④立体书库、立体仓库、立体车库（第二阶段 2 个）；⑤车棚、货棚、站台、加油站、收费站等（第一阶段 6 个，第二阶段 1 个）；⑥幕墙（第一阶段 1 个，第二阶段 2 个）、保温层（第一阶段 1 个）。

分阶段来看，在第一阶段省市规则对国家规范的 6 个条文表述进行了计算边界内容的调整，第二阶段仅有 3 个，具体为：①建筑物架空层及坡地建筑物吊脚架空层；②立体书库、立体仓库、立体车库；③幕墙。可以看出，省市规则与国家规范内容不一致的情况有所减少，国家规范在计算边界内容表述上的适用性有所增强。

值得注意的是，在“建筑物架空层及坡地建筑物吊脚架空层”条文中，05 版国家规范未明确提出架空层的计算边界，而 13 版国家规范表述为“按顶板水平投影计算建筑面积”。省市规则出现了 3 种计算边界表述，它们是楼板水平投影面积、围护结构或柱的外围水平投影面积、围护结构外围水平面积。浙江省（2018 年）规则提出：“不符合上述要求的架空层，应按其柱的外围水平投影面积计算。坡地建筑的吊脚架空层，设计利用部分按其围护结构或柱的外围水平投影面积计算”。武汉市（2013 年）规则表述为：“架空层层高在 2.20 m 及以上的按楼板水平投影面积计算建筑面积”。广东省相关规则提出：“按围护结构外围水平面积计算建筑面积”。详见图 4-3、表 4-3 所示。

可以看出，不少省市规则对国家规范条文计算边界内容提出了不同的表述，侧面说明此条款仍需调整或进一步深化。13 版国家规范第 27 条文无省市规则计算边界调整内容。

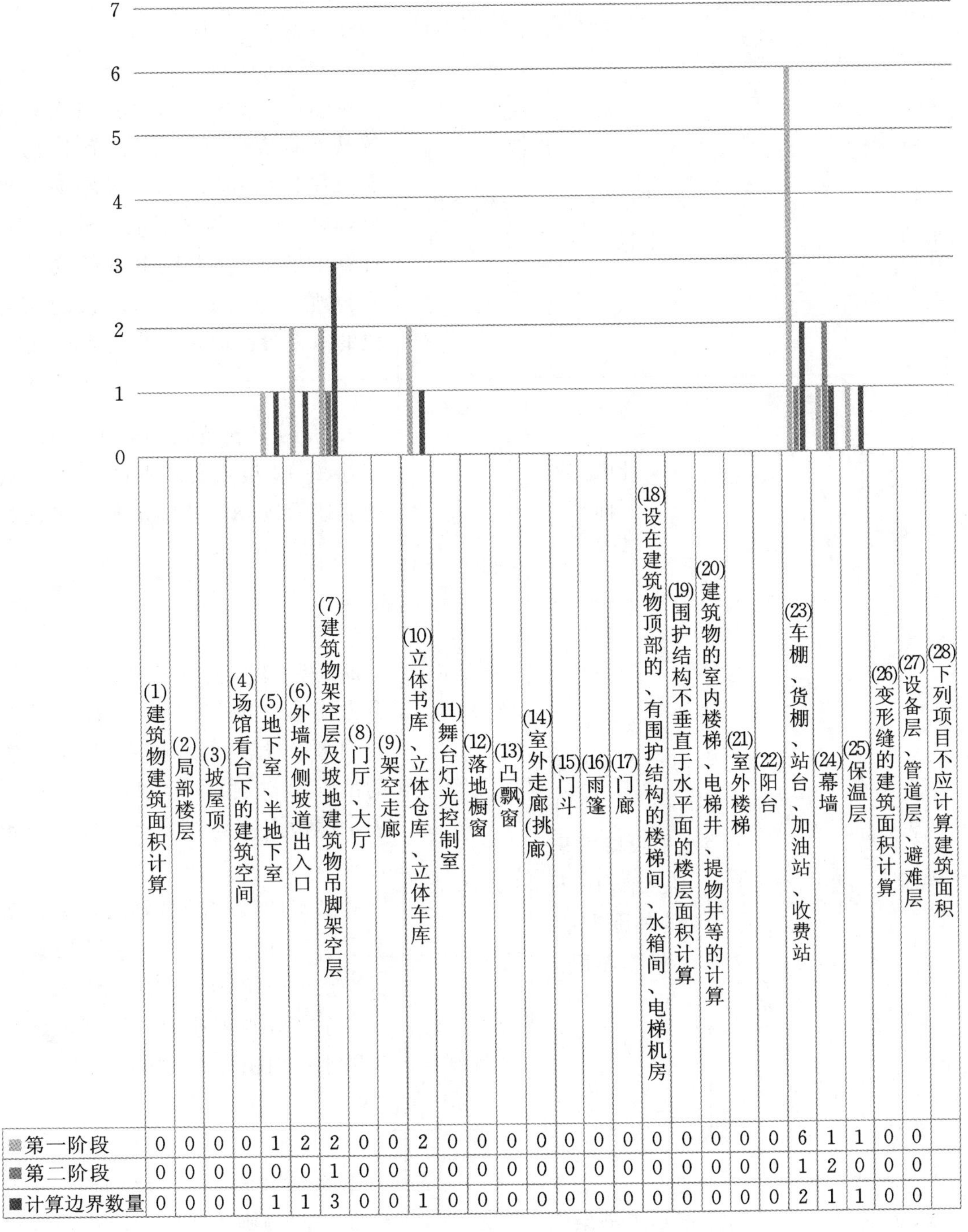

	(1)建筑物建筑面积计算	(2)局部楼层	(3)坡屋顶	(4)场馆看台下的建筑空间	(5)地下室、半地下室	(6)外墙外侧坡道出入口	(7)建筑物架空层及坡地建筑物吊脚架空层	(8)门厅、大厅	(9)架空走廊	(10)立体书库、立体仓库、立体车库	(11)舞台灯光控制室	(12)落地橱窗	(13)凸(飘)窗	(14)室外走廊(挑廊)	(15)门斗	(16)雨篷	(17)门廊	(18)设在建筑物顶部的、有围护结构的楼梯间、水箱间、电梯机房	(19)围护结构不垂直于水平面的楼层面积计算	(20)建筑物的室内楼梯、电梯井、提物井等的计算	(21)室外楼梯	(22)阳台	(23)车棚、货棚、站台、加油站、收费站	(24)幕墙	(25)保温层	(26)变形缝的建筑面积计算	(27)设备层、管道层、避难层	(28)下列项目不应计算建筑面积
第一阶段	0	0	0	0	1	2	2	0	0	2	0	0	0	0	0	0	0	0	0	0	0	0	6	1	1	0	0	
第二阶段	0	0	0	0	0	0	1	0	0	0	0	0	0	0	0	0	0	0	0	0	0	0	1	2	0	0	0	
计算边界数量	0	0	0	0	1	1	3	0	0	1	0	0	0	0	0	0	0	0	0	0	0	0	2	1	1	0	0	

图 4-3　省市规则条文计算边界变更与国家规范比较统计

表 4-3 省市规则条文计算边界变更与国家规范比较统计

条文	规则数量（部）	边界类型	规则名称	具体条款
5 地下室、半地下室	1	外墙结构外围水平投影面积	杭州市（2013 年）	杭州市（2013 年）规则表述为："应按其外墙结构（不包括采光井、防潮层及保护墙）外围水平投影面积计算，同期 05 版国家规范按外墙上口计算。地下室、半地下室的局部位置与地面一层通高的，应按通高部位的水平投影面积计算全部面积"
6 外墙外侧坡道出入口	2	外墙外围水平投影面积	江苏（2012 年）	05 版国家规范按外墙上口计算；江苏（2012 年）、安徽省（2005 年）规则表述为按外墙外围水平投影面积计算
			安徽省（2005 年）	
7 建筑物架空层	3	楼板水平投影面积/柱的外围水平投影面积/围护结构或柱的外围水平投影面积	武汉市（2013 年）	浙江省（2018 年）规则提出："不符合上述要求的架空层，应按其柱的外围水平投影面积计算。坡地建筑的吊脚架空层，设计利用部分按其围护结构或柱的外围水平投影面积计算"； 武汉市（2013 年）规则表述为："架空层层高在2.20 m及以上的按楼板水平投影面积计算建筑面积"； 广东省规则表述为："按围护结构外围水平面积计算建筑面积"
			浙江省（2018 年）	
			广东省规则	
10 立体书库、立体仓库、立体车库	2	按承重书架层或货架层计算	山东省（2008 年）	山东省（2008 年）规则、广东省（2005 年）规则表述为："没有结构层的，按承重书架层或货架层计算建筑面积"
			广东省（2005 年）	

续表 4-3

条文	规则数量（部）	边界类型	规则名称	具体条款
23 车棚、货棚、站台、加油站、收费站	7	柱外围水平面积计算建筑面积/顶盖水平投影面积	山东省（2008）	山东省（2008 年）规则表述为："有柱的雨篷、车棚、货棚、站台等，按柱外围水平面积计算建筑面积；单排柱的车棚、货棚、站台等，按其顶盖水平投影面积的 1/2 计算建筑面积"
			贵州省（2009）	
			广东省（2010）	
			宁波市（2010）	
			福州市（2012）	
			福州市（2016）	
			杭州市（2010 年）	
24 幕墙	3	外围水平投影面积计算	天津市（2012 年）	天津市（2012 年）、南京市（2014 年）、武汉市（2018 年）规则表述为："按幕墙外围水平投影面积计算"
			南京市（2014 年）	
			武汉市（2018 年）	
25 保温层	1	水平投影面积	吉林省（2013 年）	吉林省（2013 年）规则将阳台的保温隔热层计算建筑面积："建筑物的阳台及栏板外侧保温隔热层（除外墙以内房间作为阳台使用的）均应按其水平投影面积的 1/2 计算"

4.5 计算方式

两阶段总体来看，国家规范中 24 个条文内容发生计算方式变更。其中，5 个条文的计算方式内容变更发生于两版国家规范之间，省市规则随着国家规范内容的调整而调整；此外，还有 19 个条文的省市规则计算方式内容与国家规范有不一致。结合各条文与国家规范表述不一致的省市规则，变化较为显著的条文分别为：①落地橱窗（第一阶段 3 个、第二阶段 1 个）；②凸（飘）窗（第一阶段 3 个、第二阶段 4 个）；③车棚、货棚、站台、加油站、收费站等（第一阶段 7 个，第二阶段 3 个）；④设备层、管道层、避难层等有结构层的楼层（第一阶段4 个）。

分阶段来看，在一阶段省市地方规则对国家规范的 12 个条文表述进行了计算方式的分类调整，第二阶段调整了 15 个条文，其中两个时期都进行了调整的条文有：①外墙外侧坡道出入口；②落地橱窗；③凸（飘）窗；④车棚、货棚、站台、加油站、收费站等。

值得注意的是，省市规则对国家规范条文对象计算方式进行调整较为统一，大部分是对计算方式进一步细化，形成更多的计算分类方式，其目的都是进一步提高条文的适用性，便于建筑面积的计算管理。如浙江省（2018 年）规则增加 1.30 m 结构层高的界定，规定为："设在建筑物顶部的、有围护结构的楼梯间、水箱间、电梯机房结构层高在 2.20 m 以上计算全部建筑面积，1.3 m 及以上至 2.20 m 以下计算 1/2 建筑面积，1.20 m 以下不计建筑面积"。

仅有"外墙外侧坡道出入口"和"落地橱窗"条文省市规则较国家规范计算方式分类增多与减少的现象同时存在。如"外墙外侧坡道出入口"条文 05 版国家规范表述为："层高在 2.20 m 及以上者应计算全面积；层高不足 2.20 m 者应计算 1/2 面积"，山东省（2008 年）、广东省和贵州省（2009 年）规则表述中没有 2.20 m 的界定，减少了条文计算方式类型；第二阶段，相比于 13 版国家规范描述"出入口外墙外侧坡道有顶盖的部位，应按其外墙结构外围水平面积的 1/2 计算面积"，武汉市（2018 年）规则新增"1.30 m"的界定，表述为："地下室、半地下室出入口坡道有顶盖的部位，高度在 2.20 m 及以上的，应按其围护结构外围水平面积计算建筑面积；高度在 2.20 m 以下、1.30 m 及以上的，计算 1/2 建筑面积；高度在 1.30 m 以下的，不计算建筑面积。该建筑面积计入该层地下室、半地下室建筑面积"。详见图 4-4、表 4-4 所示。

13 版国家规范第 27 条文无省市规则计算方式调整内容。

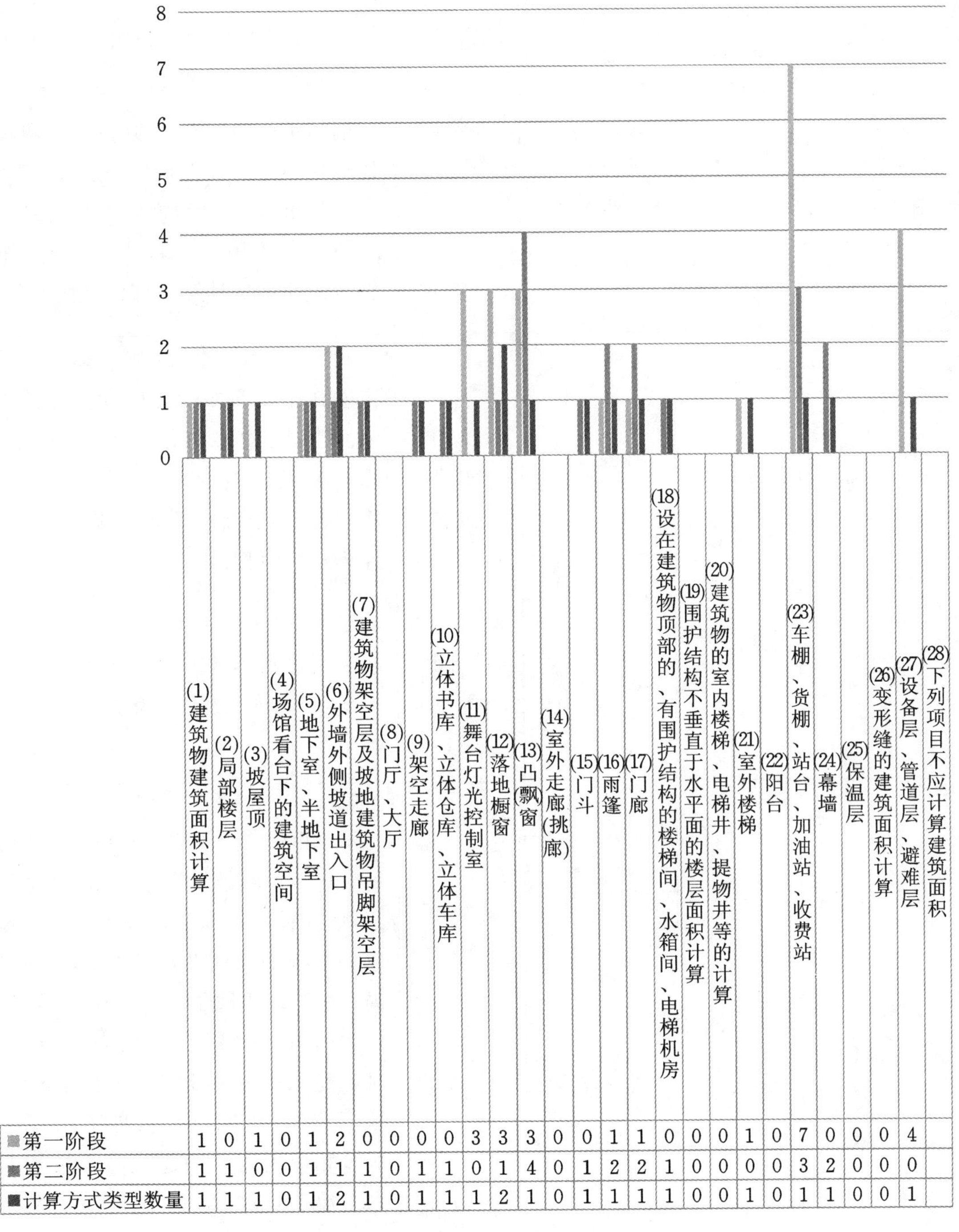

	(1)建筑物建筑面积计算	(2)局部楼层	(3)坡屋顶	(4)场馆看台下的建筑空间	(5)地下室、半地下室	(6)外墙外侧坡道出入口	(7)建筑物架空层及坡地建筑物吊脚架空层	(8)门厅、大厅	(9)架空走廊	(10)立体书库、立体仓库、立体车库	(11)舞台灯光控制室	(12)落地橱窗	(13)凸(飘)窗	(14)室外走廊(挑廊)	(15)门斗	(16)雨篷	(17)门廊	(18)设在建筑物顶部的、有围护结构的楼梯间、水箱间、电梯机房	(19)围护结构不垂直于水平面的楼层面积计算	(20)建筑物的室内楼梯、电梯井、提物井等的计算	(21)室外楼梯	(22)阳台	(23)车棚、货棚、站台、加油站、收费站	(24)幕墙	(25)保温层	(26)变形缝的建筑面积计算	(27)设备层、管道层、避难层	(28)下列项目不应计算建筑面积
第一阶段	1	0	1	0	1	2	0	0	0	0	3	3	3	0	0	1	1	0	0	0	1	0	7	0	0	0	4	
第二阶段	1	1	0	0	1	1	1	0	1	1	0	1	4	0	1	2	2	1	0	0	0	0	3	2	0	0	0	
计算方式类型数量	1	1	1	0	1	2	1	0	1	1	1	2	1	0	1	1	1	1	0	0	1	0	1	1	0	0	1	

图 4-4 省市规则条文计算方式变更与国家规范比较统计

表 4-4　省市规则条文计算方式变与国家规范比较统计

条文	规则数量（部）	计算方式变化	规则名称	具体条文举例
1 建筑物的建筑面积计算	2	减少分类	福州市（2016 年）	福州市（2012 年）规则提出：“单层建筑物不论其高度均按一层计算”； 广州市（2007 年）规则表述为：“建筑物层高 2.20 m 及以上、四面有围护结构的用房计算全部建筑面积”
			广州市（2007 年）	
2 局部楼层	1	增多分类	武汉市（2018 年）	武汉市（2018 年）规则表述为：“结构层高在 2.20 m 及以上的，应计算全面积；结构层高在 2.20 m 以下、1.30 m 及以上的，应计算 1/2 建筑面积；结构层高在 1.30 m 以下的，不计算建筑面积”
3 坡屋顶	1	减少分类	温州市（2011 年）	温州市（2011 年）规则表述为：“空间层高达到 2.20 m 的计算全部建筑面积，空间的层高必须由建筑剖面确定”
5 地下室、半地下室	2	增多分类	武汉市（2018 年）	武汉市（2018 年）规则表述为：“结构层高在 2.2 m 及以上的，应计算全面积；结构层高在 2.2 m 以下、1.3 m 及以上的，应计算 1/2 建筑面积；结构层高在 1.3 m 以下的，不计算建筑面积”； 福州市（2012 年）规则表述为：层高超过 2.20 m 的地下室、半地下室、地下车间、仓库、商店、地下指挥部等及相应出入口的建筑面积按其上口外墙（不包括采光井、防潮层及其保护墙）外围的水平面积计算。层高小于 2.20 m 的地下室、半地下室不计算建筑面积”
			福州市（2012 年）	

续表 4-4

条文	规则数量(部)	计算方式变化	规则名称	具体条文举例
6 外墙外侧坡道出入口	3	增多分类/减少分类	山东省(2008 年) 贵州省(2009 年) 武汉市(2018 年)	山东省(2008 年)规则强调"汽车坡道无永久性顶盖的部分不计算建筑面积"; 武汉市(2018 年)规则相比 05 版国家规范补充"层高 1.30 m 以下不算面积"; 贵州省(2009 年)规则未提及根据 2.20 m 层高进行分类计算内容
7 建筑物架空层及坡地建筑物吊脚架空层	1	增多分类	武汉市(2018 年)	武汉市(2018 年)规则还增加 1.30 m 的高度限制:"结构层高在 2.20 m 及以上的,应计算全面积;结构层高在 2.20 m 以下、1.30 m 及以上的,应计算 1/2 建筑面积;结构层高在1.30 m 以下的,不计算建筑面积"
9 架空走廊	1	增多分类	浙江省(2018 年)	浙江省(2018 年)规则"两侧均封闭的架空通廊计算全面积",相对于国家规范的"有围护结构、有顶盖的架空走廊计算全面积"这一表述为:"不封闭的架空通廊,当顶盖不能完全覆盖围护设施时,顶盖宽度大于 0.60 m 的,而且敞开面有柱计算全面积"
10 立体书库、立体仓库、立体车库	1	增多分类	武汉市(2018 年)	武汉市(2018 年)规则表述为:"结构层高 2.20 m 及以上的,应计算全面积;结构层高在2.20 m 以下、1.30 m 及以上的,应计算 1/2 建筑面积;结构层高在 1.30 m 以下的,不计算面积"

续表 4-4

条文	规则数量(部)	计算方式变化	规则名称	具体条文举例
11 舞台灯光控制室	3	减少分类	山东省(2008 年) 广东省 贵州省(2009 年)	山东省(2008 年)、广东省、贵州省(2009 年)规则表述为:“按舞台灯光控制室围护结构外围水平面积乘以层数计算建筑面积”,对比国家规范没有结构层高 2.20 m 的界定
12 落地橱窗	4	增多分类/减少分类	山东省(2008 年) 广东省 贵州省(2009 年) 武汉市(2018 年)	山东省(2008 年)、广东省和贵州省(2009 年)规则表述中没有 2.20 m 的界定; 武汉市(2018 年)规则“结构层高>2.20 m 计算全部面积,1.30 m<结构层高<2.20 m 计算一半,结构层高<1.30 m 不计算面积”对比国家规范增加了 1.30 m 的界定
13 凸(飘)窗	7	增多分类	青岛市(2014 年) 深圳市(2014 年) 辽宁省(2017 年) 江西省(2015 年) 四川省(2015 年) 重庆市(2014 年) 东莞市(2016 年)	(1)“不计算面积”和“计算一半建筑面积” 辽宁省(2017 年)、江西省(2015 年)、四川省(2015 年)、重庆市(2014 年)及东莞市(2016 年)规则与 13 版国家规范保持一致; (2)“计算全面积”、“计算一半建筑面积”和“不计算建筑面积” 青岛市(2014 年)规则表述为:“高度≥0.45 m、且进深≤0.7 m、净高<2.10 m 不计算建筑面积;高度<0.4 m 或进深>0.7 m 且<2.10 m 计算一半建筑面积;净高 2.10 m 计算全部建筑面积”; (3)表述为“计算全面积”和“不计算建筑面积” 深圳市(2014 年)规则表述为:“满足以下要求的凸窗可不计建筑面积,否则计全部建筑面积”

续表 4-4

条文	规则数量（部）	计算方式变化	规则名称	具体条文举例
15 门斗	1	增多分类	武汉市（2018 年）	武汉市（2018 年）规则表述为：“结构层高在2.20 m 及以上的，应计算全面积；结构层高在 2.20 m 以下、1.30 m 及以上的，应计算1/2 建筑面积；结构层高在 1.30 m 以下的，不计算建筑面积”
16 雨篷 17 门廊	3	增多分类	福州市（2012 年） 浙江省（2018 年） 武汉市（2018 年）	福州市（2012 年）规则提出：“独立柱雨篷按其顶盖水平投影面积的 1/2 计算建筑面积”； 浙江省（2018 年）规则表述为：“高度 2.20 m 及以上的应计全部面积；高度不足 2.20 m 的应计算 1/2 面积”； 武汉市（2018 年）规则表述为：“有柱雨篷应按雨篷结构板水平投影面积计算全面积并计入容积率。无柱雨篷的结构外边线至外墙结构外边线的宽度在 2.10 m 及以上的，应按雨篷结构板水平投影面积计算 1/2 建筑面积；小于2.10 m 的，不计算建筑面积”
18 设在建筑物顶部的、有围护结构的楼梯间、水箱间、电梯机房	1	增多分类	浙江省（2018 年）	浙江省（2018 年）规则表述为：“设在建筑物顶部的、有围护结构的楼梯间、水箱间、电梯机房结构层高在 2.20 m 以上计算全部建筑面积，1.2 m 及以上至 2.20 m 以下计算一半建筑面积，1.20 m 以下不计建筑面积”
19 室外楼梯	1	增多分类	宁波市（2010 年）	宁波市（2010 年）规则表述为：“属永久性结构有上盖的室外楼梯，按各层水平投影计算建筑面积；无顶盖的室外楼梯按各层水平投影面积的 1/2 计算建筑面积”； 杭州市（2010 年）规则表述为：“有永久性顶盖，层高 2.20 m 以上计算全面积，层高不足 2.20 m 的应计1/2 容积率面积”

续表 4-4

条文	规则数量（部）	计算方式变化	规则名称	具体条文举例
23 车棚、货棚、站台、加油站、收费站	10	增多分类	山东省（2008 年） 贵州省（2009 年） 广东省（2010 年） 杭州市（2010 年） 宁波市（2010 年） 福州市（2012 年） 福州市（2016 年） 武汉市（2018 年） 浙江省（2018 年） 杭州市（2010 年）	山东省（2008 年）规则表述为："有柱的雨篷、车棚、货棚、站台等，按柱外围水平面积计算建筑面积；单排柱的车棚、货棚、站台等，按其顶盖水平投影面积的 1/2 计算建筑面积"； 浙江省（2018 年）规则与杭州市（2010 年）规则规定："高度 2.20 m 及以上的应计全部面积"
24 幕墙	2	增多分类	长沙市（2017 年） 东莞市（2016 年）	长沙市（2017 年）规则表述为："倾斜或曲面围护性幕墙，内部净高 2.10 m 以上计算全面积；1.20 m 及以上至 2.10 m 计算一半面积；1.20 m 以下不计算面积"； 东莞市（2016 年）规则表述为："净高 2.10 m 以上计算全面积；1.20 m 至 2.10 m 计算一半面积；1.20 m 以下不计算面积"
27 建筑物内的设备层、管道层、避难层	4	增多分类	山东省（2008 年） 贵州省（2009 年） 宁波市（2010 年） 广州市（2007 年）	山东省（2008 年）规则、贵州省（2009 年）规则、杭州市（2013 年）规则、宁波市（2010 年）规则以及广州市（2007 年）规则已经要求计算设备层、管道层、避难层等结构层建筑面积

第五章　重难点问题解读

5.1　建筑主体结构与主要功能

5.1.1　主体结构的定义

主体结构是基于地基基础之上，接受、承担和传递建设工程所有上部荷载，维持上部结构整体性、稳定性和安全性的有机联系的系统体系，它和地基基础一起共同构成的建设工程完整的结构系统，是建设工程安全使用的基础，是建设工程结构安全、稳定、可靠的载体和重要组成部分。

5.1.2　主体结构的基本功能

主体结构本身形成一个有机联系的系统整体，有效协调的工作，承受主体结构部件本身相互传递的荷载，发挥主体框架支撑功能。此外，附着于主体结构体系表面的所有围护结构、装饰面层、相关设备重量及其施工和使用期间的活荷载，以及在设计规范限定范围内的相关风载、尘载、雪载、地震作用等自然力通过主体结构体系有效地承担，使建设工程能正常发挥各部分的使用功能。最后，主体结构与地基基础可靠地联系，将其自身荷载和承受荷载系统地、有效地、稳定地传递给地基基础结构体系，并能与地基基础结构形成协调工作的整体结构体系，共同维护建设工程整体安全和使用安全。

5.1.3　主体结构内容

砖混结构中，主体结构由基础、梁、圈梁、柱、构造柱、墙、楼梯、板、屋面板共同组成，施工时一般叫主体封顶；框架结构、剪力墙结构、框剪结构或框支结构工程中，主体结构是基础、梁、板、柱、混凝土墙、楼梯工程。主体结构也是建筑的主要承重及传力体，包括梁、柱、剪力墙及楼面板。

室内上下水、电、煤气、暖通、通信、闭路、宽带等各种管道、线路安装工程，以及楼地面工程、墙体抹灰喷涂贴砖、门窗安装、防水工程、屋面瓦铺设、立面及屋面造型安装等都不属于主体结构工程，属于一次装修，即基本装修。

5.1.4 建筑功能内容

建筑的功能包括以下几个主要方面：空间构成、功能分区、人流组织与疏散以及空间的量度、形状和物理环境（量、形、质）。

尽管各种建筑的使用性质和类型不同，但基本上都可以分成主要使用部分、次要使用部分（或称辅助部分）和交通联系部分三大部分。设计中应首先抓住这三大功能的关系进行分割和组合，逐一解决各种矛盾问题以求得功能关系的合理与完善。在这三部分的构成关系中，交通联系空间的配置往往起关键作用。

交通联系部分一般可分为水平交通、垂直交通和枢纽交通三种基本空间形式。

5.1.5 功能分区的概念

民用建筑的功能分区概念是将空间按不同功能要求进行分类，并根据它们之间联系的密切程度加以组合、划分。功能分区的原则是：分区明确、联系方便，并按主、次、内、外、闹、静关系合理安排，使其各得其所；同时还要根据实际使用要求，按人流活动的顺序关系安排位置。空间组合划分时要以主要空间为核心，次要空间的安排要有利于主要空间功能的发挥；对外联系的空间要靠近交通枢纽，内部使用的空间要相对隐蔽；空间的联系与隔离要在深入分析的基础上恰当处理。

5.2 建筑面积计算的尺度解读

5.2.1 关于选择结构层高“2.20 m”、“1.30 m”作为分类计算界定依据的解读

按照人体行为学和使用功能，一个正常成年人的身高一般是按 1.80 m 计算。2.20 m 结构层高除去楼板厚度、垫层和地板装饰层厚度，结构净高大约在 1.95～2.10 m，该高度刚好可以满足人的直立行走活动。只有活动空间高度超过 2.10 m，人才能感受到舒适感，活动空间高度低于 2.10 m，就会使人产生压抑感，活动会受到限制，形成的是受限空间（进出口受限，通风不良，可能存在易燃

易爆、有毒有害物质或缺氧，对进入人员的身体健康和生命安全构成威胁的封闭、半封闭设施及场所），无法满足人的正常生产生活需求，此时如对结构层高低于 2.20 m（结构净高低于 2.10 m）的部位进行全面积计算，则会影响建筑面积计算的参考价值。

结构层高在 1.30 m 及以上至 2.20 m（结构净高在 1.20 m 及以上至 2.10 m）部位空间使用功能虽减少，但依旧可以发挥一定的经济社会效益。因此对在 1.30 m 及以上至 2.20 m（结构净高在 1.20 m 及以上至 2.10 m）的部位计算 1/2 建筑面积。

而当活动空间结构层高低于 1.30 m（结构净高高度低于 1.20 m），人的活动受到限制，活动空间无法满足进行生产生活的需要，这部分建筑空间称为“不进入空间”，无法发挥经济社会效益，不具有可利用性，因此结构层高低于 1.30 m（结构净高低于 1.20 m）的部位不应计算建筑面积。

5.2.2 关于地下或半地下室的顶板面高出室外设计地面的高度不大于1.5 m 的解读

《建筑设计防火规范》(GB 50016—2014）分别对半地下室及地下室作出术语定义：“2.1.6 半地下室：房间地面低于室外设计地面的平均高度大于该房间平均净高 1/3，且不大于 1/2 者；2.1.7 地下室：房间地面低于室外设计地面的平均高度大于该房间平均净高 1/2 者”。

在附录 A 建筑高度和建筑层数的计算方法中提出：“6.对于住宅建筑，设置在底部且室内高度不大于 2.20 m 的自行车库、储藏室、敞开空间，室内外高差或建筑的地下或半地下室的顶板面高出室外设计地面的高度不大于 1.5 m 的部分，可不计入建筑高度”。“1.室内顶板面高出室外设计地面的高度不大于 1.5 m 的地下或半地下室；2.设置在建筑底部且室内高度不大于 2.20 m 的自行车库、储藏室、敞开空间；3.建筑屋顶上突出的局部设备用房、出屋面的楼梯间等”，以上空间可不计入建筑层数。

根据规定，半地下室或地下室房间地面低于室外设计地面的平均高度大于该房间平均净高 1/3，若室内顶板面高出室外设计地面的高度不大于 1.5 m，在同时满足两个条件的情况下，地下室或半地下室的净高低于 2.20 m。又因为 2.20 m 算一个自然层，所以不大于1.5 m的地下室或半地下室不计建筑层数和面积。

5.2.3 关于选择“顶盖”作为分类计算判定依据时，顶盖宽度临界值取0.60 m 的解读

建筑面积计算对象架空走廊、室外走廊、挑廊、檐廊、门廊、阳台一般都会设置顶盖，按照人体行为学和使用功能，上述建筑部位顶盖主要起到遮挡阳光、挡避风雨的作用，由于太阳入射角及风雨斜向刮入建筑空间内，当顶盖宽度小于0.6 m 时，其基本不能对顶盖下方建筑空间起到遮蔽作用，此时只能视为无顶盖，即室外空间，故此时不计算建筑面积。

5.3 建筑面积计算的判定依据解读

5.3.1 关于选择“单排柱”、“双排柱”作为分类计算依据的解读

单排柱和双排柱不仅是承重结构的一部分，同时在围合空间的过程中起着重要的作用。由单排柱和双排柱所形成的围合空间使用效果是不同的，因此其空间建筑面积计算方式也有不同。双排柱一般可形成两排柱间的弱围合空间，可视为其所依附的建筑物自然层的一部分功能空间来计算建筑面积，其使用功能与利用围护结构所形成的建筑空间差异不大；单排柱往往较难形成围合空间，由单排柱形成的可利用空间与外部并未形成明显的界限，其使用功能较弱。

5.3.2 关于“室内楼梯下部的建筑空间”的计算方式

室内楼梯下部的建筑空间，无论其是否利用，均不计算建筑面积。

5.3.3 关于“封闭阳台”的判定方式

由于阳台必须要是开放的空间，因此“封闭阳台”实质上并不满足“阳台”的定义，所以“封闭阳台”事实上不是阳台，建筑面积应按其外墙外围水平投影面积计算。

5.3.4 关于“同质同尺度”的解读

“同质同尺度”是指阳台相邻的各室内空间尺度应与之相适宜。为保证阳台空间的使用效果，减少开发商“偷面积”的情况，阳台与其相邻的室内空间的

面积比例应该达到一定范围（如 4%～7%，最大上限 15%），同时通过其他指标（如阳台面积与房屋套内面积比、阳台进深、阳台面宽、阳台朝向等）来具体控制。

另一方面，阳台所依附的主体功能空间应与阳台具体的使用功能相互协调，如福州市（2016 年）规则提出："办公建筑（含公寓式办公）原则上不设置外挑阳台，确需设置的，按凹阳台设计，应按其结构外围水平面积计容"，具体规定了阳台依附的主体功能空间与阳台使用功能之间的关系。

第六章　条 文 解 读

6.1　条文解读 3.0.1

建筑物的建筑面积应按自然层外墙结构外围水平面积之和计算。结构层高在 2.20 m 及以上的，应计算全面积；结构层高在 2.20 m 以下的，应计算 1/2 面积。

6.1.1　国家规范的演变

05 版国家规范	13 版国家规范
3.0.1 单层建筑物的建筑面积，应按其外墙勒脚以上结构外围水平面积计算，并应符合下列规定： 1 单层建筑物高度在 2.20 m 及以上者应计算全面积；高度不足 2.20 m 者应计算 1/2 面积。 3.0.3 多层建筑物首层应按其外墙勒脚以上结构外围水平面积计算；二层及以上楼层应按其外墙结构外围水平面积计算。层高在 2.20 m 及以上者应计算全面积；层高不足 2.20 m 者应计算 1/2 面积	3.0.1 建筑物的建筑面积应按自然层外墙结构外围水平面积之和计算。结构层高在 2.20 m 及以上的，应计算全面积；结构层高在 2.20 m 以下的，应计算 1/2 面积

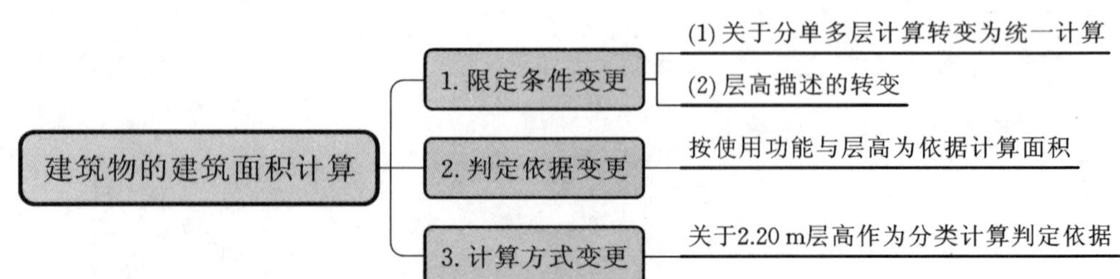

6.1.2 特征解析

6.1.2.1 限定条件变更

(1) 关于分单多层计算转变为统一计算

基本变化:05 版国家规范将“单层与多层建筑”分开计算建筑面积,单层或多层的首层“按外墙勒脚以上结构外围水平面积计算”,多层建筑二层及以上楼层按“外墙结构外围水平面积计算”;而 13 版国家规范不区分单层与多层建筑,统一称为“建筑物”,调整为“按自然层结构外围水平面积计算”。

特殊变化:无。

(2) 层高描述的转变

基本变化:05 版国家规范对高度的定性为:“层高”;13 版国家规范修改为“结构层高”。这一点与其他条款的调整保持一致。

特殊变化:无。

6.1.2.2 判定依据变更

按使用功能与层高为依据计算面积。

特殊变化:上海市(2011 年)规则提出:“商业、办公建筑标准层层高不宜超过 4.5 m。标准层层高超出 4.5 m 的,按每 2.8 m 为一层、余数进一的方法折算该层建筑面积,并按折算的建筑面积计入容积率”。并且也明确表述不适用的建筑范围:“商业、办公建筑的门厅、大厅、回廊、走廊等公共部分,影院、剧场、体育馆、博物馆、展览馆等公共建筑,大型商业建筑的层高不受本项前款规定限制”。武汉市(2018 年)规则更为全面,对各种性质建筑的特殊层高空间的建筑面积计算进行表述。

6.1.2.3 计算方式变更

关于 2.20 m 层高作为分类计算判定依据。

基本变化:在定量计算上,两版国家规范相同,同样表述为(结构)层高 2.20 m 及以上计算全部建筑面积,2.20 m 以下计算一半建筑面积;部分城市规则表述不一致。

特殊变化:福州市(2012 年)规则提出“单层建筑物不论其高度均按一层计算”,广州市(2007 年)规则:“建筑物层高 2.20 m 及以上、四面有围护结构的用房计算全部建筑面积”。这一提法与个别城市《房产测量规范》内容类似,如《深圳市房屋建筑面积计算规定》(2012)提到:“单层建筑物不论其高度如何均按一层计算”。

6.1.3 本书解析

6.1.3.1 核心问题理解

(1) 两版国家规范关于建筑物建筑面积计算边界变化的解读

勒脚是指建筑物外墙与室外地面或散水接触部分墙体的加厚部分，其高度一般为室内地坪与室外地面的高差，也有的将勒脚高度提高到底层窗台，因为勒脚是墙根较矮的部分墙体加厚，不能代表整个外墙结构，故计算建筑面积时不考虑勒脚。因此，05 版国家规范对单层建筑和多层建筑首层的计算边界的表述为："应按其外墙勒脚以上结构外围水平面积计算"。而自然层在 05 版国家规范术语中定义为"按楼板、地板结构分层的楼层"，13 版国家规范术语中定义为"按楼地面结构分层的楼层"，两版国家规范对自然层术语的界定未发生大的变化。由于自然层不受结构、使用功能、材料的限制，且自然层已不包括勒脚的部分，因此用"自然层"进行表述更为精确。

(2) 关于有(无)四面围护结构的用房建筑面积的计算

围护结构是指建筑物及房间各面的围护物，分为透明和不透明两种类型。其中，不透明围护结构有墙、屋面、地板、顶棚等；透明围护结构有窗户、天窗、阳台门、玻璃隔断等。按是否与室外空气直接接触，又可分为外围护结构和内围护结构。在不需要特别加以指明的情况下，围护结构通常是指外围护结构，包括外墙、屋面、窗户、阳台门、外门，以及不供暖楼梯间的隔墙和户门等。对于形成建筑空间的建筑物，无论其是否为四面都有围护结构，均按照外墙外边线水平面积计算。

(3) 关于形成的空间是否计算建筑面积的判定

建筑空间即"满足人们生产或生活需要的，运用各种建筑主要要素与形式所构成的内部空间与外部空间的统称"。从定义上可知，建筑空间要具备可出入条件及使用功能。因此，对于不具备出入条件、不具备功能的空间，不进行建筑面积计算。

(4) 关于选择"2.20 m"、"1.30 m"作为分类计算界定依据的解读

略。

6.1.3.2 条文具体解读

由于 13 版国家规范的表述未涉及到有无四面围护结构的建筑物，而广州市(2017 年)规则在条文中进行了表述，因此建议添加有(无)四面围护结构的建筑物的这一限定条件稍微解读。

13 版国家规范的计算边界表述为:“按照自然层结构外围水平面积之和进行计算”。由于涉及到考虑建筑物立柱,贴砖等部位的内容,因此建议将计算边界解读为“自然层外墙边线水平面积之和”。

完整条文解读如下:

3.0.1 建筑物主体结构内的建筑空间,有围护结构的,其建筑面积按自然层外墙外边线水平面积之和计算;无围护结构的,建筑面积应按自然层顶板水平投影面积之和计算。

建筑物主体结构外的建筑空间,有围护结构的,应按其围护结构的外边线水平面积之和计算;无围护结构的,如阳台、雨篷、室外走廊等,按相应条款计算建筑面积。

结构层高在 2.20 m 及以上的,应计算全面积;结构层高在 1.30 m 及以上至 2.20 m 的,应计算 1/2 面积;结构层高在 1.30 m 以下的,不计算面积,如图 6-1 所示。

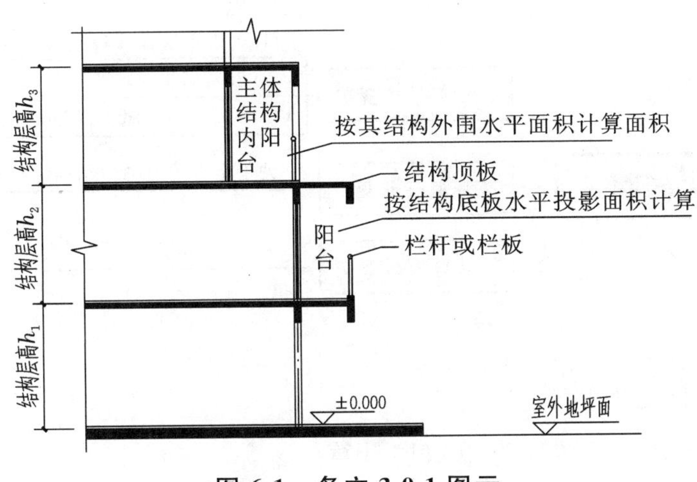

图 6-1 条文 3.0.1 图示

6.2 条文解读 3.0.2

建筑物内设有局部楼层时,对于局部楼层的二层及以上楼层,有围护结构的应按其围护结构外围水平面积计算,无围护结构的应按其结构底板水平面积计算,且结构层高在2.20 m及以上的,应计算全面积,结构层高在 2.20 m 以下的,应计算 1/2 面积。

6.2.1 国家规范的演变

05 版国家规范	13 版国家规范
3.0.2 单层建筑物内设有局部楼层者，局部楼层的二层及以上楼层，有围护结构的应按其围护结构外围水平面积计算，无围护结构的应按其结构底板水平面积计算。层高在 2.20 m 及以上者应计算全面积；层高不足 2.20 m 者应计算 1/2 面积	3.0.2 建筑物内设有局部楼层时，对于局部楼层的二层及以上楼层，有围护结构的应按其围护结构外围水平面积计算，无围护结构的应按其结构底板水平面积计算，且结构层高在 2.20 m 及以上的，应计算全面积，结构层高在 2.20 m 以下的，应计算 1/2面积

6.2.2 特征解析

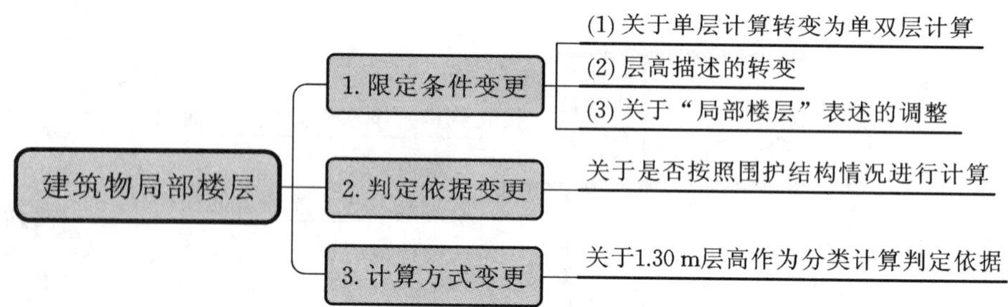

6.2.2.1 限定条件变更

(1) 关于单层计算转变为单双层计算

基本变化：05 版国家规范表述为“单层建筑物设有局部楼层”，而 13 版国家规范表述为“建筑物内设有局部楼层”，可见不再强调“单层”这一概念，无论单层还是多层，只要是自然层内设有局部楼层的，都适用本条。

特殊变化：较多省级规则提出“首层建筑面积已包括在单层建筑物内”，对国家规范进行了补充完善。如山东省(2008 年)、广东省、贵州省(2009 年)规则表述为：“单层建筑物内设有部分楼层者，首层建筑面积已包括在单层建筑物内，二层及二层以上应计算建筑面积”。

(2) 层高描述的转变

基本变化：05 版国家规范对高度的定性为“层高”，13 版国家规范修改为“结构层高”。这一点与其他条款的调整保持一致。

特殊变化:无。

(3) 关于"局部楼层"表述的调整

特殊变化:一方面省市相关规则多与国家规范保持一致,但也有较多的省市规则表述较国家规范简单,并未按是否具有围护结构提出不同的面积计算方式。如福州市(2012 年)规则表述为:"单层建筑物内如带有部分楼层者,亦应计算建筑面积";广州市(2007 年)规则表述为:"建筑内部设局部复式的,其层高 2.20 m 及以上的计算全部建筑面积;不足 2.20 m 的部分计算一半建筑面积"。

6.2.2.2 判定依据变更

关于是否按照围护结构情况进行计算。

基本变化:两版国家规范都规定:"局部楼层有围护结构的应按其围护结构外围水平面积计算,无围护结构的应按其结构底板水平面积计算"。

特殊变化:无。

6.2.2.3 计算方式变更

关于 1.30 m 层高作为分类计算判定依据。

基本变化:计算方式上两版国家规范都表述为:"结构层高 2.20 m 以上计算全部面积,2.20 m以下计算 1/2 建筑面积"。

特殊变化:大部分省市规则都与国家规范保持一致,个别城市进行深化。如武汉市(2018 年)规则表述为:"结构层高在 2.20 m 及以上的,应计算全面积,结构层高在 2.20 m 以下、1.30 m 及以上的,应计算 1/2 建筑面积;结构层高在 1.30 m 以下的,不计算建筑面积"。个别省级规则表述较国家规范简化,如贵州省(2009 年)规则表述为:"单层建筑物内带有部分楼层且层高超过 2.20 m 时,首层建筑面积已包括在单层建筑物内,二层及二层以上应计算建筑面积"。

6.2.3 本书解析

6.2.3.1 核心问题理解

关于多层建筑局部楼层首层面积的计算。

相较于两版国家规范,较多省级规则提出"首层建筑面积已包括在单层建筑物内"这一条款内容,对国家规范条款进行了补充完善。该条文旨在强调建筑物内设有局部楼层的,其首层面积已包括在原建筑中,不能重复计算,应当从二层以上开始计算局部楼层的建筑面积。该项内容明确了局部楼层首层计算方法，能有效地避免建筑面积的重复计算。

6.2.3.2 条文具体解读

13 版国家规范未明确建筑空间与建筑面积的关联性表述，此外，结合地方规则，建议进一步补充地方规则中提出的“首层建筑面积已包括在单层建筑物内”这一解读内容。

完整条文解读如下：

3.0.2 建筑物内设有形成建筑空间的局部楼层时，首层建筑面积已包括在单层建筑物内，对二层及以上楼层计算建筑面积，有围护结构的应按其围护结构外围水平面积计算，无围护结构的应按其结构底板水平面积计算，且结构层高在 2.20 m 及以上的，应计算全面积，结构层高在 1.30 m 及以上至 2.20 m，以下的应计算 1/2 面积，结构层高在 1.30 m 以下的，不计算面积。如图 6-2 所示。

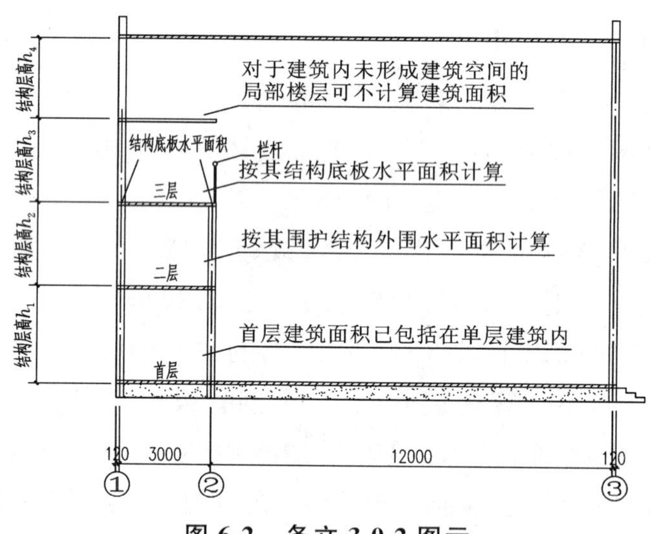

图 6-2 条文 3.0.2 图示

6.3 条文解读 3.0.3

对于形成建筑空间的坡屋顶，结构净高在 2.10 m 及以上的部位应计算全面积；结构净高在 1.20 m 及以上至 2.10 m 以下的部位应计算 1/2 面积；结构净高在 1.20 m 以下的部位不应计算建筑面积。

6.3.1 国家规范的演变

05 版国家规范	13 版国家规范
3.0.1 单层建筑物的建筑面积,应按其外墙勒脚以上结构外围水平面积计算,并应符合下列规定: 2. 利用坡屋顶内空间时,顶板下表面至楼面的净高超过 2.10 m 的部位应计算全面积;净高在 1.20 m 至 2.10 m 的部位应计算 1/2 面积;净高不足 1.20 m 的部位不应计算面积。 3.0.4 多层建筑坡屋顶内和场馆看台下,当设计加以利用时,净高超过 2.10 m 的部位应计算全面积;净高在 1.20 m 至 2.10 m 的部位应计算 1/2 面积。当设计不利用或室内净高不足 1.20 m 时不应计算面积	3.0.3 对于形成建筑空间的坡屋顶,结构净高在 2.10 m 及以上的部位应计算全面积;结构净高在 1.20 m 及以上至 2.10 m 以下的部位应计算 1/2 面积。结构净高在 1.20 m 以下的部位不应计算建筑面积

6.3.2 特征解析

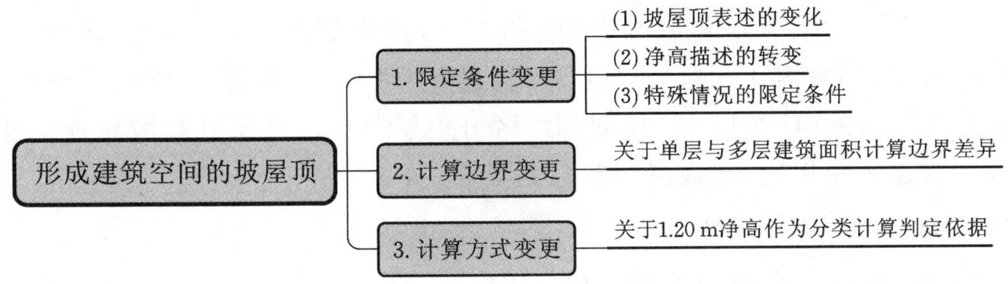

6.3.2.1 限定条件变更

(1) 坡屋顶表述的变化

基本变化:两版国家规范对坡屋顶表述有所不同。05 版国家规范表述为“利用坡屋顶内空间”,13 版国家规范表述为“形成建筑空间的坡屋顶”,其中建筑空间即“满足人们生产或生活需要的,运用各种建筑主要要素与形式所构成的内部空间与外部空间的统称”。从定义上可知,建筑空间具备了可出入条件及使用功能,所以 13 版国家规范不再强调“设计加以利用”的说法,通过门或楼梯等能够正常进出,即使设计中未体现坡屋顶下建筑空间的具体用途,仍然需要计算建筑面积。

特殊变化:对于这一表述大部分省市规则都与两版国家规范保持一致,只有温州市(2011 年)规则表述为“坡屋顶建筑(包括阁楼、看台以及其他有关情况)下部空间",且对设计利用给出了具体解释,即"凡设计有结构层、通风或采光孔的,即视为设计利用"。

(2) 净高描述的转变

基本变化:13版国家规范将05版国家规范中的"净高"改为"结构净高",省市规则与国家规范调整基本保持一致。

特殊变化:无。

(3) 特殊情况的限定条件

特殊变化:部分省市规则进一步深化,如武汉(2018年)规则表述为:"建筑物顶部因造型需要设置的开敞的、未形成建筑空间的坡屋面构架,不计算建筑面积"。

6.3.2.2 计算边界变更

关于单层与多层建筑面积计算边界差异。

基本变化:05版国家规范是分单层建筑物与多层建筑物对坡屋顶面积执行不同的计算边界:单层及首层建筑为"应按其外墙勒脚以上结构外围水平面积计算";"二层及以上楼层应按其外墙结构外围水平面积计算"。13版国家规范对于坡屋顶所形成的建筑空间计算不再区分单层与多层建筑,但同时也删除了具体的计算方式表述。

特殊变化:多数省级规则与05版和13版国家规范的调整一致,但也有特例,如四川省(2009年)规则只表述"多层建筑"无"单层建筑",而杭州市(2013年)规则以及温州市(2011年)规则都不区分单层及多层建筑计算坡屋顶下建筑空间,显然这一变化比13版国家规范更早。

6.3.2.3 计算方式变更

关于1.20 m净高作分类计算判定依据。

基本变化:两版国家规范都表述为(结构)净高2.10 m及以上计算全面积,1.20 m及以上至2.10 m的部位应计算1/2面积,不足1.20 m时不计算面积。

特殊变化:大部分省市规则都保持与国家规范一致,而个别城市规则按照《房屋测算规范》(2000)规定层高2.20 m以上的计算面积,如《温州市市区计入容积率建筑面积指标计算规定》(2011年)表述为:"空间层高达到2.20 m的计算全部建筑面积,空间的层高必须由建筑剖面确定"。

6.3.3 本书解析

6.3.3.1 核心问题理解

(1) 关于"设计并加以利用"的具体说明

凡设计有结构底板,能通过门、楼梯、或者预留的梯井正常进入,可供后期正常使用的空间，即为设计并加以利用的空间。虽然 13 版国家规范不再强调，但从条文解读的角度来说，以设计加以利用和设计不加以利用来分别论述，能使条文内容更加易于理解。

(2) 关于顶部造型需要设置未利用建筑空间的坡屋顶构架说明

武汉市(2018 年)规则中“建筑物顶部因造型需要设置的开敞的、未形成建筑空间的坡屋面构架，不计算建筑面积”这一条款内容是对国家规范的进一步深化解读，在原条文内容的基础上，结合是否设计加以利用原则，补充了不计算建筑面积的适用范围。

6.3.3.2　条文具体解读

对于 13 版国家规范不再强调“设计并加以利用”的说法，结合地方规则中建筑物顶部因造型需要设置的开敞的、未形成建筑空间的坡屋面构架内容，从是否为设计加以利用的角度，对条文进行解读。

条文完整解读如下：

3.0.3　对于凡设计并加以利用的坡屋顶，结构净高在 2.10 m 及以上的部位应计算全面积；结构净高在 1.20 m 及以上至 2.10 m 以下的部位应计算 1/2 面积；结构净高在1.20 m 以下的部位不应计算建筑面积。建筑物设计不加以利用的坡屋顶或者顶部因造型需要设置的开敞的、无使用功能和条件的坡屋面构架，均不计算建筑面积。

坡屋顶内预留有楼梯井或电梯井以及尺度较大的检修孔时，坡屋顶空间视为设计加以利用。如图 6-3 所示。

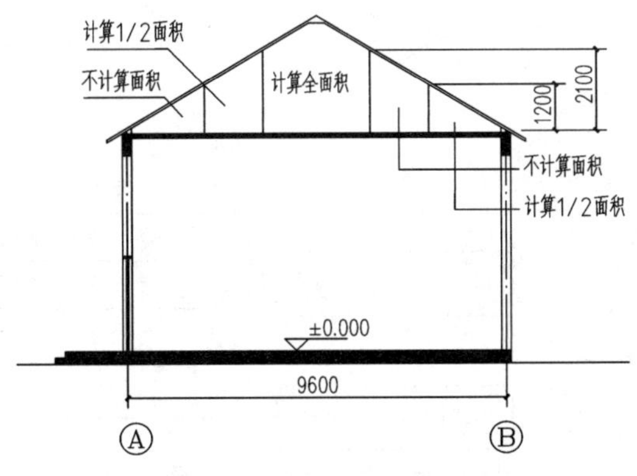

图 6-3　条文 3.0.3 图示

6.4 条文解读 3.0.4

对于场馆看台下的建筑空间，结构净高在 2.10 m 及以上的部位应计算全面积；结构净高在 1.20 m 及以上至 2.10 m 以下的部位应计算 1/2 面积；结构净高在 1.20 m 以下的部位不应计算建筑面积。室内单独设置的有围护设施的悬挑看台，应按看台结构底板水平投影面积计算建筑面积。有顶盖无围护结构的场馆看台应按其顶盖水平投影面积的 1/2 计算面积。

6.4.1 国家规范的演变

05 版国家规范	13 版国家规范
3.0.4 多层建筑坡屋顶内和场馆看台下，当设计加以利用时，净高超过2.10 m 的部位应计算全面积；净高在1.20 m 至 2.10 m 的部位应计算 1/2 面积。当设计不利用或室内净高不足1.20 m 时不应计算面积	3.0.4 对于场馆看台下的建筑空间，结构净高在2.10 m及以上的部位应计算全面积；结构净高在 1.20 m 及以上至 2.10 m 以下的部位应计算 1/2 面积；结构净高在 1.20 m 以下的部位不应计算建筑面积。室内单独设置的有围护设施的悬挑看台，应按看台结构底板水平投影面积计算建筑面积。有顶盖无围护结构的场馆看台应按其顶盖水平投影面积的 1/2 计算面积

6.4.2 特征解析

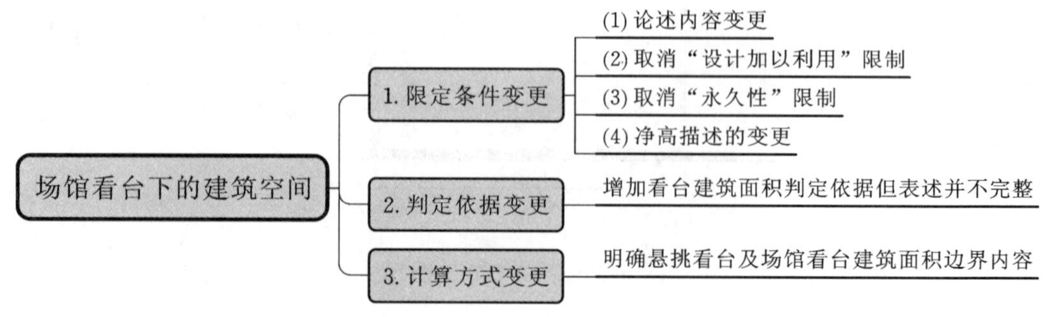

6.4.2.1　限定条件变更

（1）论述内容变更

基本变化：05 版国家规范是将 3.0.4 坡屋顶内与场馆看台下空间一起论述，并将3.0.12 有永久性顶盖无围护结构的场馆看台单独论述，13 版国家规范增加悬挑看台内容表述，并将场馆看台下建筑空间和场馆看台合并论述。

特殊变化：无。

（2）取消“设计加以利用”限制

基本变化：对场馆内看台下空间，13 版国家规范取消“设计加以利用”的说法，改按“建筑空间”进行判断，无论是否设计加以利用，都计算建筑面积。

特殊性变化：无。

（3）取消“永久性”限制

基本变化：对于无围护结构的场馆看台，13 版国家规范对顶盖取消了“永久性”的说法，一律称呼“顶盖”，扩大了限定条件。

特殊性变化：无。

（4）净高描述的变更

基本变化：对场馆看台下空间，05 版国家规范对高度的定性为“净高”，13 版国家规范修改为“结构净高”。

特殊变化：无。

6.4.2.2　判定依据变更

增加看台建筑面积判定依据但表述并不完整。

基本变化：13 版国家规范较 05 版国家规范增加“顶盖”、“围护结构”、“围护设施”判定依据，但 05 版与 13 版国家规范并未明确有顶盖有围护结构的场馆看台、无顶盖有（无）围护结构的场馆看台面积计算判定依据，也未明确场馆内有结构多层、多层（悬挑）看台的计算判定依据，两版国家规范对（悬挑）看台的面积计算判定依据表述并不完整，各省市建筑工程建筑面积计算规则也并未提出进一步的深化内容。

特殊变化：但通过对相关规则梳理发现，地方省市《房产测量规范》对本条款的内容表述限定要更为严谨。如江苏省《房屋面积测算技术规程》（J11973—2012）提出：“有永久性上盖，有柱和围护结构的场馆看台，层高大于 2.20 m 时，按柱或围护结构的外围水平投影面积计算建筑面积；场馆内有结构层的多层，应按多层面积计算；有永久性上盖，无围护结构的场馆看台，层高大于或等于

2.20 m的,应按其上盖水平投影面积的1/2计算";《北京房屋面积测算技术规程》(2009)提出:"不全封闭的体育场内,有永久性上盖且层高在2.20 m以上的看台,按其上盖水平投影面积的1/2计算建筑面积"。

6.4.2.3 计算边界变更

明确悬挑看台及场馆看台建筑面积计算边界内容。

基本变化:13版国家规范增加了"室内单独设置的有围护结构的悬挑看台,按看台结构底板水平投影面积计算。有顶盖无围护结构的场馆看台应按其顶盖水平投影面积的1/2计算面积",明确了具体的计算边界。

特殊变化:无。

6.4.3 本书解析

6.4.3.1 核心问题理解

(1) 将条款内容分为"场馆看台下的空间""场馆看台上的空间"两部分进行表述

13版国家规范关于本条文的适应范围分为"场馆看台下的空间"、"室内单独设置的有围护设施的悬挑看台"、"有顶盖无围护结构的场馆看台"三个部分,后两点内容是对"场馆看台上的空间"的论述,但并未提及更多判定依据情况下建筑面积计算的具体情况,因此,建议进行较为完整的解读。

(2) 将"双排、多排柱""单排柱或独立柱"作为判定依据

单排柱和双排柱不仅是承重结构的一部分,同时在围合空间的过程中起着重要的作用,由于单排柱和双排柱对于所围合建筑空间的使用效果是不同的,因此也建议引入柱、层高等判定依据,对计算边界、计算方式进行多情况的解读。

6.4.3.2 条文具体解读

将条款内容表述分为"场馆看台下的空间"和"场馆看台上的空间"两部分进行表述,并引入"双排、多排柱""单排柱、独立柱"作为判定依据。

条文完整解读如下:

对于场馆看台斜面下的空间,当设计加以利用时结构净高超过2.10 m的部位应计算全面积,结构净高在1.20 m至2.10 m的部位应计算1/2面积,结构净高不足1.20 m的部分不应计算建筑面积;设计不加以利用时不计算建筑面积。

对于场馆看台上的空间,有双排、多排柱且无围护结构的,按顶盖水平投影计

算建筑面积，有围护结构的，按照围护结构的外围水平投影面积计算建筑面积，结构净高在 2.10 m 及以上的部位应计算全面积；结构净高在 1.20 m 及以上至 2.10 m 以下的部位应计算 1/2 面积；结构净高在 1.20 m 以下的部位不应计算建筑面积。有单排柱、独立柱或无围护结构的，不论层高，均按照顶盖水平投影面积一半计算建筑面积。如图 6-4 所示。

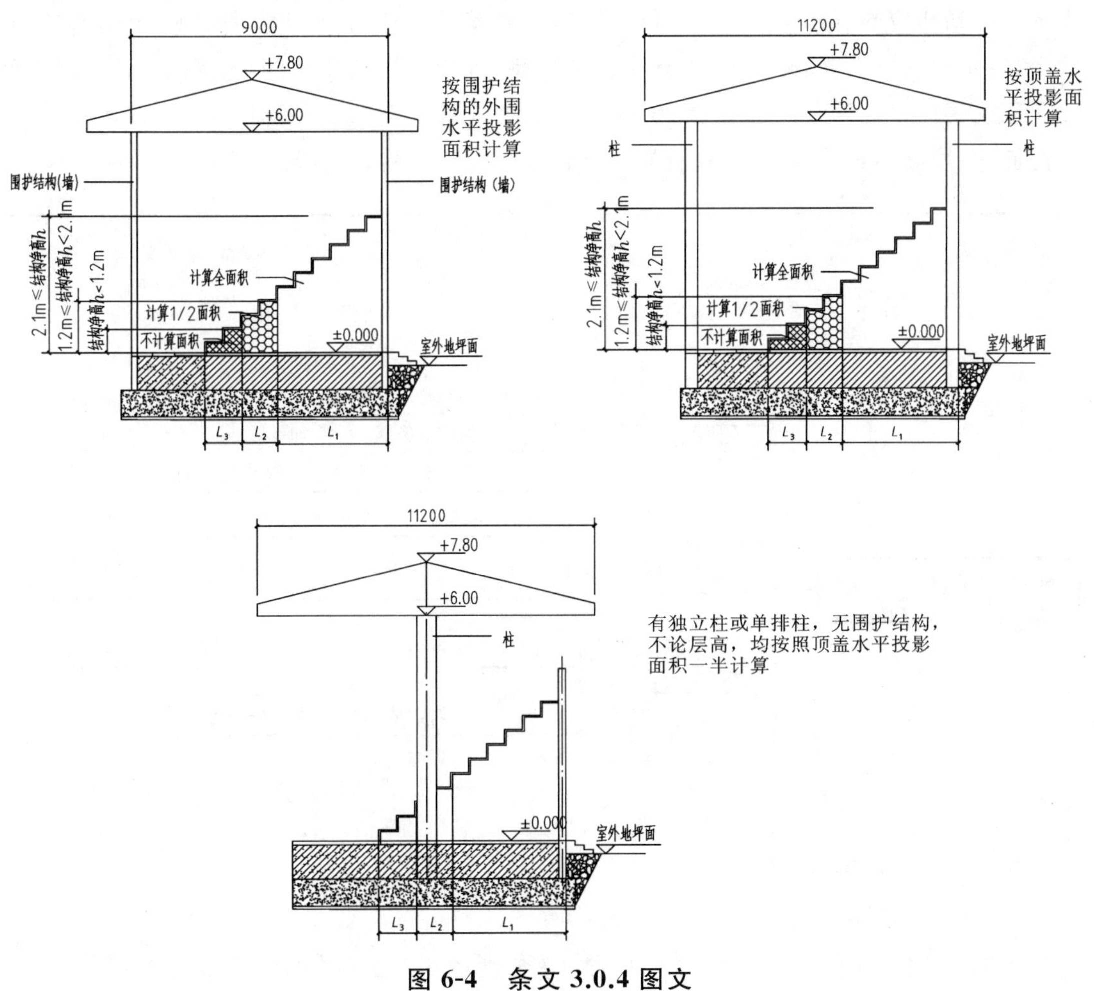

图 6-4　条文 3.0.4 图文

6.5　条文解读 3.0.5

地下室、半地下室应按其结构外围水平面积计算。结构层高在 2.20 m 及以上的，应计算全面积；结构层高在 2.20 m 以下的，应计算 1/2 面积。

6.5.1 国家规范的演变

05 版国家规范	13 版国家规范
3.0.5 地下室、半地下室(车间、商店、车站、车库、仓库等),包括相应的有永久性顶盖的出入口,应按其外墙上口(不包括采光井、外墙防潮层及其保护墙)外边线所围水平面积计算。层高在 2.20 m 及以上者应计算全面积;层高不足 2.20 m 者应计算 1/2 面积	3.0.5 地下室、半地下室应按其结构外围水平面积计算。结构层高在 2.20 m 及以上的,应计算全面积;结构层高在 2.20 m 以下的,应计算 1/2 面积

6.5.2 特征解析

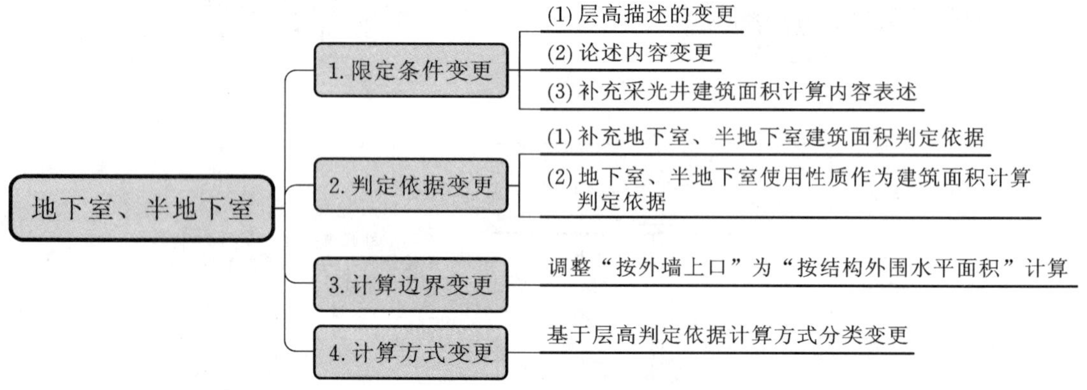

6.5.2.1 限定条件变更

(1) 层高描述的变更

基本变化:13 版国家规范将 05 版国家规范的"层高"改为"结构层高"。

特殊变化:无。

(2) 论述内容变更

基本变化:05 版国家规范将地下室、半地下室和有永久性顶盖的出入口(坡道机动车出入口)一起论述,而 13 版本国家规范分为"3.0.5 地下室、半地下室"和"3.0.6 出入口外墙外侧坡道有顶盖的部位"两条论述。两者关注的重点不一致,前者主要关注地下室、半地下室评判的标准、具体的用途。

特殊变化:浙江省(2018 年)规则将地下室、半地下室和各类井道一起表述:"地下室、半地下室出地面的各类井道(不包括采光井、楼梯间和电梯间等),位于地面建筑内部或附着于建筑外墙的，顶板面标高低于室外地坪 1.50 m 及以下的，计入地下建筑面积；顶板面标高高于室外地坪 1.50 m 以上的，计入其所通过的地上各层的面积。

(3) 补充采光井建筑面积计算内容表述

特殊变化：浙江省(2018 年)规则表述为："有顶盖的地下室采光井应按一层计入地下室面积。结构净高在 2.10 m 及以上的，应计算全面积；结构净高在 2.10 m 以下的，应计算 1/2 面积。"

6.5.2.2 判定依据变更

(1) 补充地下室、半地下室与室外地平高度判定依据

特殊变化：部分城市规则增加地下室、半地下室的划分标准，不同的划分情况面积计算方式也不同。其中，武汉市(2014 年)及(2018 年)规则表述为："符合以下条件，其建筑面积计入地下建筑面积，否则计入地上建筑面积，地下室、半地下室在室外地平面以上部分的高度不超过 1.5 m；地下室、半地下室除地下车库出入口外只能通过垂直交通(电梯、楼梯)进入室内"。青岛市(2014 年)规则表述为："符合下列条件的按半地下室计算，其建筑面积 1/2 计入地上，1/2 计入地下：超过 1/2 周边外墙在相邻室外地面以上，地下空间的顶板面高出室外地面不大于1.5 m，且室内地面低于室外地平面的高度超过该层层高 1/3，并不超过 1/2 的建筑部分。"浙江省(2018 年)规则表述为："地下室、半地下室出地面的各类井道(不包括采光井、楼梯间和电梯间等)，位于地面建筑内部或附着于建筑外墙的，顶板面标高低于室外地坪 1.50 m 及以下的，计入地下建筑面积；顶板面标高高于室外地坪 1.50 m以上的，计入其所通过的地上各层的面积。独立地面建筑之外、有围护结构和顶板面标高高于室外地坪 1.50 m 以上的，应按其围护结构外围水平投影面积计入地上建筑面积，低于 1.50 m 及以下的计入地下室面积。结构层高在2.20 m 及以上的，应计算全面积；结构层高在 2.20 m 以下的，应计算 1/2 面积"。

(2) 地下室、半地下室使用性质作为建筑面积计算判定依据

特殊变化：杭州市(2013 年)规则表述为："地下室、半地下室作为商业服务、文化娱乐、体育等用房的，不论其顶板面标高，均应计算面积。层高 2.20 m 及以上的应按其水平投影面积的 0.5 倍计算"。

6.5.2.3 计算边界变更

调整"按外墙上口"为"按结构外围水平面积"计算。

基本变化：13 版国家规范相较于 05 版国家规范按"结构外围水平面积"计算，不再按"外墙上口"取定。当外墙为变截面时，按地下室、半地下室楼地面结

构标高处的外围水平面积计算。工程设计中，因为考虑到地下水酸碱盐的腐蚀、结构承载力或其他原因的影响，外围墙体会在不同标高处更改截面，地下室外墙不竖直或成折线上口缩小，或兼作挡土墙时上口加宽等多种情况。地下室建筑面积按外墙上口外边线计算不能适用于以上多种情况。

特殊变化：杭州市（2013 年）规则表述为："地下室、半地下室及其有永久性顶盖的坡道顶板面标高高于室外地坪 1.00 m 以上的，应按其外墙结构（不包括采光井、防潮层及保护墙）外围水平投影面积计算（同期 05 版国家规范按外墙上口计算）。层高 2.20 m 及以上的应计算全部面积。地下室、半地下室的局部位置与地面一层通高的，应按通高部位的水平投影面积计算全部面积。"

6.5.2.4　计算方式变更

基于层高判定依据计算方式分类变更。

特殊变化：个别城市规则对地下室、半地下室计算方式的分类划分不同。

武汉市（2018 年）规则："地下室、半地下室应按其围护结构外围水平面积计算建筑面积。结构层高在 2.2 m 及以上的，应计算全面积；结构层高在 2.2 m 以下、1.3 m 及以上的，应计算 1/2 建筑面积；结构层高在 1.3 m 以下的，不计算建筑面积。福州市（2012 年）规则："层高超过 2.20 m 的地下室、半地下室、地下车间、仓库、商店、地下指挥部等及相应出入口的建筑面积按其上口外墙（不包括采光井、防潮层及其保护墙）外围的水平面积计算。层高小于 2.20 m 的地下室、半地下室不计算建筑面积"。

6.5.3　本书解析

6.5.3.1　核心问题理解

（1）补充地下室、半地下室的判定依据

13 版国家规范并未明确地下室和半地下室的判定依据，为更好地进行建筑面积计算解读，应对地下室、半地下室的判定提出明确的规定：

① 地下室、半地下室在室外最低地平面以上部分的高度不超过 1.5 m。考虑到地下室、半地下室超过室外地平面的高度过高则可能从地面一层直接进入，需要保证地下室、半地下室每一面均不能高过室外地平面 1.5 m，因此表述为"室外最低地平面"；1.5 m 的高度取值是根据《建筑设计防火规范》中的相关表述："室内顶板面高出室外设计地面的高度不大于 1.5 m 的地下室或半地下室可不计入建筑层数。"

② 地下室、半地下室只能通过垂直交通（电梯、楼梯）进入室内，排除了直接

从室外地面一层进入的可能。

③ 半地下室还应该满足地下空间的顶板面高出室外地面不大于1.50 m,且室内地面低于室外地平面的高度超过该层层高1/3,并不超过1/2,才能算半地下室。

不满足以上地下室、半地下室规定的,均计入地上面积。

(2) 计算方式划分为三类

武汉市(2018年)规则中将地下室、半地下室建筑面积计算方式分为三类,即:结构层高在2.20 m以上的计算全面积;1.30 m及以上至2.20 m部位的计算一半面积;1.30 m以下的不计算面积。具体解读略。

52.地下室各类井道的建筑面积计算

地下室、半地下室中的各类井道(不包括采光井、楼梯间和电梯间等),位于地面建筑内部或附着于建筑外墙的依然属于建筑,应按"自然层"进行计算,即结构层高在2.20 m以上的计算全面积,1.30 m及以上至2.20 m部位的计算一半面积,1.30 m以下的不计算面积。独立于建筑以外的各类井道,根据13版国家规范第二十七条,不计算建筑面积。地下室采光井同样按照"自然层"的计算方式进行计算。

6.5.3.2 条文具体解读

条文完整解读如下:

3.0.5 地下室室内地平面应低于室外各面最低地平面高度超过室内净高的1/2,半地下室室内地平面应低于室外各面最低地平面高度超过室内净高的1/3,且并不超过1/2;地下室、半地下室顶板突出室外各面最低地平面高度应不超过1.5 m且只能通过垂直交通进入室内。

地下室、半地下室建筑面积应按其结构外围水平面积计算。结构层高在2.20 m及以上的,应计算全面积;结构层高在1.30 m及以上至2.20 m以下,应计算1/2面积;结构层高在1.30 m以下的,不计算建筑面积。如图6-5所示。

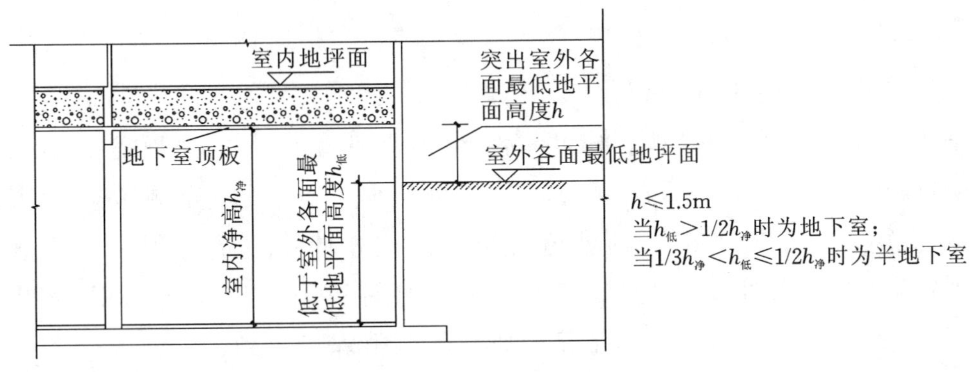

图6-5 条文3.0.5图示

6.6 条文解读 3.0.6

出入口外墙外侧坡道有顶盖的部位，应按其外墙结构外围水平面积的 1/2 计算面积。

6.6.1 国家规范的演变

05 版国家规范	13 版国家规范
3.0.5 地下室、半地下室(车间、商店、车站、车库、仓库等)，包括相应的有永久性顶盖的出入口，应按其外墙上口(不包括采光井、外墙防潮层及其保护墙)外边线所围水平面积计算。层高在 2.20 m 及以上者应计算全面积；层高不足 2.20 m 者应计算 1/2 面积	3.0.6 出入口外墙外侧坡道有顶盖的部位，应按其外墙结构外围水平面积的 1/2 计算面积

6.6.2 特征解析

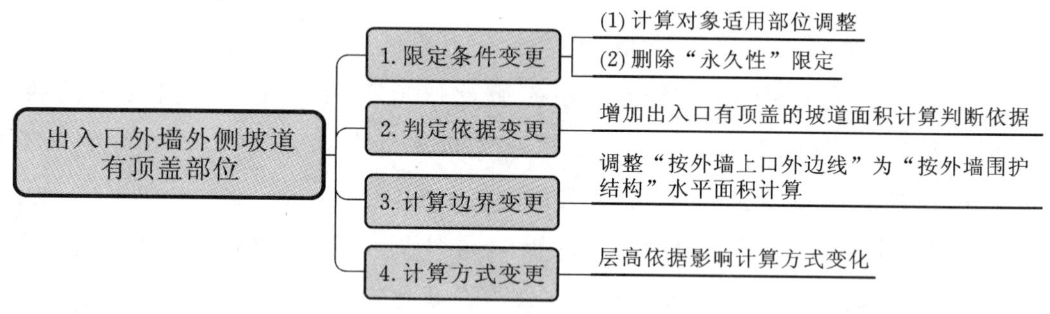

6.6.2.1 限定条件变更

(1) 计算对象适用部位调整

基本变化：05 版国家规范将地下室、半地下室和有永久性顶盖的出入口按照统一标准一起论述，13 版国家规范分两条论述。13 版国家规范明确限定了出入口计算建筑面积的部位，即坡道有顶盖部位才计算建筑面积，而 05 版国家规范则针对“有永久性顶盖的”是按外墙上口来计算出入口建筑面积，面积计算的依据由“外墙”改为“顶盖”。省市规则与此调整保持一致。

特殊变化：无。

(2) 删除“永久性”限定

基本变化：13 版国家规范对顶盖的描述，删除“永久性”限定。

特殊变化：在第一阶段较多省市规则并未按照 05 年国家规范表述，都未加入“永久性”限定，如山东省(2008 年)、贵州省(2009 年)、广东省、哈尔滨市(2002 年)、杭州市(2010 年)、福州(2012 年)等。

6.6.2.2 判定依据变更

增加出入口有顶盖的坡道面积计算判定依据。

特殊变化：浙江省(2018 年)及杭州市(2013 年)规则补充限制顶盖结构高于室外地坪一定高度后计算建筑面积的内容。浙江省(2018 年)规则表述为：“地下室、半地下室出地面的各类井道及出入口(楼梯间、汽车坡道和自行车坡道)，其顶盖高于室外地坪 1.50 m 以上的，应计算基底面积。”杭州市(2013 年)规则表述为：“地下室、半地下室及其有永久性顶盖的坡道，其顶板面标高高于室外地坪 1.00 m 以上的，应按其外墙结构(不包括采光井、防潮层及保护墙)外围水平投影面积计算。”

6.6.2.3 计算边界变更

调整“按外墙上口外边线”为“按外墙结构外围”水平面积计算。

基本变化：05 版国家规范出入口外墙外侧坡道有顶盖部位建筑面积计算边界为“按其外墙上口(不包括采光井、外墙防潮层及其保护墙)外边线所围水平面积计算”；13 版国家规范的计算边界改为“按其外墙结构外围水平面积计算”。

特殊变化：第一阶段部分省市规则表述为“按外墙外围水平投影面积计算”，如江苏省(2012 年)和安徽省(2005 年)规则按“外墙(不包括采光井、防潮层及保护墙)外围水平投影面积计算”。这一表述与《房产测量规范》(GB/T 17986.1—2000)较为一致：“地下室、半地下室及其相应出入口，层高在 2.20 m 以上的按其外墙(不包括采光井、防潮层及保护墙)外围水平投影面积计算”。而 13 版国家规范调整为按(外墙)结构外围水平面积计算后，在具体工作操作中更为实际、简便。

6.6.2.4 计算方式变更

层高依据影响计算方式变化。

基本变化：05 版国家规范的计算方式为：“层高在 2.20 m 及以上者应计算全面积；层高不足 2.20 m 者应计算 1/2 面积”。13 版国家规范未限制层高，均计算 1/2 面积。大部分省市规则都跟随国家规范改动。

特殊变化：部分省市规则与两版国家规范分类方式有所区别。如山东省(2008 年)规则强调“汽车坡道无永久性顶盖的部分不计算建筑面积”；贵州省

(2009 年)规则未提及根据2.20 m层高进行分类计算的内容;武汉(2018 年)规则相比 05 版国家规范补充了"层高 1.30 m 以下不计算面积"。

6.6.3 本书解析

6.6.3.1 核心问题理解

(1) 对于紧临外墙和不临外墙的坡道出入口的计算边界调整

13 版国家规范中的计算边界是按外墙结构外围水平面积计算,计算边界适用性不强,考虑到坡道出入口可能没有围护结构或不临外墙的情况,因此将坡道出入口的计算方式分为两类解读:

① 紧临外墙的坡道出入口以外墙结构外围水平面积计算;

② 不临外墙的坡道出入口按其顶盖的水平投影面积积计算。

(2) 增加机动车或非机动车出入口的限定条件

13 版国家对外墙外侧坡道出入口的表述较为宽泛,应对其进行限定解读。解读为"机动车或非机动车的出入口",刨除人行出入口的情况,人行出入口算作人行步道,按楼梯的建筑面积计算规则进行计算。

6.6.3.2 条文具体解读

进一步对 13 版国家规范外墙外侧坡道出入口的建筑面积计算进行解读,结合坡道出入口的功能和具体形式,建议对条文增加解读"机动车或非机动车出入口"的限定。此外由于存在紧临外墙和不临外墙两种情况,故引入"可利用空间投影到顶盖的部分"这一表述对"外墙结构外围"进行解释和解读。

条文完整解读如下:

3.0.6 机动车或非机动车出入口外墙外侧坡道有顶盖的部位,按可利用空间投影到顶盖部分的水平投影面积的 1/2 计算建筑面积。如图 6-6 所示。

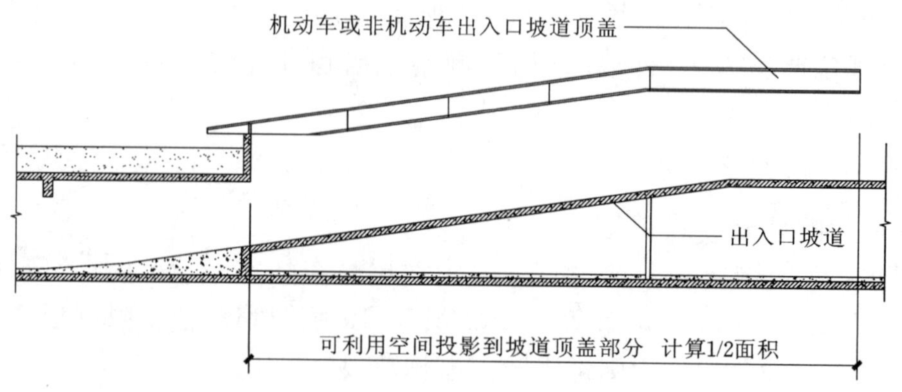

图 6-6 条文 3.0.6 图示

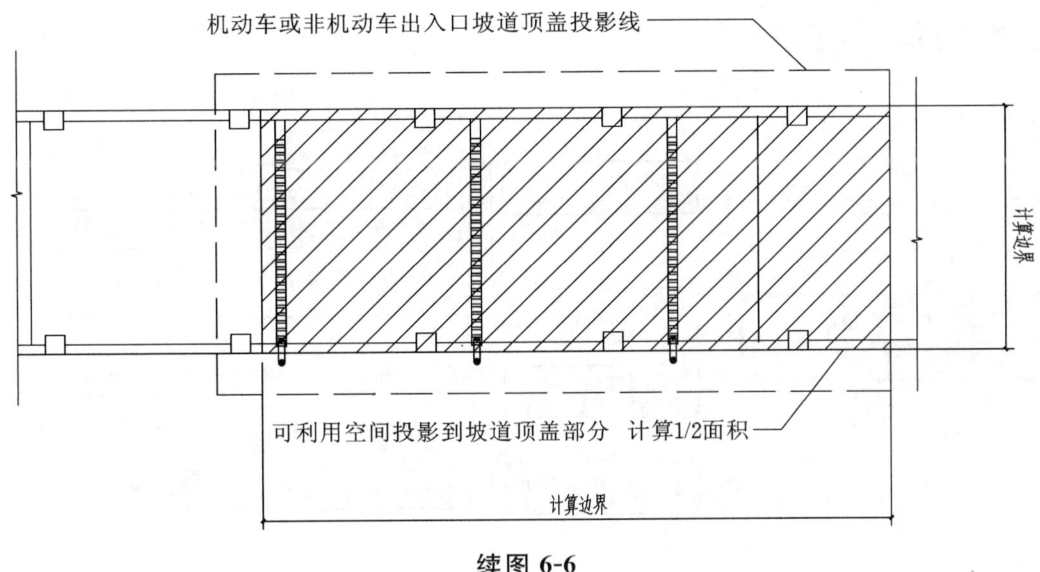

续图 6-6

6.7 条文解读 3.0.7

建筑物架空层及坡地建筑物吊脚架空层，应按其顶板水平投影计算建筑面积。结构层高在 2.20 m 及以上的，应计算全面积；结构层高在 2.20 m 以下的，应计算 1/2 面积。

6.7.1 国家规范的演变

05 版国家规范	13 版国家规范
3.0.6 坡地的建筑物吊脚架空层、深基础架空层，设计加以利用并有围护结构的，层高在 2.20 m 及以上的部位应计算全面积；层高不足 2.20 m 的部位应计算 1/2 面积。设计加以利用、无围护结构的建筑吊脚架空层，应按其利用部位水平面积的 1/2 计算；设计不利用的深基础架空层、坡地吊脚架空层、多层建筑坡屋顶内、场馆看台下的空间不应计算面积	3.0.7 建筑物架空层及坡地建筑物吊脚架空层，应按其顶板水平投影计算建筑面积。结构层高在 2.20 m 及以上的，应计算全面积；结构层高在 2.20 m 以下的，应计算 1/2 面积

6.7.2 特征解析

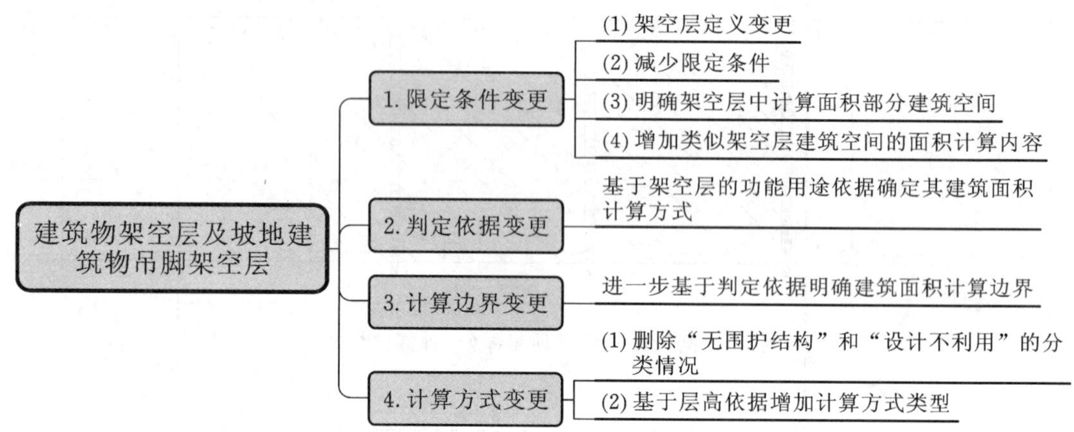

6.7.2.1 限定条件变更

(1) 架空层定义变更

基本变化：架空层在住宅及公共建筑工程中日益常见，部分建筑在二层或以上多个楼层设置，有些建筑物设置深基础架空层或利用斜坡设置吊脚架空层，作为公共空间、停车、绿化等空间。05 版本国家规范定义为："建筑物深基础或坡地建筑吊脚架空部分不回填土形成的建筑空间"；而 13 版国家规范则定义为："仅有结构支撑而无外围护结构的开敞空间层"。13 版国家规范将 05 版国家规范中的"深基础架空层"扩大为"建筑物架空层"，使得规范的限定条件更广，且将"建筑空间"（封闭空间、开敞空间）明确限定为"开敞空间"。

特殊变化：无。

(2) 减少限定条件

基本变化：05 版国家规范将架空层是否"设计加以利用"以及是否"有围护结构"作为限制条件，对架空层进行分类计算。13 版国家规范则从术语定义中将架空层确定为"无外围护结构的开敞空间层"，且不再关注是否"设计加以利用"。《房产测量规范》(GB/T 17986.1—2000)提出有围护结构的架空层的计算方式，没有关注无围护结构的情况："依坡地建筑的房屋，利用吊脚做架空层，有围护结构的，按其高度在 2.20 m 以上部位的外围水平面积计算。"

特殊变化：无。

(3) 明确架空层中计算面积部分建筑空间

特殊变化：浙江省(2018 年)规则表述为：架空层内有围护结构的电梯间、楼梯间、门厅、井道及以栏杆和矮墙等分隔的出入口通道应按其水平投影面积计算。杭州市(2013年)规则表述为:“架空层内有围护结构的电梯间、楼梯间、门厅、井道及以栏杆、矮墙等分隔的出入口通道、楼梯及与围合部位相连的台阶、坡道等,应按其水平投影面积计算全部面积”;宁波市(2010年)规则表述为:“架空层中层高2.20 m以上并加以围护封闭利用的门厅、楼梯、电梯和水、电、排风管道井等部位,计算建筑面积”。

(4) 增加类似架空层建筑空间的面积计算内容

特殊变化:部分省市规则扩大了架空层建筑面积计算的限定条件,可用于建筑顶部的类似架空层的建筑空间的面积计算。武汉市(2018年)规则表述为:“建筑物顶部局部设置的用于观景、休闲活动的构筑物形态的开敞建筑空间,其建筑面积计算参照上述架空层标准控制”。杭州市(2013年)规则表述为:“位于二层及以上楼层的类似架空层的建筑空间(不包括超高层建筑的避难空间),应按其柱外围水平投影面积计算。层高2.20 m及以上的应计算全部面积”。

6.7.2.2 判定依据变更

基于架空层的功能用途依据确定其建筑面积计算方式。

特殊变化:部分省市规则中对提供公共开放空间、开敞度较高的架空层,在计算建筑面积时有减免。如《杭州市建设项目计算容积率面积及建筑密度的实施细则》(2013.2.28讨论稿):“以承重结构落地、视线通透、无特定使用功能,仅限交通、休闲、景观作用的开放式住宅底层架空层,以及用地与市政道路等公共开放空间无分隔的公建底层架空层,其有效架空部位的水平投影面积达到建筑主体结构占地面积的1/3的,有效架空部位不计面积”。《宁波市建筑工程经济技术指标计算办法》(2010)提出:“层高2.20 m以上的架空层作为公共开放空间的,不计算建筑面积,且应满足以下条件:以柱、剪力墙落地,视线通透、空间开敞;只用作公共通道、停车、绿化、公共休闲等用途。架空部位必须视线通透,不能设置墙体、门、窗、栅栏、栏杆等维护物,满足两面以上开敞空间的要求”。浙江省(2018年)规则深化了住宅、体育、文化、教育和医疗建筑的底层作公共开放空间的架空层,以及用地与市政道路等开放空间无分隔的公建底层架空层,并且对这些架空层的不同用途,不同净高做了定量上的计算规定:“住宅、体育、文化、教育和医疗建筑的底层作公共开放空间的架空层,以及用地与市政道路等开放空间无分隔的公建底层架空层,其净高3.00 m及以上,以承重结构落地、视线通透和无特定使用功能,只作为公共休闲、交通、绿化等空间使用,其有效架空部位的水平投影面积达到200 m^2或占所在建筑主体结构水平面积的1/3及以上的,不计建筑面积”。

6.7.2.3 计算边界变更

进一步基于判定依据明确建筑面积计算边界。

基本变化：13 版国家规范对计算规则也做出调整，将架空层改为“按顶板水平投影计算建筑面积”。通常不包括架空层主体结构外的阳台、空调板、水平挑板等外挑部分。05 版国家规范并未明确表示。

特殊变化：部分省市规则基于一定的判定依据确定架空层建筑面积计算边界。如浙江省(2018 年)规则表述为：“不符合上述要求的架空层，应按其柱的外围水平投影面积计算。坡地建筑的吊脚架空层，设计利用部分按其围护结构或柱的外围水平投影面积计算”。武汉市(2013 年)规则表述为：“架空层层高在 2.20 m 及以上的按楼板水平投影面积计算建筑面积”。广东省规则表述为：“按围护结构外围水平面积计算建筑面积”。

6.7.2.4 计算方式变更

(1) 删除“无围护结构”和“设计不利用”的分类情况

基本变化：定量计算上，两版国家规范都提出依据建筑高度进行建筑面积计算：“2.20 m 及以上的，应计算全面积；2.20 m 以下的，应计算 1/2 面积”。但 05 版国家规范提出无围护结构时的建筑吊脚架空层应按其利用部位水平面积的 1/2 计算，设计不利用的架空层不计算建筑面积，而 13 版国家规范未明确表述。

特殊变化：无。

(2) 基于层高依据增加计算方式类型

特殊变化：福州市(2012 年)规则提出：“用深基础做架空层加以利用，层高超过 2.20 m 的，按架空层外围水平面积的 1/2 计算建筑面积。坡地建筑物利用吊脚做架空层加以利用且层高超过 2.20 m 的，按围护结构外围水平面积计算建筑面积。层高小于 2.20 m 的深基础地下架空层、坡地建筑物吊脚架空层不计算建筑面积”。杭州市(2013 年)和浙江省(2018 年)规则提出高度控制为 3.0 m。武汉市(2018 年)规则还增加 1.30 m 的高度限制：“结构层高在 2.20 m 及以上的，应计算全面积；结构层高在 2.20 m 以下、1.30 m 及以上的，应计算 1/2 建筑面积；结构层高在 1.30 m 以下的，不计算建筑面积”。

6.7.3 本书解析

6.7.3.1 核心问题理解

(1) 明确架空层开敞空间的界定

13 版国家规范未对架空层的开敞程度进行界定，对架空层的开敞形式解读不尽明确，如只有一面或两面开敞的建筑空间并不能算作开敞空间，所以除自然原因限制外，架空层每面均应开敞，但以柱、剪力墙等结构构件围护的可视为开敞。

(2) 架空层按“自然层”计算建筑面积

架空层属于“自然层”，应按照“自然层”的建筑面积计算规则进行计算，且计算边界为“顶板水平投影面积”，通常不包括主体建筑结构外的建筑部件。因此关于此点解读为：不论其四面是否有围护结构，按其自然层顶板的水平投影面积计算，结构层高在 2.20 m 以上的计算全面积，1.30 m 及以上至 2.20 m，计算一半面积，1.30 m 以下的不计算面积。

(3) 建筑主体结构外的阳台等建筑部件下的空间计算方式

13 版国家规范未对建筑主体结构外挑出的部分空间进行表述，在计算建筑主体结构外的阳台、空调板等建筑部件下的空间建筑面积时缺乏解读内容，建议表述为：建筑主体结构外的阳台等建筑部件下的空间，存在围护结构或围护设施时按其水平投影面积一半计算，并纳入架空层面积；不存在围护结构或围护设施的不计算建筑面积。

6.7.3.2　条文具体解读

条文完整解读如下：

3.0.7　建筑物架空层及坡地建筑物吊脚架空层，应按其自然层顶板水平投影计算建筑面积。结构层高在 2.20 m 及以上的，应计算全面积；结构层高在 1.30 m 及以上至 2.20 m 以下的，应计算 1/2 面积；结构层高在 1.30 m 以下，不应计算面积。建筑主体结构外阳台、室外走廊等建筑部件下的空间，有围护结构按围护结构外围水平投影面积计算全面积，无围护结构有围护设施的，按围护设施水平投影面积的 1/2 计算面积，纳入架空层面积；无围护结构或围护设施的，不计算建筑面积。如图 6-7 所示。

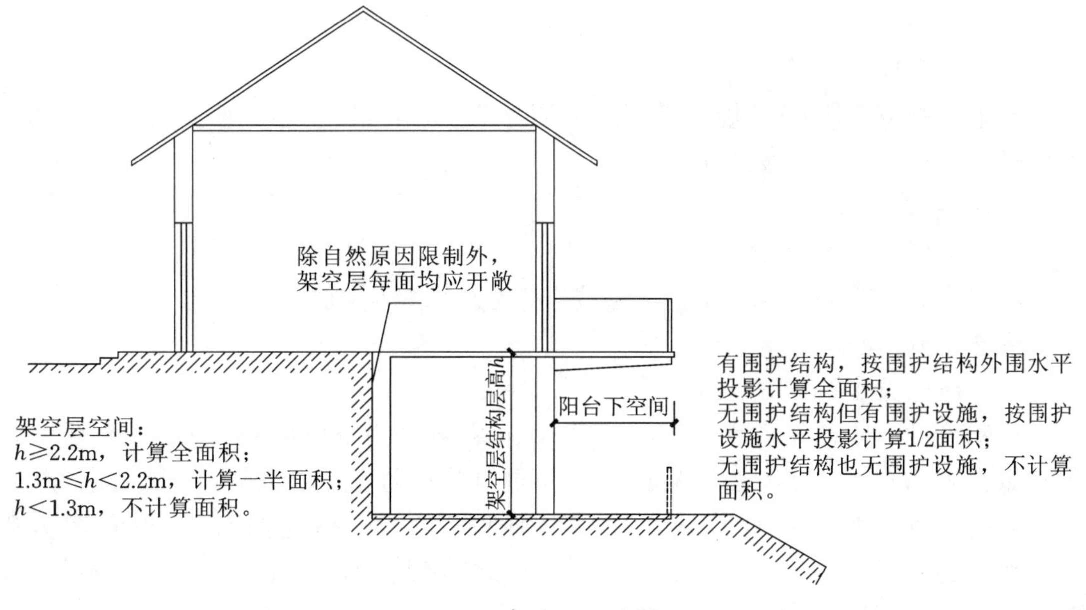

图 6-7　条文 3.0.7 图示

6.8 条文解读 3.0.8

建筑物的门厅、大厅应按一层计算建筑面积，门厅、大厅内设置的走廊应按走廊结构底板水平投影面积计算建筑面积。结构层高在 2.20 m 及以上的，应计算全面积；结构层高在 2.20 m 以下的，应计算 1/2 面积。

6.8.1 国家规范的演变

05 版国家规范	13 版国家规范
3.0.7 建筑物的门厅、大厅按一层计算建筑面积。门厅、大厅内设有回廊时，应按其结构底板水平面积计算。回廊层高在 2.20 m 及以上者应计算全面积；层高不足 2.20 m 者应计算 1/2 面积	3.0.8 建筑物的门厅、大厅应按一层计算建筑面积，门厅、大厅内设置的走廊应按走廊结构底板水平投影面积计算建筑面积。结构层高在 2.20 m 及以上的，应计算全面积；结构层高在 2.20 m 以下的，应计算 1/2 面积

6.8.2 特征解析

（1）走廊描述的变更

基本变化：05 版国家规范表述为“回廊”，13 国家版规范则表述为“走廊”。回廊属于走廊的一种，表述更为全面。

特殊变化：无。

（2）层高描述的变更

基本变化：13 版国家规范将“层高”表述改为“结构层高”。

特殊变化：无。

（3）补充关于高度的规定

特殊变化：大部分省级规则与 13 版国家规范相同，部分规则表述更为严谨。如贵州省（2009 年）规则规定：“穿过建筑物的通道，建筑物的门厅、大厅，不论其高度如何均按一层计算建筑面积”，强调了“不论高度如何”。也有部分省市规则更为关注公共建筑门厅、大厅有局部楼层的情况，如东莞市（2014 年）规则规定：“影院、剧场、体育馆、展览馆等公共建筑，建筑的门厅、大堂、通高的中庭等公共部分，按其功能设计的实际层数计算建筑面积”。由于门厅、大厅经常出现通高的情况，国家规范对于门厅、大厅建筑面积计算方式表述较为单一，不能很好的适应各种情况，地方规则从实际出发，对于不同类型的建筑的门厅、大厅通高情况予以分类界定。

6.8.3 本书解析

6.8.3.1 核心问题理解

(1) 对门厅、大厅的相关说明

门厅、大厅均属于建筑物内部空间，不论其是否有围护结构，都需要计算全部面积，不论其高度多少，均按一个自然层计算建筑面积。

(2) 关于走廊建筑面积计算的相关说明

门厅、大厅内设置的走廊属于建筑物内部空间，应该按照建筑物的面积计算规则来计算建筑面积，以结构层高“2.20 m”、“1.30 m”作为计算方式的界定依据，即：结构层高在 2.20 m 及以上的，应计算全面积；结构层高在 1.30 m 及以上至 2.20 m 以下的，计算 1/2 面积；结构层高在 1.30 m 以下的，不计算建筑面积。

6.8.3.2 条文具体解读

条文完整解读如下：

建筑物的门厅、大厅，不论其是否有围护结构，不论其高度是否突出一个自然层高，均按自然层计算建筑面积。门厅、大厅内设置的走廊应按走廊结构底板水平投影面积计算建筑面积。结构层高在 2.20 m 及以上的，应计算全面积；结构层高在 1.30 m 及以上至 2.20 m 以下的，应计算 1/2 面积；结构层高在 1.30 m 以下的，不计算建筑面积。如图 6-8 所示。

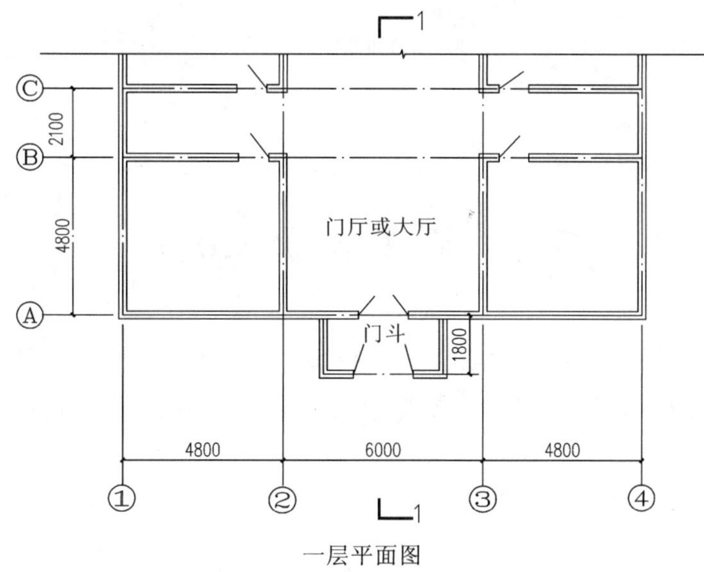

图 6-8 条文 3.0.8 图示

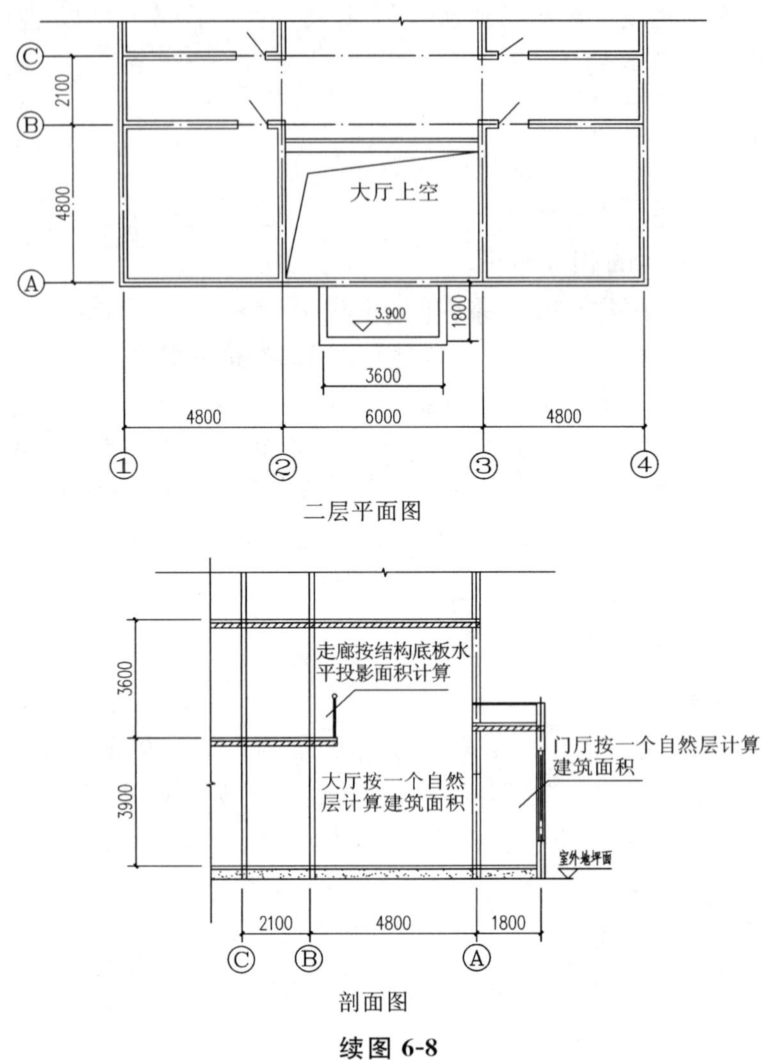

续图 6-8

6.9 条文解读 3.0.9

对于建筑物间的架空走廊，有顶盖和围护结构的，应按其围护结构外围水平面积计算全面积；无围护结构、有围护设施的，应按其结构底板水平投影面积计算 1/2 面积。

6.9.1 国家规范的演变

05 版国家规范	13 版国家规范
3.0.8 建筑物间有围护结构的架空走廊，应按其围护结构外围水平面积计算。层高在 2.20 m 及以上者应计算全面积；层高不足 2.20 m 者应计算 1/2 面积。有永久性顶盖无围护结构的应按其结构底板水平面积的 1/2 计算	3.0.9 对于建筑物间的架空走廊，有顶盖和围护结构的，应按其围护结构外围水平面积计算全面积；无围护结构、有围护设施的，应按其结构底板水平投影面积计算 1/2 面积

6.9.2 特征解析

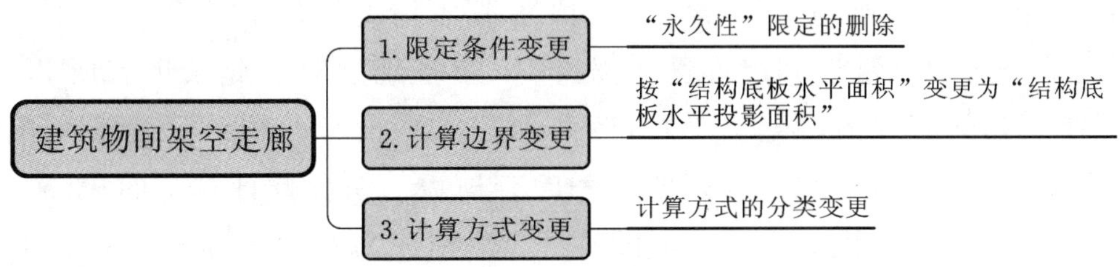

6.9.2.1 限定条件变更

"永久性"限定的删除。

基本变化：13 版国家规范删除 05 国家规范中对顶盖的"永久性"限定，这点与两个版本的改动原则保持一致，大部分省市与国家规范调整保证一致。

特殊变化：无。

6.9.2.2 计算边界变更

按"结构底板水平面积"变更为"结构底板水平投影面积"。

基本变化：13 版国家规范相对于 05 版国家规范修改"结构底板水平面积"为"结构底板水平投影面积"。省市规则与此调整保持一致。

特殊变化：无。

6.9.2.3 计算方式变更

基本变化：在定量计算上，两版国家规范关于全面积或一半面积计算条件有所改变：

对于计算为全面积，13 版国家规范将 05 版国家规范的“有围护结构、层高在 2.20 m 以上的架空走廊计算为全面积”调整为“有顶盖和有围护结构的架空走廊计算为全面积”。其中，保留“围护结构”这一条件，删除层高的限制条件，改为对顶盖的要求，分析原因可能是由于存在架空走廊无顶盖的情况，有时无法计算结构层高，故不再考虑层高这一因素。

特殊变化：浙江省工程建设标准《建筑工程建筑面积计算和竣工综合测量技术规程》(DB33/T 1152—2018)中对架空走廊计算全面积与国家规范有较大差异：其一为“两侧均封闭的架空通廊计算全面积”，相对于国家规范的“有围护结构、有顶盖的架空走廊计算全面积”这一表述，“封闭”一词更加精炼且限定条件更大，而且相关省市的《房产测量规范》对于架空走廊的面积计算中普遍以“封闭”与否作为判断依据；其二为“不封闭的架空通廊，当顶盖不能完全覆盖围护设施时，顶盖宽度大于 0.60 m 的，而且敞开面有柱计算全面积”。与国家规范不同的是，浙江省规则进一步考虑了“顶盖覆盖情况”及“顶盖宽度进深”等因素，强化了条文的科学性和严谨性。另外，广东省规则对于此条也有所调整，表述为：“建筑物间有顶盖的架空走廊，按其顶盖水平投影面积计算建筑面积”，相对于 05 版国家规范，此地方规则即仅考虑有顶盖的情况并计算全面积。

对于计算一半面积的情况，05 版国家规范描述为两种情况：其一“有围护结构、层高在2.20 m 以下的架空走廊”；其二“无围护结构、有永久性顶盖的架空走廊”。13 版国家规范将其修改为“无围护结构、有围护设施的架空走廊”。13 版国家规范考虑有时无法计算结构层高，故将 2.20 m 的界定删除；同时，进一步补充了“有围护设施”的描述，使描述更加严谨。除浙江省 2018 年规则外，大部分省市规则与此调整保证一致，只有浙江省(2018 年)规则除外，如浙江省规则描述为：“有顶盖无柱、不封闭计算为一半面积”和“不封闭的架空通廊，当顶盖不能完全覆盖围护设施时，顶盖宽度大于 0.60 m 的敞开面无柱计算为一半面积”两种情况。相对于 13 版国家规范，浙江省规则有着更加细致的规定，而且相对于国家规范更加严谨的将敞开面是否有柱也作为面积计算的判定依据。

6.9.3 本书解析

6.9.3.1 核心问题理解

(1) 进一步考虑架空走廊“顶盖覆盖情况”和有“单排柱、双排柱”的情况

① 考虑到顶盖宽度小于 0.60 m 起不到遮风挡雨作用，视作无顶盖，故解读为无顶盖或顶盖宽度小于 0.60 m 时架空走廊不计算面积。

② 有顶盖的分为下列几种情况：

有双排柱或多排柱(不管是否封闭，都属于结构主体内，按“自然层”计算)，无论是否有围护结构，均按其顶盖水平投影面积计算全面积；

有单排柱或独立柱的，分为有围护结构和无围护结构、有围护设施两种：

① 有围护结构的，依据顶盖宽度来判定：顶盖未完全覆盖围护结构，按顶盖水平投影面积计算全面积；顶盖覆盖或超过围护结构，按围护结构外围水平面积计算全面积；

② 无围护结构、有围护设施的，依据顶盖宽度来判定：顶盖未完全覆盖围护设施，按顶盖水平投影面积计算 1/2 面积；顶盖覆盖或超过围护设施，按围护设施外围水平面积计算 1/2 面积。

(2) 增加架空连廊宽度的限定

在实际的应用中，架空走廊除主要的交通功能外不应存在其他的主要功能，因此也建议补充对架空走廊宽度的解读及限定。

6.9.3.2 条文具体解读

13 版国家规范对架空走廊的计算分类较为粗略，建议增加“单排柱和双排柱”、“顶盖”和“围护结构/围护设施”等因素来解读更加详细的计算分类方式；此外还应该补充对架空走廊宽度的限定。

条文完整解读如下：

3.0.9 对于建筑物间的架空走廊，有顶盖、有围护结构的，按围护结构外围水平面积计算全面积。

1. 有顶盖、无围护结构的，按结构底板水平投影面积计算面积。

A. 如顶盖突出底板面的，按结构底板水平投影面积计算。

a) 设计有双排柱或多排柱的，计算全面积。

b) 设计有单排柱或无柱的，计算 1/2 面积。

B. 如顶盖未完全覆盖底板面，且顶盖宽度在 0.60 m 及以上，按顶盖水平投影面积计算。

a) 设计有双排柱或多排柱的，计算全面积。

b) 设计有单排柱或无柱的，计算 1/2 面积。

2. 无顶盖或顶盖宽度小于 0.60 m 的，不计算建筑面积。

3. 当架空走廊下方无柱、无围护结构或围护设施的，作为绿化或交通功能的空间，不计算建筑面积。

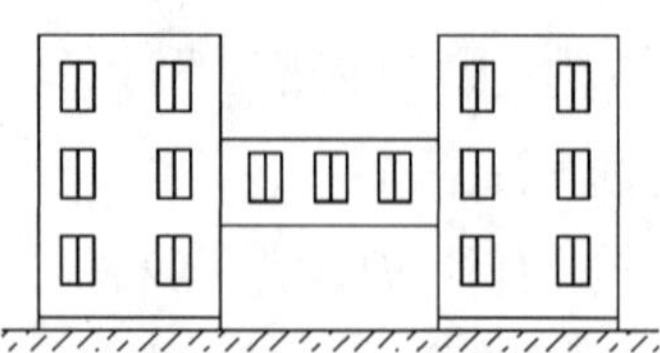

有顶盖、有围护结构的架空走廊，按围护结构水平投影面积计算全面积

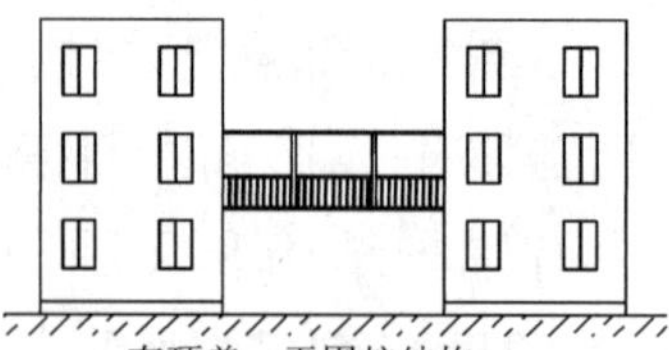

有顶盖、无围护结构，按结构底板水平投影计算面积，设置双排柱或多排柱的，计算全面积；设置单排柱或无柱的，计算1/2面积

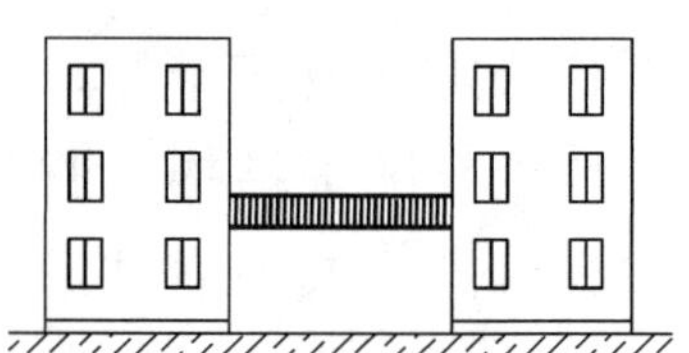

无围护结构、无顶盖或顶盖宽度小于0.60m，不计算面积

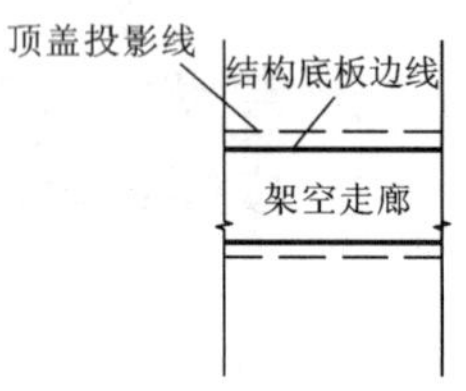

①顶盖投影完全覆盖结构底板，按结构底板水平投影计算面积

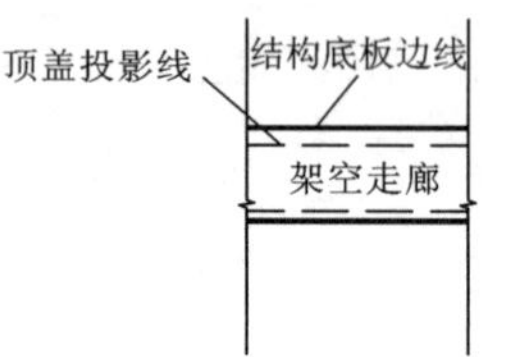

②顶盖投影小于结构底板且≥0.60m，按顶盖水平投影计算面积

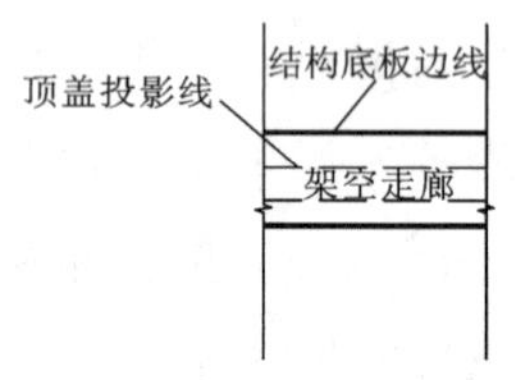

③顶盖投影小于结构底板且<0.60m，不计算面积

图 6-9　条文 3.0.9 图示

6.10　条文解读 3.0.10

对于立体书库、立体仓库、立体车库，有围护结构的，应按其围护结构外围水平面积计算建筑面积；无围护结构、有围护设施的，应按其结构底板水平投影面积计算建筑面积。无结构层的应按一层计算，有结构层的应按其结构层面积分别计算。结构层高在 2.20 m 及以上的，应计算全面积；结构层高在 2.20 m 以下的，应计算 1/2 面积。

6.10.1　国家规范的演变

05 版国家规范	13 版国家规范
3.0.9 立体书库、立体仓库、立体车库，无结构层的应按一层计算，有结构层的应按其结构层面积分别计算。层高在 2.20 m 及以上者应计算全面积；层高不足 2.20 m 者应计算 1/2 面积	3.0.10 对于立体书库、立体仓库、立体车库，有围护结构的，应按其围护结构外围水平面积计算建筑面积；无围护结构、有围护设施的，应按其结构底板水平投影面积计算建筑面积。无结构层的应按一层计算，有结构层的应按其结构层面积分别计算。结构层高在 2.20 m 及以上的，应计算全面积；结构层高在 2.20 m 以下的，应计算 1/2 面积

6.10.2 特征解析

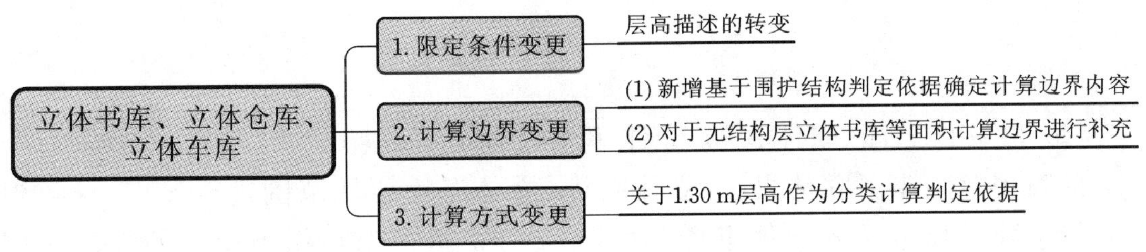

6.10.2.1 限定条件变更

基本变化：05 版国家规范描述为“层高”，13 版国家规范修改为“结构层高”，这一点与其他条文保持一致。

特殊变化：无。

6.10.2.2 计算边界变更

(1) 新增基于围护结构判定依据确定计算边界内容

基本变化：05 版国家规范没有关于“围护结构”的规定，13 版国家规范新增相关规定：“有围护结构的，应按其围护结构外围水平面积计算建筑面积；无围护结构、有围护设施的，应按其结构底板水平投影面积计算建筑面积”。

特殊变化：无。

(2) 对于无结构层立体书库等面积计算边界进行补充

基本变化：两版国家规范都规定了“无结构层的应按一层计算（建筑面积）”。

特殊变化：省级相关规则中，山东省（2008 年）规则以及广东省（2005 年）规则中规定：“没有结构层的，按承重书架层或货架层计算建筑面积”。这一内容与 95 版《建筑面积计算规则》内容相同，即：“书库、立体仓库设有结构层的，按结构层计算建筑面积；没有结构层的，按承重书架层或货架层计算建筑面积”。这里的书架层是指搁放书架的楼层数，不是指书架放置书刊的层数。

6.10.2.3 计算方式变更

关于 1.30 m 层高作为分类计算判定依据。

基本变化：两版国家规范都规定结构层高 2.20 m 及以上者应计算全面积；结构层高不足 2.20 m 者应计算 1/2 面积。大部分省市级规则都保持与国家规范一致，但也有特例。

特殊变化：武汉市（2018 年）规则表述为：结构层高 2.20 m 及以上的，应计算全面积；结构层高在 2.20 m 以下、1.30 m 及以上的，应计算 1/2 建筑面积；结构层高在 1.30 m 以下的，不计算面积。武汉市在其他条款上也有此逻辑方法。

6.10.3 本书解析

6.10.3.1 核心问题理解

（1）对立体书库、立体仓库、立体车库的界定

两版规范均未对立体书库、立体仓库、立体车库所属范围进行界定，导致建设中属于建筑物范畴的立体书库、立体仓库、立体车库与作为设施的立体车库等容易出现混淆，在这里应理解为属于建筑物的立体书库、立体仓库、立体车库。

（2）关于有结构层的建筑面积的计算

两版国家规范对有结构层的建筑面积计算表述为："有结构层的应按其结构层面积分别计算。"规范并没有对结构层楼板的材料进行明确的规定，导致在实际中由于利用不同材料对结构层的界定产生争议，因此建议对使用不同材料的结构分层情况进一步解读。

（3）关于选择结构层高"2.20 m"、"1.30 m"作为计算方式分类界定的解读

略。

6.10.3.2 条文具体解读

完整条文解读如下：

3.0.10 建筑物形态的立体书库、立体仓库、立体车库，不论建筑结构和材料为木结构、钢结构或混凝土结构等，均按建筑物分层计算建筑面积，无结构分层的应按一层计算。有围护结构的，应按其围护结构外围水平面积计算建筑面积；无围护结构、有围护设施的，应按其结构底板水平投影面积计算建筑面积。结构层高在 2.20 m 及以上的，应计算全面积；结构层高在 1.30 m 以上至 2.20 m 的，应计算 1/2 面积；1.30 m 以下的不计算面积。如图 6-10 所示。

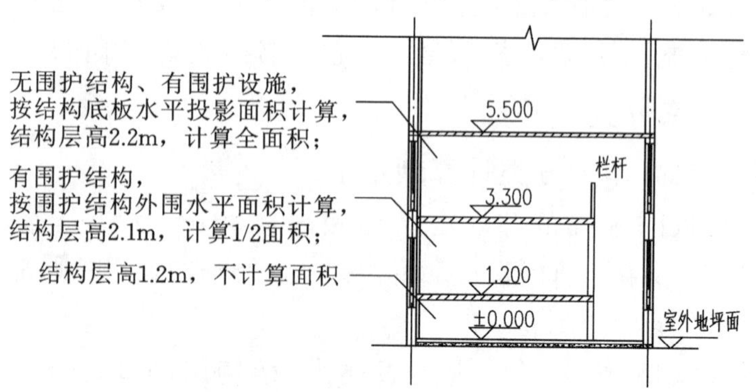

图 6-10 条文 3.0.10 图示

6.11 条文解读 3.0.11

有围护结构的舞台灯光控制室，应按其围护结构外围水平面积计算。结构层高在2.20 m及以上的，应计算全面积；结构层高在2.20 m以下的，应计算1/2面积。

6.11.1 国家规范的演变

05版国家规范	13版国家规范
3.0.10 有围护结构的舞台灯光控制室，应按其围护结构外围水平面积计算。层高在2.20 m及以上的，应计算全面积；层高在2.20 m以下的，应计算1/2面积	3.0.11 有围护结构的舞台灯光控制室，应按其围护结构外围水平面积计算。结构层高在2.20 m及以上的，应计算全面积；结构层高在2.20 m以下的，应计算1/2面积

6.11.2 特征解析

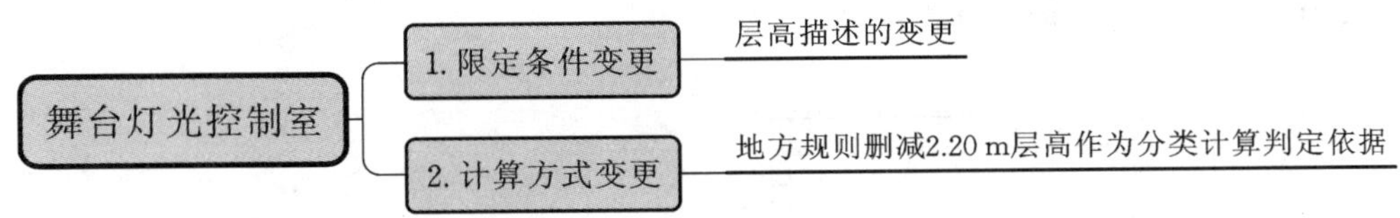

6.11.2.1 限定条件变更

基本变化：13版国家规范将05版国家规范中的"层高"调整为"结构层高"。地方规则与国家规范变化保持一致。

特殊变化：无。

6.11.2.2 计算方式变更

地方规则删减2.20 m层高作为分类计算判定依据。

基本变化：两版国家规范均为结构层高2.20 m及以上计算全部面积，2.20 m以下计算一半面积。大部分地方规则与国家规范相同。

特殊变化：山东省(2008年)、广东省、贵州省(2009年)规则表述为"按舞台灯光控制室围护结构外围水平面积乘以层数计算建筑面积"，对比国家规范没有结构层高2.20 m的界定，而进一步要求计算多层的面积。

6.11.3 本书解析

6.11.3.1 核心问题理解

(1) 对舞台灯光控制室的界定

两版国家规范均界定为有围护结构的舞台灯光控制室，但是舞台灯光控制室作为一个封闭的建筑空间必然有围护结构，这里重复有围护结构这一判定条件，解读上容易引起混淆。

(2) 关于舞台灯光控制室面积计算的解读

两版国家规范均表述为"结构层高在 2.20 m 及以上的，应计算全面积；结构层高在2.20 m 以下的，应计算 1/2 面积"，即无论高度如何，舞台灯光控制室均解读为按一个自然层计算建筑面积。

(3) 关于选择结构层高"2.20 m""1.30 m"作为计算方式分类的解读

略。

6.11.3.2 条文具体解读

完整条文解读如下：

3.0.11 舞台灯光控制室，无论高度如何，均按一个自然层计算建筑面积，按其围护结构外围水平面积计算。结构层高在 2.20 m 及以上的，应计算全面积；结构层高在 1.30 m 以上至 2.20 m 以下的，应计算 1/2 面积；结构层高在 1.30 m 以下的，不计算面积。如图 6-11 所示。

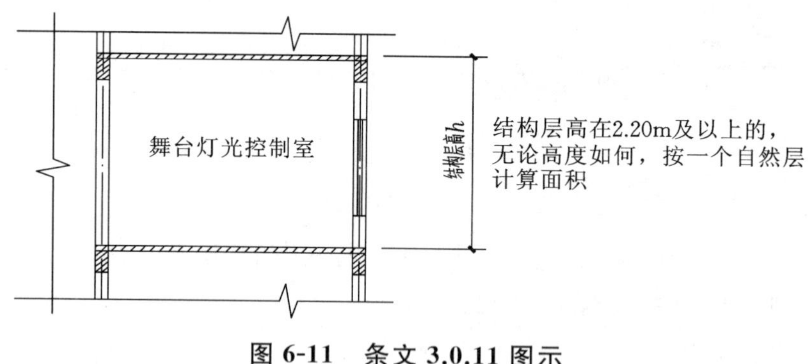

图 6-11 条文 3.0.11 图示

6.12 条文解读 3.0.12

附属在建筑物外墙的落地橱窗，应按其围护结构外围水平面积计算。结构层高在2.20 m 及以上的，应计算全面积；结构层高在 2.20 m 以下的，应计算 1/2 面积。

6.12.1 国家规范的演变

05 版国家规范	13 版国家规范
3.0.11 建筑物外有围护结构的落地橱窗、门斗、挑廊、走廊、檐廊，应按其围护结构外围水平面积计算。层高在 2.20 m 及以上者应计算全面积；层高不足 2.20 m 者应计算 1/2 面积。有永久性顶盖无围护结构的应按其结构底板水平面积的 1/2 计算	3.0.12 附属在建筑物外墙的落地橱窗，应按其围护结构外围水平面积计算。结构层高在 2.20 m 及以上的，应计算全面积；结构层高在 2.20 m 以下的，应计算 1/2 面积

6.12.2 特征解析

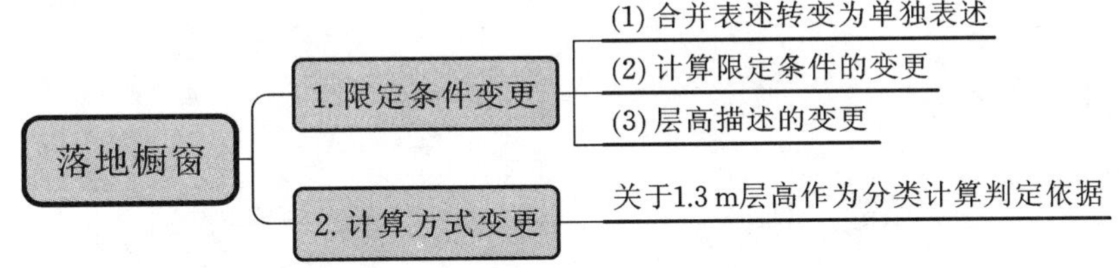

6.12.2.1 限定条件变更

(1) 合并表述转变为单独表述

基本变化：05 版国家规范中“落地橱窗”与“门斗、挑廊、走廊、檐廊”一同表述，13 版国家规范中“落地橱窗”单独表述。由于在使用功能方面“走廊、檐廊”与“落地橱窗”差异较大，故 13 版国家规范将落地橱窗单独表述。

特殊变化：在省级规则层面，山东省(2008 年)、广东省规则表述为“橱窗”：“建筑物外有围护结构的门斗、眺望间、观望电梯间、阳台、橱窗、挑廊、走廊等，按其围护结构外围水平面积计算建筑面积”。而橱窗无基础，为悬挑式，应按凸(飘)窗规则计算建筑面积。

(2) 计算限定条件的变更

基本变化：05 版国家规范表述为“建筑物外有围护结构的落地橱窗”，而 13 版国家规范表述为“附属在建筑物外墙的落地橱窗”。落地橱窗有在建筑物主体结构内的，也有在建筑物主体结构外的。在建筑物主体结构内的橱窗，其建筑面积随自然层一起计算，不执行本条款；在建筑物主体结构外的橱窗，属于建筑物的附属结构，13 版国家规范“附属在建筑物外墙”体现了这一特征。

特殊变化：无。

(3) 层高描述的变更

基本变化:13 版国家规范将 05 版国家规范中的“层高”调整为“结构层高”。地方规则变化与国家规范保持一致。

特殊变化:无。

6.12.2.2 计算方式变更

关于 1.3 m 层高作为分类计算判定依据。

基本变化:两版国家规范均表述为“2.20 m 及以上计算全部面积,2.20 m 以下计算一半面积”。大部分地方规则与国家规范相同。

特殊变化:山东省(2008 年)规则、广东省规则表述中没有 2.20 m 的界定,贵州省(2009 年)规则表述中无 2.20 m 层高以下部分的计算内容。在重点城市规则层面,武汉市(2018 年)规则表述为:“结构层高 2.20 m 及以上部位计算全部面积,1.30 m 及以上至2.20 m 计算一半面积,结构层高 1.30 m 以下不计算面积”。对比国家规范增加了 1.30 m 的界定。

6.12.3 本书解析

6.12.3.1 核心问题理解

(1) 对有无围护结构的解读

两版国家规范对落地橱窗建筑面积计算均是在有围护结构的前提下进行表述,然而在实际建设中存在无围护结构的情况,这在两版规范中均缺少相关内容解读,容易造成误解。

(2) 关于落地橱窗界定的解读

两版国家规范对落地橱窗的界定分别为“建筑物外有围护结构的”以及“附属在建筑物外墙的”,两者均未对其所在楼层及形成方式进行明确、详细的表述,容易引起混淆。这里所表述的落地橱窗,应解读为首层及以上楼层,应为突出外墙面的楼板延伸而形成的展示空间。

(3) 关于选择“2.20 m”、“1.30 m”作为计算方式的判定条件的解读

略。

6.12.3.2 条文具体解读

完整条文解读如下:

3.0.12 首层及以上突出外墙面楼板延伸形成的落地橱窗,应按其围护结构外围水平面积计算。结构层高在 2.20 m 及以上的,有围护结构的应计算全面积,无围护结构的,计算 1/2 建筑面积;结构层高 1.30 m 以上至 2.20 m 以下的,应计算 1/2 面积;结构层高在1.30 m 以下的,不计算面积。如图 6-12 所示。

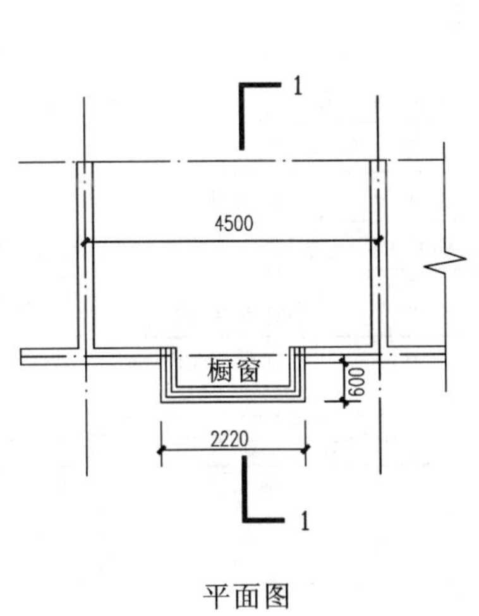

平面图

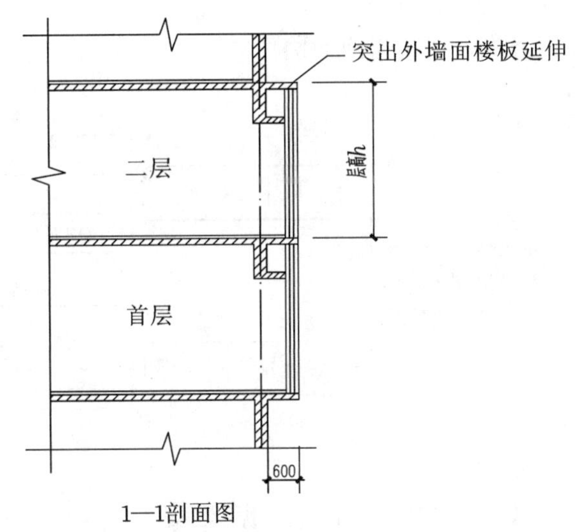

1—1剖面图

图 6-12 条文 3.0.12 图示

6.13 条文解读 3.0.13

窗台与室内楼地面高差在 0.45 m 以下且结构净高在 2.10 m 及以上的凸(飘)窗,应按其围护结构外围水平面积计算 1/2 面积。

窗台与室内地面高差在 0.45 m 以下且结构净高在 2.10 m 以下的凸(飘)窗,窗台与室内地面高差在 0.45 m 及以上的凸(飘)窗不计算建筑面积。

6.13.1 国家规范的演变

05 版国家规范	13 版国家规范
下列项目不应计算面积:勒脚、附墙柱、垛、台阶、墙面抹灰、装饰面、镶贴块料面层、装饰性幕墙、空调室外机搁板(箱)、飘窗、构件、配件、宽度在 2.10 m 及以内的雨篷以及与建筑物内不相连通的装饰性阳台、挑廊	3.0.13 窗台与室内楼地面高差在 0.45 m 以下且结构净高在 2.10 m 及以上的凸(飘)窗,应按其围护结构外围水平面积计算 1/2 面积。 3.0.27-7 窗台与室内地面高差在 0.45 m 以下且结构净高在 2.10 m 以下的凸(飘)窗,窗台与室内地面高差在 0.45 m 及以上的凸(飘)窗不计算建筑面积

6.13.2 特征解析

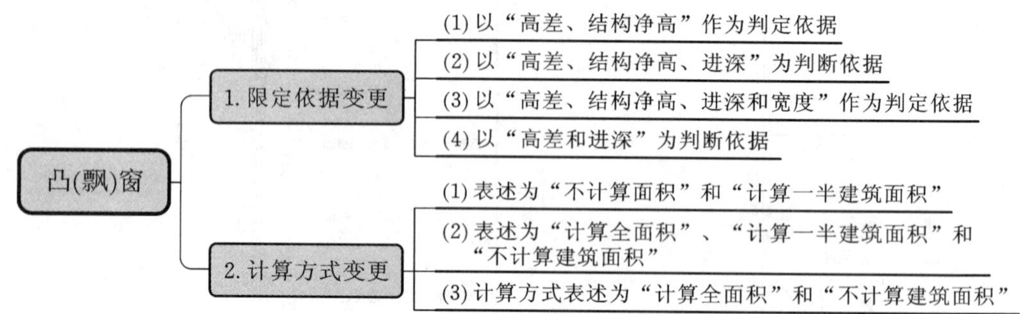

6.13.2.1 判定依据变更

(1) 以“高差、结构净高”作为判定依据

基本变化：05版国家规范表述“(所有)飘窗不计算建筑面积”，13版国家规范存在两个判断依据，以“高差、结构净高”作为划分不同计算方式的依据。具体计算方式为“高差＜0.45 m，且结构净高≥2.10 m计算一半面积；高差＜0.45 m且结构净高＜2.10 m，或高差＞0.45 m不计算面积”。

特殊变化：13年后出台的省市规则中仅有5个与13版国家规范表述一致。省级层面有3个规则与国家规范保持一致[辽宁省(2017年)规则、江西省(2015年)规则、四川省(2015年)规则]；在重点城市层面规则中，仅有重庆市(2014年)规则与国家规范保持一致；在一般城市层面，仅有东莞市(2016年)规则与国家规范保持一致。

(2) 以“高差、结构净高、进深”为判断依据

特殊变化：部分省市规则以“高差、结构净高、进深”作为判定不同计算方式的依据。例如南京市(2014年)规则表述为：“高差＞0.45 m且进深＜0.6 m且结构净高＜2.10 m不计算建筑面积；高差＜0.45 m或进深＞0.6 m计算一半面积；结构净高＞2.10 m计算全部建筑面积。”

各省市规则对凸(飘)窗进深术语定义及具体数据上不一致：表述上如2018年浙江省(0.7 m)、2013年杭州市(0.7 m)、2018年合肥市(0.6 m)、2009年芜湖市(0.8 m)表述为“飘窗进深”；2014年青岛市(0.7 m)、2016年福州市(0.6 m)表述为“外挑尺寸”；2012年南昌市(0.6 m)、2010年海口市(0.6 m)、2010年赣州市(0.8 m)表述为“飘窗突出外墙的距离”；2011年温州市(0.8 m)表述为“墙体内侧至挑板外侧距离”。较为严谨也较为普遍的一种表述为“墙体外边线至飘窗外边线距离”，如2014年南京市(0.6 m)、2011年上海市(0.5 m)、2010年宁波

市(0.8 m)、2013 年武汉市(0.75 m)、2018 年武汉市(0.6 m)、2014 年市深圳(0.6 m)、2017 年赣州市(0.8 m)。凸飘窗进深具体数值上各省市规则主要以 0.6 m为主,控制在 0.5～0.8 m 之间。

(3) 以"高差、结构净高、进深和宽度"作为判定依据

特殊变化:也有少数城市规则[南昌市(2012 年)、福州市(2016 年)、赣州(2017 年)]增加了"飘窗宽度",以"高差、结构净高、宽度和进深"一起作为划分不同计算方式的判定依据。例如福州市(2016 年)规则表述为:"进深≤0.6,净高≤2.20 m,高差≥0.45 m,宽度不大于单个开间的 2/3,凸窗部分可不计算面积;净高>2.20 m,或进深>0.6 m,凸窗部分应计算全面积。"

(4) 以"高差和进深"为判断依据

特殊变化:芜湖市(2009 年)规则提出仅以"高差和进深"为判断依据,其表述为:"高差>0.45 m 且进深≤0.8 m,不计算建筑面积。否则计算全部建筑面积。"

6.13.2.2 计算方式变更

各规则对于计算方式的表述有所不同,具体有以下三种:

(1) 表述为"不计算面积"和"计算一半建筑面积"

基本变化:05 版国家规范表述为"(所有)飘窗不计算建筑面积",13 版国家规范增加了计算一半建筑面积的情况。辽宁省(2017 年)、江西省(2015 年)、四川省(2015 年)、重庆市(2014 年)、东莞市(2016 年)与 13 版国家规范保持一致。

特殊变化:无。

(2) 表述为"计算全面积"、"计算一半建筑面积"和"不计算建筑面积"

特殊变化:相对于国家规范更为全面,补充了"计算全面积"的计算方式。例如青岛市(2014 年)规则表述为:"高度≥0.45 m,且进深≤0.7 m,净高<2.10 m 不计算建筑面积。高度<0.4 m 或进深>0.7 m 且净高<2.10 m 计算一半建筑面积。净高≥2.10 m 计算全部建筑面积。"

(3) 计算方式表述为"计算全面积"和"不计算建筑面积"

特殊变化:不同于前两种表述方式,取消了"计算一半建筑面积"的计算方式,对于凸(飘)窗面积计算采取一刀切的监管策略。该模式相较于前两种模式更加严格、便于监管。例如深圳市(2014 年)规则表述为:"满足以下要求的凸窗可不计建筑面积,否则计全部建筑面积:窗台高度≥0.45,净高<2.20 m,进深≤0.6 m,凸窗凸出于外墙,凸窗外侧无其他建筑空间,窗体上、下方凹入部分的外侧无围护物(不包括百叶、穿孔板)封闭、遮挡。"

6.13.3 本书解析

6.13.3.1 核心问题理解

(1) 对凸(飘)窗结构和围护面的解读

两版国家规范对凸(飘)窗的结构和围护面并没有进行相关的表述,然而作为外墙的附属物,凸(飘)窗是不应有楼板延伸的,并且飘窗作为建筑物重要的美化、采光部位,应该保证主要围护面全部为玻璃。这些基本要求在凸(飘)窗的术语定义中也并未表述。

(2) 关于凸(飘)窗面积计算的解读

两版国家规范对凸(飘)窗面积计算分为不计算建筑面积和计算一半建筑面积,并且以窗台与室内地面高差为依据,0.45 m 为上限,超过 0.45 m 按照凸(飘)窗处理,但并没有对窗台与室内地面高差进行下限的具体解读。然而在实际操作中,窗台与室内地面高差过小容易引起"凸(飘)窗"与"落地橱窗"概念的混淆。

(3) 关于选择"2.20 m"、"1.30 m"作为计算方式判定依据的解读

略。

6.13.3.2 条文具体解读

完整条文解读如下:

3.0.13 凸(飘)窗为建筑物外墙的附属物,无楼板延伸,主要围护面整体为玻璃。窗台与室内楼地面高差在 0.15 m 以下的凸(飘)窗视作落地橱窗。窗台与室内楼地面高差在0.45 m 以下 0.15 m 以上且结构净高在 2.10 m 及以上的凸(飘)窗,应按其围护结构外围水平面积计算 1/2 面积;窗台与室内地面高差在 0.45 m 以下 0.15 m 以上且结构净高在 2.10 m 以下的凸(飘)窗,窗台与室内地面高差在 0.45 m 及以上的凸(飘)窗不计算建筑面积。如图 6-13 所示。

6.14 条文解读 3.0.14

有围护设施的室外走廊(挑廊),应按其结构底板水平投影面积计算 1/2 面积;有围护设施(或柱)的檐廊,应按其围护设施(或柱)外围水平面积计算 1/2 面积。

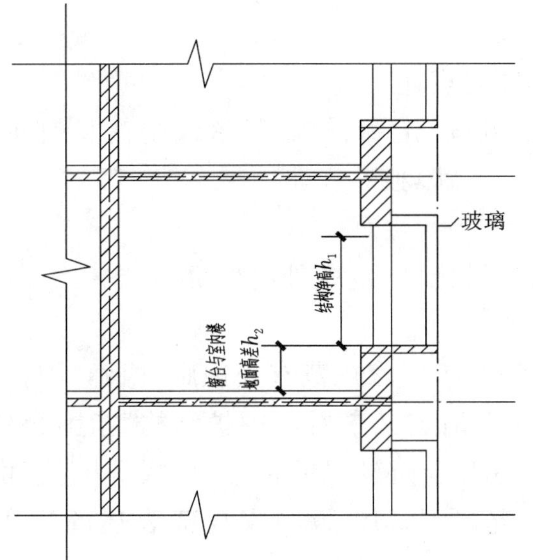

图 6-13　条文 3.0.13 图示

6.14.1　国家规范的演变

05 版国家规范	13 版国家规范
3.0.11 建筑物外有围护结构的落地橱窗、门斗、挑廊、走廊、檐廊，应按其围护结构外围水平面积计算。层高在 2.20 m 及以上者应计算全面积；层高不足 2.20 m 者应计算 1/2 面积。有永久性顶盖无围护结构的应按其结构底板水平面积的 1/2 计算	3.0.14 有围护设施的室外走廊（挑廊），应按其结构底板水平投影面积计算 1/2 面积；有围护设施（或柱）的檐廊，应按其围护设施（或柱）外围水平面积计算 1/2 面积

6.14.2　特征解析

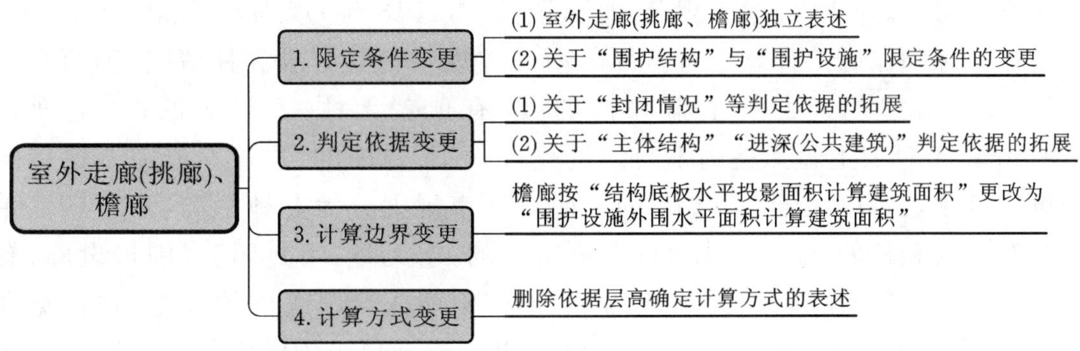

6.14.2.1 限定条件变更

(1) 室外走廊(挑廊、檐廊)独立表述

基本变化:05 版国家规范中挑廊、走廊、檐廊与落地橱窗和门斗一同表述,13 版国家规范将室外走廊(挑廊、檐廊)独立表述。

特殊变化:无。

(2) 关于"围护结构"与"围护设施"限定条件的变更

基本变化:

对于挑廊,13 版国家规范将 05 版国家规范有关挑廊、檐廊"围护结构"的限定条件调整为有"围护设施"。从术语定义来看,"围护结构"指围合建筑空间的墙体、门、窗,"围护设施"指为保障安全而设置的栏杆、栏板等围挡,由于挑廊多存在仅有栏杆等围护设施的情况,所以 13 版国家规范表述的适用情况更为普遍。

对于檐廊,13 版国家规范将 05 版国家规范"围护结构"限定条件调整为"围护设施(或柱)"。檐廊是建筑物挑檐下的水平交通空间,有柱的情况较挑廊更为普遍,故 13 版国家规范特将"有柱"情况纳入计算范围中。

特殊变化:无。

6.14.2.2 判定依据变更

(1) 关于"封闭情况"等判定依据的拓展

特殊变化:

第一阶段,大部分省市规则与国家规范调整保证一致,但福州《建筑面积计算规则》(2012)未提出判定依据,而杭州市(2010 年)规则除围护构件(结构)外,进一步增加挑廊的判定依据,具体表述为:"不封闭的挑廊,应按其围护构件外围水平投影面积的 1/2 计算"。与 05 版国家规范相比,将"围护结构"描述为"围护构件",而"围护构件"与 13 版国家规范的"围护设施"含义趋同。

第二阶段,与 13 版国家规范相比,浙江省(2018 年)规则、武汉市(2018 年)规则在挑廊和檐廊的计算上有差异。浙江省规则将其分成五种情况:①两侧均封闭;②与房屋相连的有上盖和柱的;③有顶盖无柱、不封闭的;④宽度在 0.90 m 以上且有上盖无柱的不封闭的檐廊;⑤不封闭的、顶盖不能完全覆盖围护设施且顶盖宽度大于 0.60 m 的。而武汉市规则分为七种情况:①与房屋相连的有顶盖和柱的;②双排柱的;③单排柱的;④无柱、不封闭、有围护设施、有顶盖的;⑤无围护设施,或无顶盖的;⑥顶盖不能完全覆盖围护设施、顶盖宽度大于 0.60 m 的;⑦顶盖宽度在 0.60 m 及以下或者顶盖为镂空的。可以看出武汉市规则相比于浙江省规则,把顶盖覆盖围护设施情况作为判定依据之一,这也是为了适应近年来错层阳台等多样形式建筑空间，而浙江省规则更强调走廊的封闭情况。

(2) 关于“主体结构”“进深(公共建筑)”判定依据的拓展

特殊变化：部分省市规则还增加其他条件限制建筑面积计算。如南京市(2014 年)规则中增加“主体结构”“进深(公共建筑)”的情况，具体表述为：“在建筑主体结构内的或在建筑主体结构以外住宅建筑最大进深超过 1.80 m 的，公共建筑最大进深超过 2.40 m 的挑廊、檐廊，应按结构底板外围水平投影面积计算全面积。与挑廊、檐廊相接的各类建筑外部构件，均作为挑廊、檐廊控制，并计算面积。”在结合自身实际情况下，这些地市条款增加了檐廊的描述与限定条件，使之更加严谨与精炼。

6.14.2.3 计算边界变更

檐廊按“结构底板水平投影面积计算建筑面积”更改为“围护设施外围水平面积计算建筑面积”。

基本变化：进一步明确面积计算边界，即室外走廊，包括挑廊、檐廊都是室外水平交通空间，区别在于檐廊是底层的水平交通空间，挑廊是悬挑的水平交通空间，位于二层及以上。所以 13 版国家规范调整挑廊按“结构底板水平投影面积计算建筑面积”而檐廊按“围护设施外围水平面积计算建筑面积”，这一点较 05 版国家规范更为清晰。

特殊变化：无。

6.14.2.4 计算方式变更

删除依据层高确定计算方式的表述。

基本变化：13 版国家规范删除 05 版国家规范中依据层高确定计算方式的表述，即“层高在 2.20 m 及以上者应计算全面积；层高不足 2.20 m 者应计算 1/2 面积”规定。

特殊变化：无。

6.14.3 本书解析

6.14.3.1 核心问题理解

(1) 关于选择“单排柱”“双排柱”作为建筑面积判定依据的解读

单排柱和双排柱不仅是承重结构的一部分，同时在围合空间的过程中起着重要的作用。由于单排柱和双排柱形成围合空间所产生的实际使用效果是不同的，因此对使用空间建筑面积计算方式也略有不同。

室外走廊(挑廊)可视为其所依附的建筑物自然层的一部分功能空间来计算建筑面积,室外走廊(挑廊)为建筑主体结构外的开敞空间,无柱或有单排柱,墙间柱可视为挑廊的单排柱;檐廊为建筑主体结构外的开敞空间,挑檐下突出外墙的开敞空间内不应有柱。

(2) 关于选择“顶盖”作为分类计算依据界定依据的解读

按照人体行为学和使用功能,当室外走廊(挑廊、檐廊)的顶盖宽度小于0.60 m时,顶盖完全不能起到对下方空间的遮蔽作用,此时可视为无顶盖,即露天空间,故此时不计算建筑面积。

6.14.3.2　条文具体解读

13版国家规范的条文表述中对室外走廊(包括挑廊、檐廊)的建筑面积计算阐述较为粗略,建议补充顶盖等判定依据,并且增加2.20 m的计算分类层级。

完整条文解读如下:

3.0.14　室外走廊有围护设施、有顶盖、顶盖进深大于0.60 m且不能完全覆盖结构底板时,按顶盖水平投影面积计算1/2面积;顶盖大于0.60 m且能覆盖结构底板或超出底板时,按围护设施外围水平面积计算1/2面积。

室外走廊无围护设施或无顶盖,或有顶盖但顶盖进深小于0.60 m时,不计算建筑面积。

室外走廊下方无围护设施,作为绿化或公共通道的室外空间不计算建筑面积。

檐廊有围护设施、顶盖突出外墙进深大于0.60 m,顶盖未完全覆盖围护设施,按顶盖水平投影面积计算1/2面积;顶盖完全覆盖或超出围护设施,按围护设施外围水平投影面积计算1/2面积。

檐廊无围护设施,或顶盖突出外墙进深小于0.60 m时,不计算建筑面积。具体如图6-14所示。

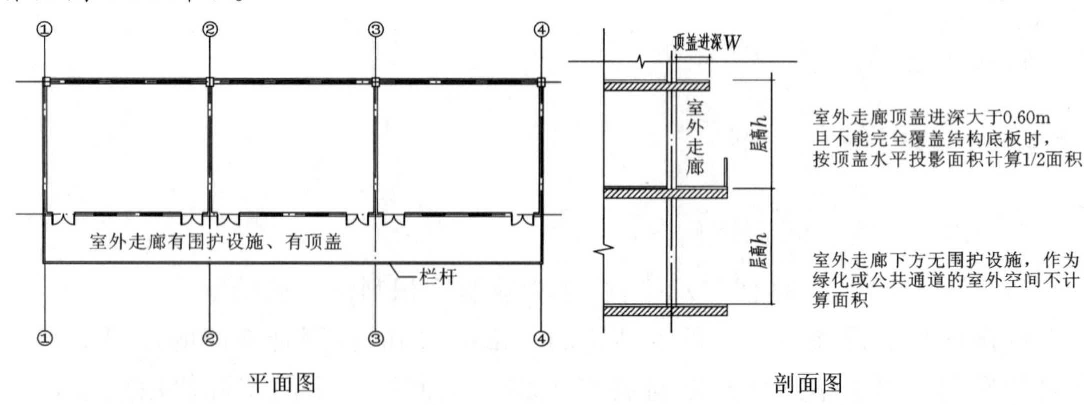

图6-14　条文3.0.14图示

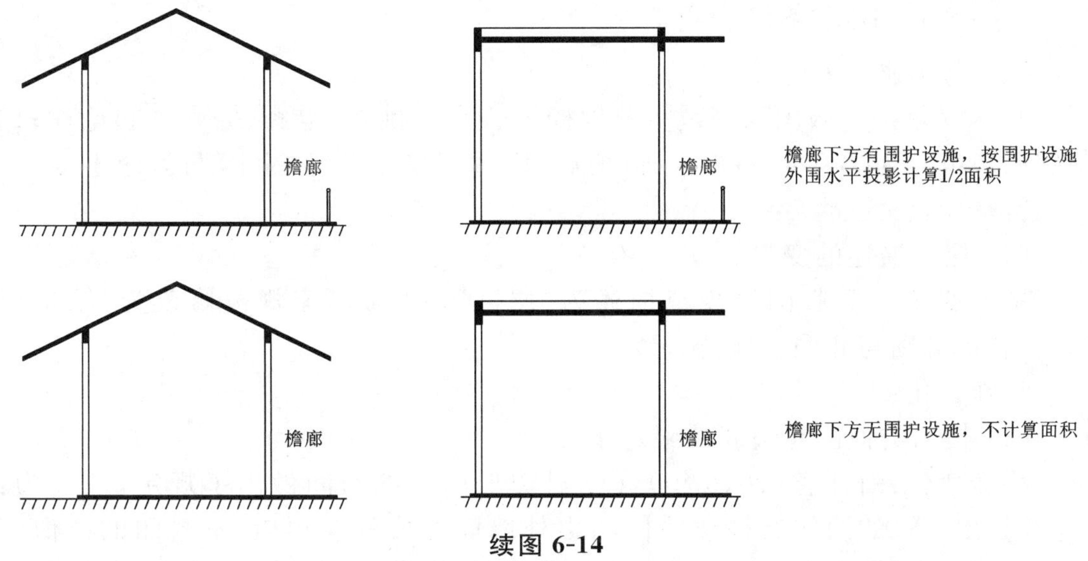

续图 6-14

6.15 条文解读 3.0.15

门斗应按其围护结构外围水平面积计算建筑面积。结构层高在 2.20 m 及以上的，应计算全面积；结构层高在 2.20 m 以下的，应计算 1/2 面积。

6.15.1 国家规范的演变

05 版国家规范	13 版国家规范
3.0.11 建筑物外有围护结构的落地橱窗、门斗、挑廊、走廊、檐廊，应按其围护结构外围水平面积计算。层高在 2.20 m 及以上者应计算全面积；层高不足 2.20 m 者应计算 1/2 面积。有永久性顶盖无围护结构的应按其结构底板水平面积的 1/2 计算	3.0.15 门斗应按其围护结构外围水平面积计算建筑面积。结构层高在 2.20 m 及以上的，应计算全面积；结构层高在 2.20 m 以下的，应计算 1/2 面积

6.15.2 特征解析

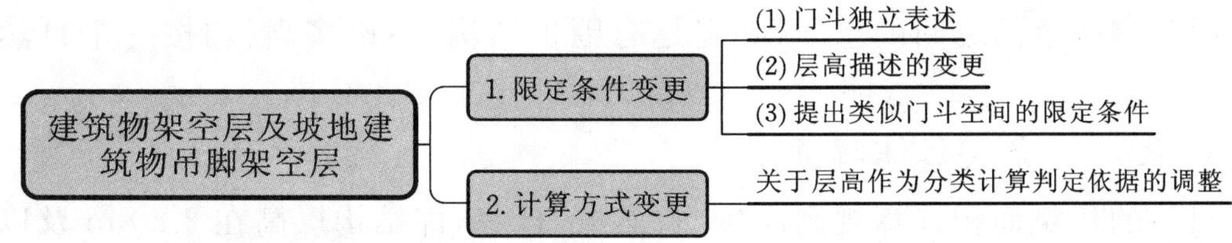

6.15.2.1 限定条件变更

(1) 门斗独立表述

基本变化：05 版国家规范将落地橱窗、门斗、挑廊、走廊、檐廊一起论述；13 版国家规范分为“3.0.14 室外走廊(挑廊、檐廊)”和“3.0.15 门斗”两条论述。

特殊变化：无。

(2) 层高描述的变更

基本变化：05 版国家规范描述为“层高”，13 版国家规范修改为“结构层高”。省市规则与此调整保持一致。

特殊变化：无。

(3) 提出类似门斗空间的限定条件

特殊变化：浙江省(2018 年)规则对类似门斗的空间做出了规定，表述为：“建筑物出入口的两侧有柱或墙体凸出外墙而形成的有顶盖、不封闭的类似门斗的空间，其进深大于0.60 m 的，按门斗计算面积”。提出对于符合进深、不封闭等条件的类似门斗的空间，按门斗计算建筑面积，进一步将门斗计算规则的限定条件扩大。

6.15.2.2 计算方式变更

关于层高作为分类计算判定依据的调整。

基本变化：两版国家规范都保留了 2.20 m 高度的判断依据，“2.20 m 及以上计算全部面积，2.20 m 以下应计算 1/2 建筑面积”。13 版国家规范取消了“有永久性顶盖无围护结构的应按其结构底板水平面积的 1/2 计算”的内容，大部分省市规则与国家规范保持一致。

特殊变化：武汉市(2018 年)规则进一步细分了面积计算方式，增加 1.30 m 判断依据。芜湖市(2009 年)规则扩大了不计建筑面积的范畴：“层高在 2.20 m 以下的或无围护结构的不计算建筑面积”。考虑到门斗应该是具有顶盖及围护结构的全围合空间，无围护结构的门斗可以看作室外空间，且结构层高低于 2.20 m 作为两门的通过空间，其使用性较低，这一表述具有一定的合理性。

6.15.3 本书解析

6.15.3.1 核心问题理解

调整门斗建筑面积计算的分类层级。

门斗是两道门之间的空间，必定是有围护结构，不论多高，均按一个自然层计算。

6.15.3.2 条文具体解读

门斗的建筑面积计算规则应按“自然层”计算，即结构层高在 2.20 m 及以上的计算全面积，1.30 m 及以上至 2.20 m 计算一半面积，1.30 m 以下不计算面积。

完整条文解读如下：

3.0.15　门斗应按其围护结构外围水平面积计算建筑面积，且结构层高在 2.20 m 及以上的，应计算全面积；结构层高在 1.30 m 以上至 2.20 m 以下的，应计算 1/2 面积；结构层高在 1.30 m 以下的，不计算面积。如图 6-15 所示。

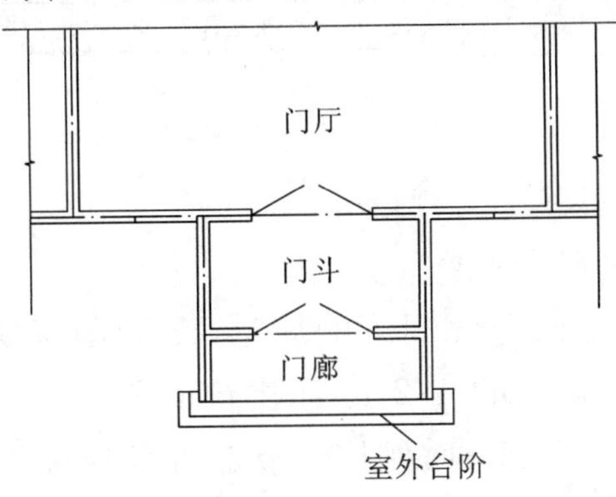

图 6-15　条文 3.0.15 图示

6.16　条文解读 3.0.16

门廊应按其顶板的水平投影面积的 1/2 计算建筑面积；有柱雨篷应按其结构板水平投影面积的 1/2 计算建筑面积；无柱雨篷的结构外边线至外墙结构外边线的宽度在 2.10 m 及以上的，应按雨篷结构板的水平投影面积的 1/2 计算建筑面积。

6.16.1　国家规范的演变

05 版国家规范	13 版国家规范
3.0.16 雨篷结构的外边线至外墙结构外边线的宽度超过 2.10 m 者，应按雨篷结构板的水平投影面积的 1/2 计算	3.0.16 门廊应按其顶板的水平投影面积的 1/2 计算建筑面积；有柱雨篷应按其结构板水平投影面积的 1/2 计算建筑面积；无柱雨篷的结构外边线至外墙结构外边线的宽度在 2.10 m 及以上的，应按雨篷结构板的水平投影面积的 1/2 计算建筑面积

6.16.2 特征解析

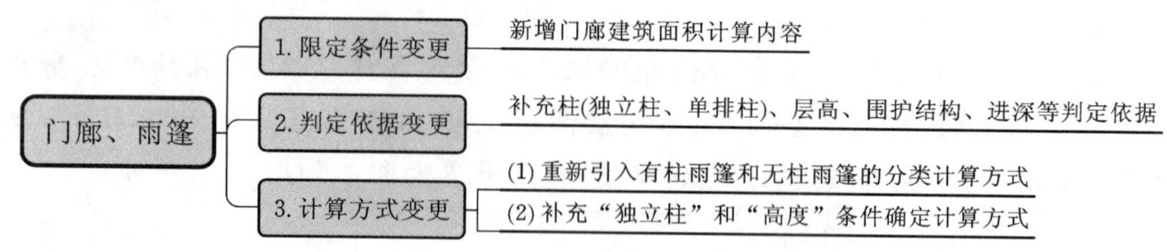

6.16.2.1 限定条件变更

新增门廊建筑面积计算内容。

基本变化：05 版国家规范无门廊的规定，13 版国家规范具体表述为：“门廊应按其顶板的水平投影面积的 1/2 计算建筑面积”。门廊是指在建筑物出入口，无门、有墙体形成了三面或两面围合，上部有顶板围护的建筑部位。门廊与雨篷在建筑结构与功能上相似，门廊划分为全凹式、半凹凸式和全凸式，当为全凸式时，归为墙支撑雨篷，故新版国家规范将两者分开规定。从定义来看，雨篷和门廊具有相关性，多个省市规则将两者放在一起表述具有一定的合理性。

特殊变化：无。

6.16.2.2 判定依据变更

补充柱(独立柱、单排柱)、层高、围护结构、进深等判定依据。

基本变化：大部分省市规则与国家规范相同，新增关于门廊的规定，第一阶段宁波市(2010 年)规则考虑了独立柱门廊的情况：“独立柱、单排柱的门廊、车棚、货棚等属永久性建筑的，按其上盖水平投影面积的 1/2 计算建筑面积”。

特殊变化：第二阶段，浙江省(2018 年)规则将门廊与雨篷计算内容一起表述，都将是否有柱(独立柱)或 2.20 m 层高作为限制条件：“有柱的门廊、雨篷，按其柱的外围与房屋外墙水平投影面积计算，高度 2.20 m 及以上的应计全部面积；高度不足 2.20 m 的应计算 1/2 面积”；“独立柱的门廊、雨篷按其上盖水平投影面积的 1/2 计算”。福州市(2016 年)规则提出：“有柱或有围护结构的门廊，按其柱或围护结构外围水平投影面积计算”。武汉市(2018 年)规则进一步明确围合结构，且加入进深条件：“有柱或三面围合的、进深在 0.60 m 以上的门廊，应按其顶板水平投影面积计算全面积并计入容积率；进深在 0.60 m 及以下的，不计算建筑面积”。

6.16.2.3 计算方式变更

(1) 重新引入有柱雨篷和无柱雨篷的分类计算方式

基本变化：95 版国家规则表述为："有柱的雨篷、车棚、货棚、站台等，按柱外围水平面积计算建筑面积；独立柱的雨篷，单排柱的车棚、货棚、站台等，按其顶盖水平投影面积的 1/2 计算建筑面积。"05 版国家规范表述为："雨篷结构的外边线至外墙结构外边线的宽度超过 2.10 m 者，应按雨篷结构板的水平投影面积的1/2计算。"13 版国家规范延续 95 版国家规则关于柱这一判断因素，进一步区分有柱雨篷与无柱雨篷面积计算方式。有柱雨篷不再有出挑宽度的限制，而无柱雨篷仍然需要出挑宽度≥2.10 m 才能计算建筑面积。出挑宽度为雨篷结构外边线至外墙结构外边线的宽度，弧形或异型时，按最大的宽度计算。

特殊变化：无。

(2) 补充"独立柱"和"高度"条件确定计算方式

特殊变化：个别省市规则依据"有柱否及独立柱"对雨篷进行类型划分及差异化计算，福州市(2012 年)规则提出："与建筑物连接的有柱雨篷按柱外围水平面积计算建筑面积；独立柱雨篷按其顶盖水平投影面积的 1/2 计算建筑面积"。

第二阶段，相较于 13 版国家规范而言，省市规则进一步增加"高度"条件作为面积计算方式的判定依据，且计算方式也不同于国家规范。浙江省(2018 年)规则表述为："有柱的门廊、雨篷，按其柱的外围与房屋外墙水平投影面积计算，高度 2.20 m 及以上的应计全部面积；高度不足 2.20 m 的应计算 1/2 面积"，可见出挑宽度不再作为有柱雨篷面积计算的依据，满足 2.20 m 层高的有柱雨篷计算全面积。又如武汉市(2018 年)规则直接要求有柱雨篷计算全面积，补充说明无柱雨篷的结构外边线至外墙结构外边线的宽度小于 2.10 m 的，不计算建筑面积，条文内容更加明确，具体表述为："有柱雨篷应按雨篷结构板水平投影面积计算全面积并计入容积率。无柱雨篷的结构外边线至外墙结构外边线的宽度在 2.10 m 及以上的，应按雨篷结构板水平投影面积计算 1/2 建筑面积；小于 2.10 m 的，不计算建筑面积"。

6.16.3 本书解析

6.16.3.1 核心问题理解

雨篷以"有柱否"和"进深"进行计算分类。

13 版国家规范基本未对门廊建筑面积计算做限制条件，对雨篷也只新增"有柱否"这一判定条件，而相关省市规则依据门廊的特征，以柱(独立柱、单排柱)、层高、围护结构、进深这几个主要判定条件对门廊或雨篷进行建筑面积计算方式分类依据。

此外，《房产测量规范》(GB/T 17986—2000)和地方省市的《房产测量规范》

对门廊、雨篷建筑面积计算的限定条件更多、判定依据更为严谨[如《宁波市建筑工程容积率计算规定》(2010)、《厦门市房产面积测算细则》(2003)]。门廊的形式较为多样,各种形式、不同高度的门廊使用效率并不一致,国家规范对门廊建筑面积计算方式表述留有较大余地,地方规则则从使用性质出发,将门廊与雨篷归为一类,融合《房产测量规范》的相关内容进行了更为明确的表述,建筑工程建筑面积国家规范关于门廊和雨篷的表述有进一步深化解读的空间。建议从以下几个方面对13版国家规范进行补充解读:

(1) 有柱雨篷(不含独立柱),计算全面积;

(2) 独立柱雨篷,计算一半面积;

(3) 无柱雨篷,进深超过2.10 m、雨篷结构下边缘高度未超过两个自然层的,计算一半面积;进深超过2.10 m、雨篷结构下边缘高度超过两个自然层的,或进深未超过2.10 m的,不计算面积。

6.16.3.2　条文具体解读

完整条文解读如下:

3.0.16　门廊应有顶盖或借用上部空间底板,且二面或三面围护。门廊顶盖进深超过0.60 m的按其顶板的水平投影面积的1/2计算建筑面积,对于三面围护且顶盖进深超过0.60 m的或有柱的,计算全面积;顶盖进深未超过0.60 m的,不计算建筑面积。

单排柱或独立柱雨篷,按其结构板水平投影面积计算1/2建筑面积;

双排柱或多排柱雨篷,按其结构板水平投影面积计算全面积;

无柱雨篷的结构外边线至外墙结构外边线的宽度在2.10 m及以上,且雨篷结构下边缘高度未超过两个自然层的,应按其结构板水平投影面积的1/2计算建筑面积;无柱雨篷的结构外边线至外墙结构外边线的宽度在2.10 m及以上,但雨篷结构下边缘高度超过两个自然层的,不计算建筑面积;无柱雨篷的结构外边线至外墙结构外边线的宽度在2.10 m以下的,不计算建筑面积;利用阳台、室外走廊等外挑建筑部件底板的,不视作雨篷计算面积。如图6-16所示。

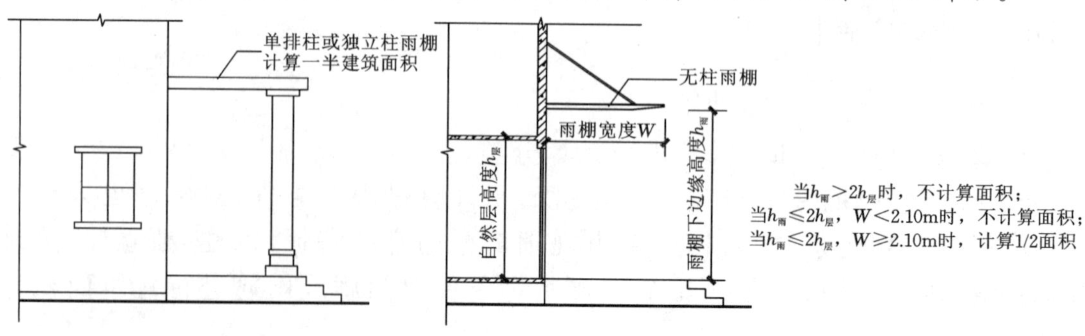

图6-16　条文3.0.16图示

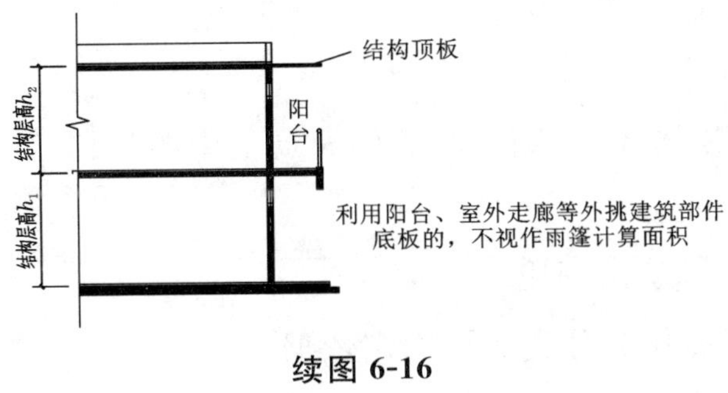

续图 6-16

6.17 条文解读 3.0.17

设在建筑物顶部的、有围护结构的楼梯间、水箱间、电梯机房等，结构层高在 2.20 m 及以上的应计算全面积；结构层高在 2.20 m 以下的，应计算 1/2 面积。

6.17.1 国家规范的演变

05 版国家规范	13 版国家规范
3.0.13 建筑物顶部有围护结构的楼梯间、水箱间、电梯机房等，层高在 2.20 m 及以上者应计算全面积；层高不足 2.20 m 者应计算 1/2 面积	3.0.17 设在建筑物顶部的、有围护结构的楼梯间、水箱间、电梯机房等，结构层高在 2.20 m 及以上的应计算全面积；结构层高在 2.20 m 以下的，应计算 1/2 面积

6.17.2 特征解析

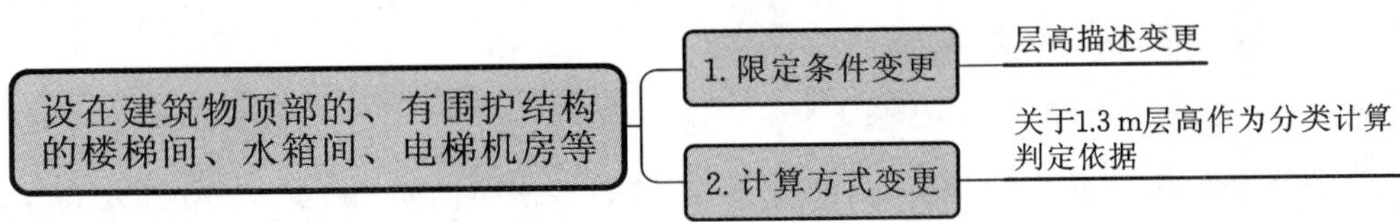

6.17.2.1 限定条件变更

层高描述变更。

基本变化：13版国家规范将05版国家规范中的“层高”改为“结构层高”。

特殊变化：无。

6.17.2.2 计算方式变更

关于1.3 m层高作为分类计算判定依据。

基本变化：两版国家规范定量计算规定结构层高2.20 m及以上计算全部面积，2.20 m以下计算一半面积。

特殊变化：浙江省（2018年）规则中规定：“设在建筑物顶部的、有围护结构的楼梯间、水箱间、电梯机房、结构层高在2.20 m以上计算全部建筑面积，1.30 m及以上至2.20 m以下计算一半建筑面积，1.30 m以下不计建筑面积”，更加细致地划分了计算方式。此外，还有城市对顶部以下缓冲层也提出具体要求，如上海市（2017年）规则中规定：“电梯机房下面有缓冲层的，缓冲层层高2.20 m以上应计算建筑面积，缓冲层不开门不计建筑面积”，对于缓冲层也有相关规定，表述更为全面。

6.17.3 本书解析

6.17.3.1 核心问题理解

关于“不进入空间”的解读。

当某建筑部位结构净高小于2.10 m或位于某些特殊位置（如电梯下部的缓冲层）时，无法被人们正常使用，这部分建筑空间称为“不进入空间”，不计算建筑面积。

6.17.3.2 条文具体解读

13版国家规范的条文表述中对设在建筑物顶部的、有围护结构的楼梯间、水箱间、电梯机房等的建筑面积计算阐述较为粗略，建议补充顶盖等判定依据和增加“不进入空间”的表述。

完整条文解读如下：

3.0.17 设在建筑物顶部的、有围护结构的楼梯间、水箱间、电梯机房等，结构层高在2.20 m及以上的应计算全面积；结构层高在1.30 m及以上至2.20 m应计算一半面积；结构层高在1.30 m以下的，不应计算面积。无顶盖的楼梯按室外楼梯计算1/2面积；无顶盖的水箱间、电梯机房等，不计建筑面积；电梯机房和水箱间下方因需要而设计的不可进入空间不计算建筑面积。如图 6-17 所示。

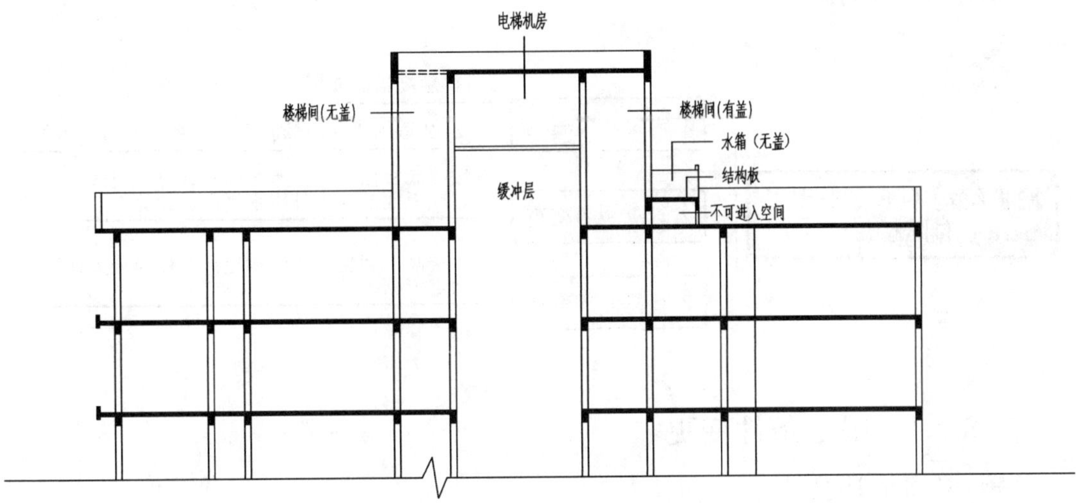

图 6-17 条文 3.0.17 图示

6.18 条文解读 3.0.18

围护结构不垂直于水平面的楼层,应按其底板面的外墙外围水平面积计算。结构净高在 2.10 m 及以上的部位,应计算全面积;结构净高在 1.20 m 及以上至 2.10 m 以下的部位,应计算 1/2 面积;结构净高在 1.20 m 以下的部位,不应计算建筑面积。

6.18.1 国家规范的演变

05 版国家规范	13 版国家规范
3.0.14 设有围护结构不垂直于水平面而超出底板外沿的建筑物,应按其底板面的外围水平面积计算。层高在 2.20 m 及以上者应计算全面积;层高不足 2.20 m 者应计算 1/2 面积	3.0.18 围护结构不垂直于水平面的楼层,应按其底板面的外墙外围水平面积计算。结构净高在 2.10 m 及以上的部位,应计算全面积;结构净高在 1.20 m 及以上至 2.10 m 以下的部位,应计算 1/2 面积;结构净高在1.20 m 以下的部位,不应计算建筑面积

6.18.2 特征解析

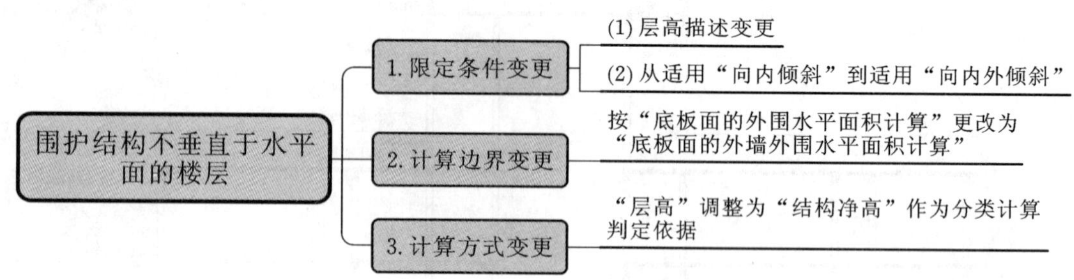

6.18.2.1 限定条件变更

(1) 层高描述变更

基本变化:13 版国家规范将 05 版国家规范的“层高”改为“结构净高”,这一变化在两版国家规范中具有显著特点,可能是由于坡屋顶建筑屋面或者楼板厚度不均匀,导致结构层高不一致,因此改为“结构净高”作为判定依据。

特殊变化:无。

(2) 从适用“向内倾斜”到适用“向内外倾斜”

基本变化:05 版国家规范表述为“围护结构不垂直于水平面且超出底板外围的建筑物,按底板面的外围水平面积来计算”,主要适用于围护结构向外倾斜这一情况;13 版国家规范则表述为“围护结构不垂直于水平面的楼层,应按底板面的外墙外围水平面积计算”,这一改变适用围护结构向内倾斜和向外倾斜两种情况。

特殊变化:无。

6.18.2.2 计算边界变更

按“底板面的外围水平面积计算”更改为“底板面的外墙外围水平面积计算”。

基本变化:05 版国家规范表述为“底板面的外围水平面积计算”,13 版国家规范则表述为“底板面的外墙外围水平面积计算”,分析原因是由于围护结构倾斜时各个标高处的外墙外围水平面积可能是不同的,因此取定为结构底板处的外围水平面积来计算。

特殊变化:无。

6.18.2.3 计算方式变更

“层高”调整为“结构净高”作为分类计算判定依据。

基本变化：两版国家规范的定量计算不同，05 版国家规范为“层高在 2.20 m 及以上者应计算全面积；层高不足 2.20 m 者应计算 1/2 面积”；13 版国家规范是“结构净高在 2.10 m 及以上者应计算全面积；结构净高 1.20 m 及以上至 2.10 m 以下的部位，应计算一半面积，结构净高在 1.20 m 以下的部位不应计算建筑面积”。

特殊变化：无。

6.18.3 本书解析

6.18.3.1 核心问题理解

关于围护结构向内倾斜和向外倾斜的建筑面积计算。

05 版国家规范表述主要适用于围护结构向外倾斜这一情况，13 版国家规范表述则适用于围护结构向内倾斜和向外倾斜两种情况。对这两种情况，13 版国家规范统一表述，建筑面积统一按照底板面的外墙外围水平面积计算，并未对围护结构内倾、外倾做出不同的表述，忽略了围护结构内倾时，倾斜部分的空间使用情况。当围护结构向外倾斜时，由于倾斜部分与屋顶形成的三角空间无法充分利用，其建筑面积按照外墙外围水平面积计算。当围护结构向内倾斜时，外墙面以下部分按照形成建筑空间坡屋顶的规则计算建筑面积，“对于形成建筑空间的坡屋顶，结构净高在 2.10 m 及以上的部位应计算全面积；结构净高在 1.20 m 及以上至 2.10 m 以下的部位应计算 1/2 面积；结构净高在 1.20 m 以下的部位不应计算建筑面积”，其余部分并入自然层，按照自然层建筑面积进行计算。

6.18.3.2 条文具体解读

13 版国家规范虽然对围护结构不垂直于水平面有了较为详细的规定，但是对围护结构内倾和外倾表述并不是十分详细。

条文完整解读为：

3.0.18 围护结构不垂直于水平面的楼层，当围护结构向内倾斜时，外墙面以下部分按坡屋顶的规则计算建筑面积，结构净高在 2.10 m 及以上的部位，应计算全面积；结构净高在 1.20 m 及以上至 2.10 m 以下的部位，应计算 1/2 面积；结构净高在 1.20 m 以下的部位，不应计算建筑面积。其余部分并入自然层，按照自然层建筑面积进行计算。

当围护结构向外倾斜时，按照结构底板面外墙外围水平面积计算建筑面积，结构层高在 2.20 m 及以上的部位，应计算全面积；结构层高在 1.30 m 及以上至 2.20 m 以下的部位，应计算 1/2 面积；结构层高在 1.30 m 以下的部位，不应计算建筑面积。如图 6-18 所示。

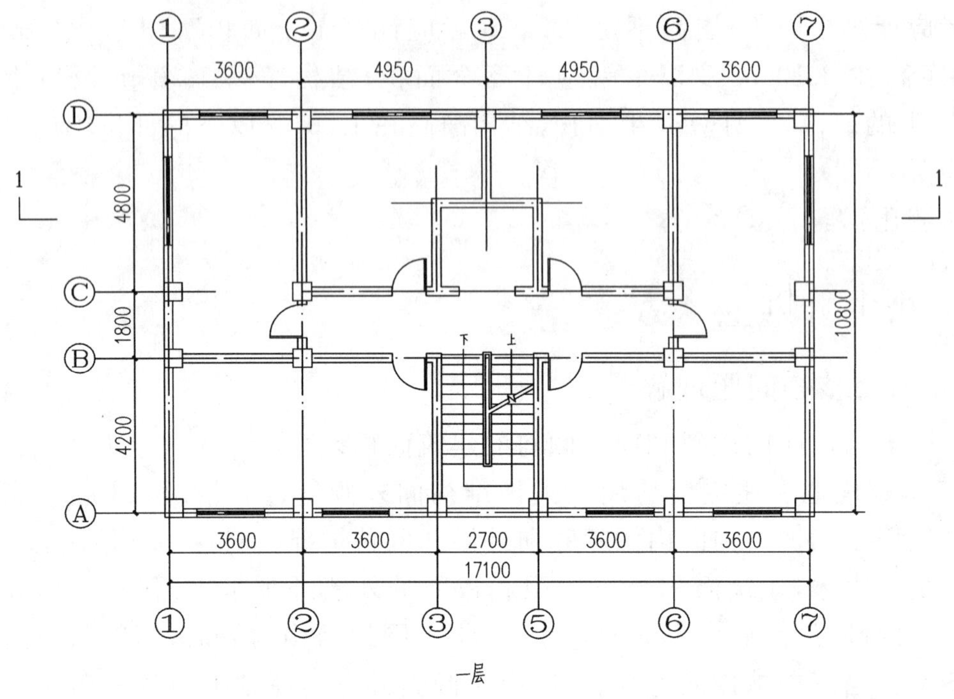

一层

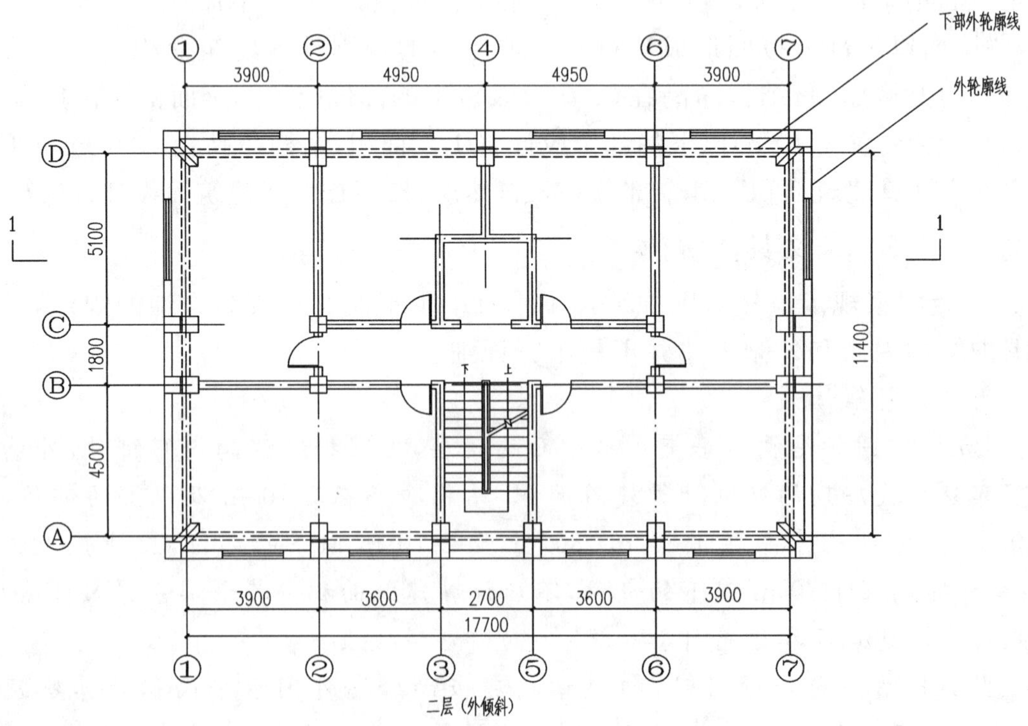

二层（外倾斜）

图 6-18 条文 3.0.18 图示

(a) 围护结构向外倾斜；(b) 围护结构向内倾斜

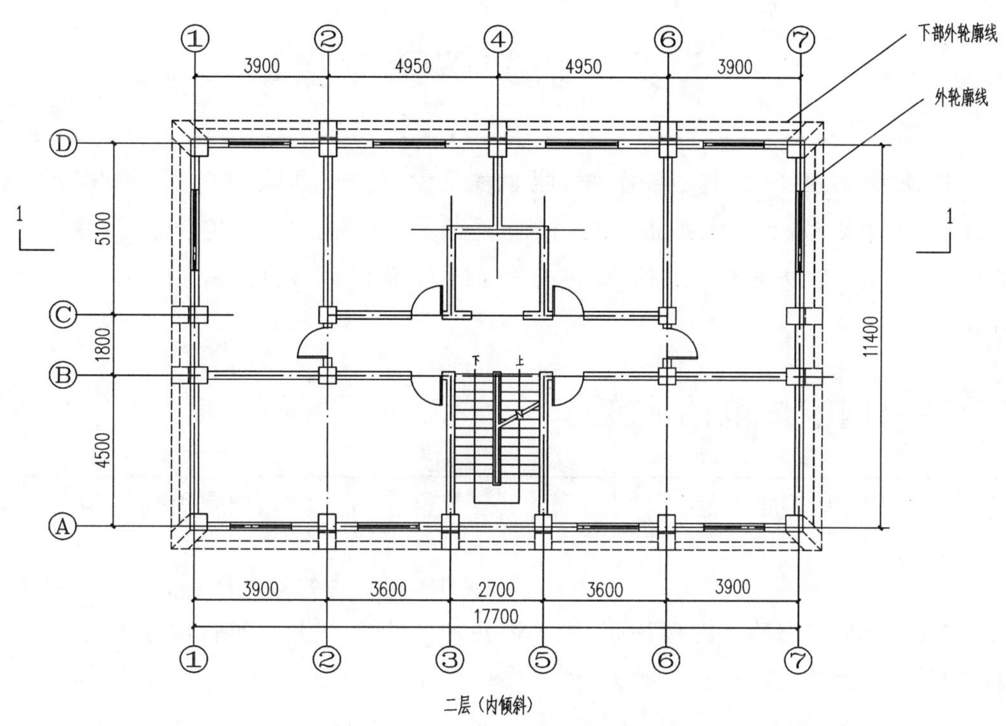

二层（内倾斜）

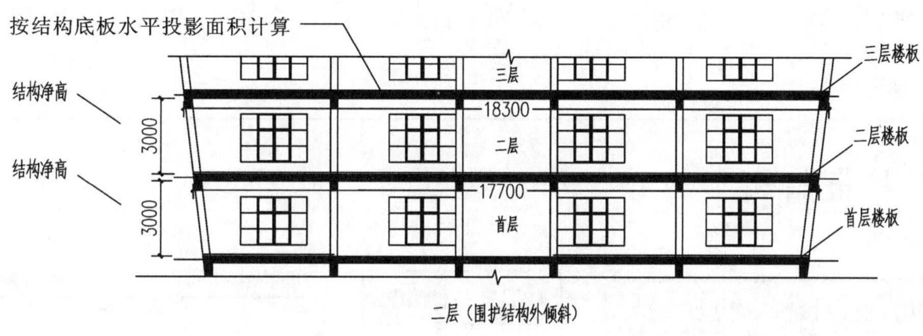

二层（围护结构外倾斜）

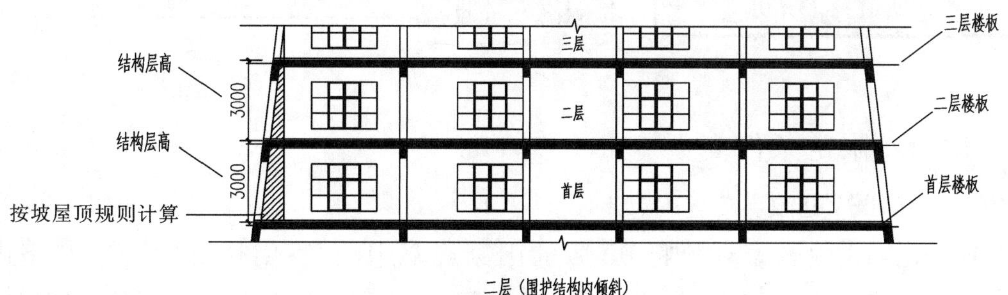

二层（围护结构内倾斜）

续图 6-18

6.19 条文解读 3.0.19

建筑物的室内楼梯、电梯井、提物井、管道井、通风排气竖井、烟道，应并入建筑物的自然层计算建筑面积。有顶盖的采光井应按一层计算面积，且结构净高在 2.10 m 及以上的，应计算全面积；结构净高在 2.10 m 以下的，应计算 1/2 面积。

6.19.1 国家规范的演变

05 版国家规范	13 版国家规范
3.0.15 建筑物内的室内楼梯间、电梯井、观光电梯井、提物井、管道井、通风排气竖井、垃圾道、附墙烟囱应按建筑物的自然层计算	3.0.19 建筑物的室内楼梯、电梯井、提物井、管道井、通风排气竖井、烟道，应并入建筑物的自然层计算建筑面积。有顶盖的采光井应按一层计算面积，且结构净高在 2.10 m 及以上的，应计算全面积；结构净高在 2.10 m 以下的，应计算 1/2 面积

6.19.2 特征解析

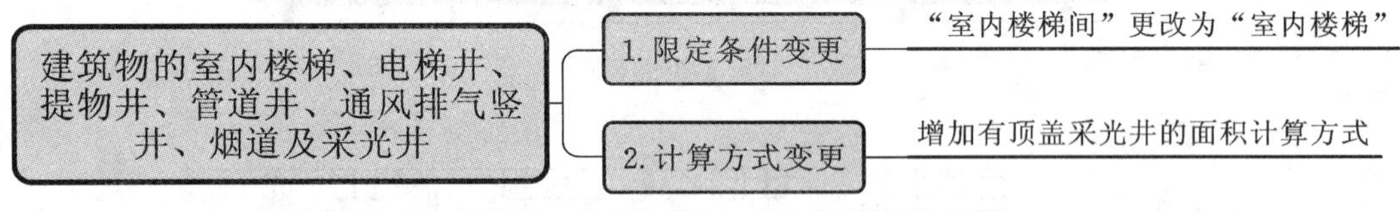

6.19.2.1 限定条件变更

“室内楼梯间”更改为“室内楼梯”。

基本变化：13 版国家规范将 05 版的国家规范中的“室内楼梯间”改为“室内楼梯”，包括了形成井道的楼梯（即室内楼梯间）和没有形成井道的楼梯（即室内楼梯），明确了没有形成井道的室内楼梯也应计算建筑面积。

特殊变化：无。

6.19.2.2 计算方式变更

增加有顶盖采光井的面积计算方式。

基本变化:13版国家规范增加对有顶盖采光井的规定:"有顶盖采光井的,按一层计算;结构净高2.10 m及以上计算全部面积,2.10 m以下计算一半",即有顶盖的采光井不论多深均计算一层建筑面积,无顶盖的采光井仍然不计算建筑面积。

特殊变化:无。

6.19.3 本书解析

6.19.3.1 核心问题理解

(1) 关于"跃层和复式房屋的室内公共楼梯间"的计算方式

跃层房屋按两个自然层进行计算,复式房屋按一个自然层计算。

(2) 关于"室内公共楼梯间两侧自然层数不同"的计算方式

以室内公共楼梯间两侧自然楼层数较多的层数计算。

(3) 关于"室内楼梯下部的建筑空间"的计算方式

室内楼梯下部的建筑空间,无论其是否利用,均不计算建筑面积。

6.19.3.2 条文具体解读

13版国家规范的条文表述中对建筑物的室内楼梯、电梯井、提物井、管道井、通风排气竖井、烟道等进行明确的限制规定,建议补充解读室内楼梯及楼梯间建筑面积的计算内容。

完整条文解读如下:

3.0.19 建筑物的室内楼梯并入所依附的自然层计算建筑面积,室内楼梯间按梯井所依附的自然层计算建筑面积。建筑物室内的电梯井、提物井、管道井、通风排气竖井、烟道,应并入建筑物的自然层计算建筑面积。建筑物外独立的或建筑物屋顶独立的管道井、通风排气竖井、烟道不应计算面积。有顶盖的采光井应按一层计算面积,且结构净高在2.10 m及以上的,应计算全面积;结构净高在1.20 m及以上至2.10 m,应计算一半面积;结构净高在1.20 m以下的部位,不应计算面积。如图6-19所示。

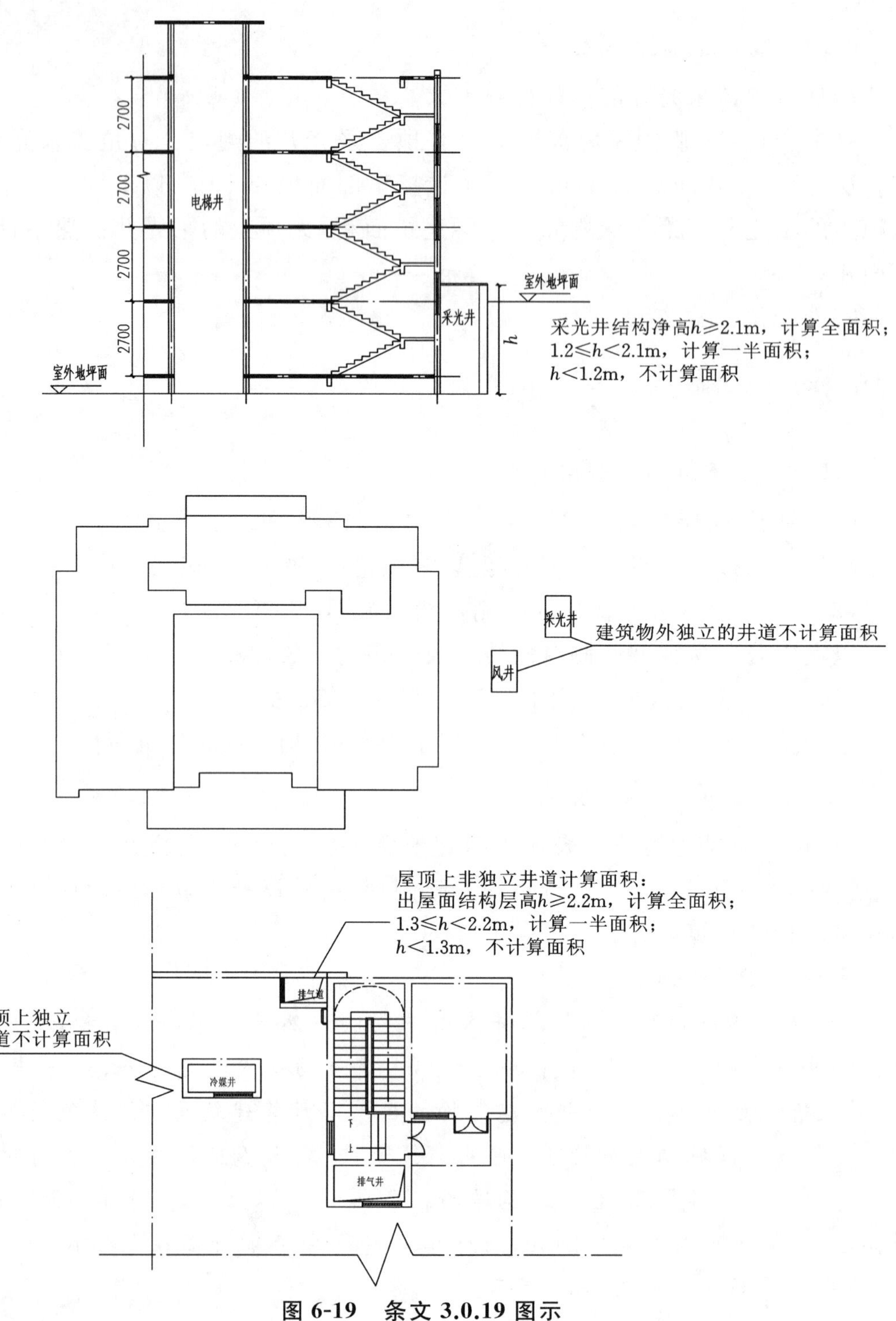

图 6-19　条文 3.0.19 图示

6.20 条文解读 3.0.20

室外楼梯应并入所依附建筑物自然层，并应按其水平投影面积的 1/2 计算建筑面积。

6.20.1 国家规范的演变

05 版国家规范	13 版国家规范
3.0.17 有永久性顶盖的室外楼梯，应按建筑物自然层的水平投影面积的 1/2 计算。 3.0.24-7 无永久性顶盖的室外楼梯不计算面积	3.0.20 室外楼梯应并入所依附建筑物自然层，并应按其水平投影面积的 1/2 计算建筑面积

6.20.2 特征解析

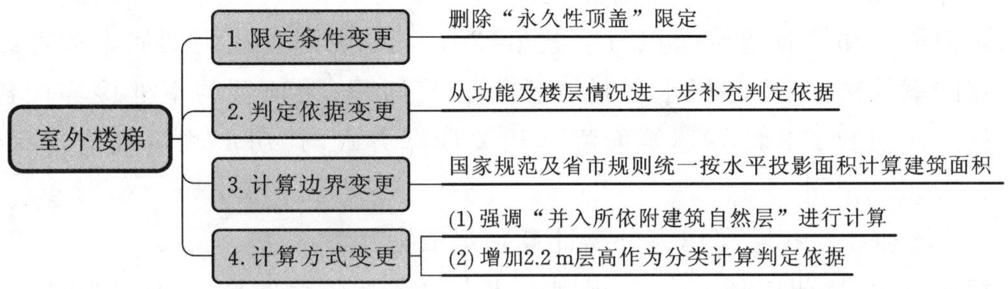

6.20.2.1 限定条件变更

删除“永久性顶盖”限定。

基本变化：05 版国家规范表述为“有永久性顶盖的室外楼梯，应按建筑物自然层水平投影面积 1/2 计算”，“无永久性顶盖的室外楼梯不计算面积”。13 版国家规范删除关于室外楼梯永久性顶盖的表述。

特殊变化：无。

6.20.2.2 判定依据

从功能及楼层情况进一步补充判定依据。

特殊变化：广州市(2007 年)规则增加“无顶盖的室外楼梯最顶一层不计算建筑面积”；福州市(2012 年)规则提及了两点：其一为“室外楼梯作为通道和用于疏散的，计算全面积”，强调室外楼梯的使用功能；其二为“楼内有楼梯的，室外楼梯一半计算建筑面积”。

6.20.2.3　计算边界变更

国家规范及省市规则统一按水平投影面积计算建筑面积。

基本变化：05 版及 13 版国家规范都表述为室外楼梯按“其水平投影面积 1/2 计算建筑面积”。两阶段全国各省市规则与国家规范保持一致性。

特殊变化：无。

6.20.2.4　计算方式变更

(1) 强调“并入所依附建筑自然层”进行计算

基本变化：05 版国家规范表述为：“应按建筑物自然层的水平投影面积的 1/2 计算”；13 版规范调整为：“并入所依附建筑物自然层，并应按其水平投影面积的 1/2 计算建筑面积”。室外楼梯位于建筑物之外，不属于建筑物自然层的范畴，故 13 版国家规范强调计算方式应“并入所依附建筑物自然层”，使之相对 05 版国家规范的描述更加合理。

特殊变化：相关规则表述为有永久性顶盖室外楼梯计算全面积，无顶盖的室外楼梯计算 1/2 面积。广东省建筑面积计算规则表述为：“室外楼梯，按自然层投影面积之和计算建筑面积”；宁波市（2010 年）规则表述为：“属永久性结构有上盖的室外楼梯，按各层水平投影计算建筑面积；无顶盖的室外楼梯按各层水平投影面积的 1/2 计算建筑面积”，相关计算方式与《房产测量规范》(GB/T 17986—2000)相同。

(2) 增加 2.2 m 层高作为分类计算判定依据

特殊变化：杭州市（2010 年）规则表述为：“有永久性顶盖，层高 2.20 m 以上计算全面积，层高不足 2.20 m 的应计算 1/2 建筑面积且计容”。

6.20.3　本书解析

6.20.3.1　核心问题理解

关于“室外楼梯（含自动扶梯）”的判定方式。

室外楼梯（不含单跑楼梯）的起点（地面）至终点（入口或入口平台）的高度内应含有一个楼层，否则应视为室外台阶，不计建筑面积。

6.20.3.2　条文具体解读

13 版国家规范的条文表述中对室外楼梯的建筑面积计算阐述较为粗略，建议补充解读顶盖等判定依据。

完整条文解读如下：

3.0.20 室外楼梯应跨越一个自然层高度。室外楼梯不论其是否有顶盖，均并入所依附建筑物自然层，并应按其水平投影面积的 1/2 计算建筑面积，如图 6-20 所示。利用下层建筑空间的屋面作室外楼梯的，楼梯部分不重复计算建筑面积。

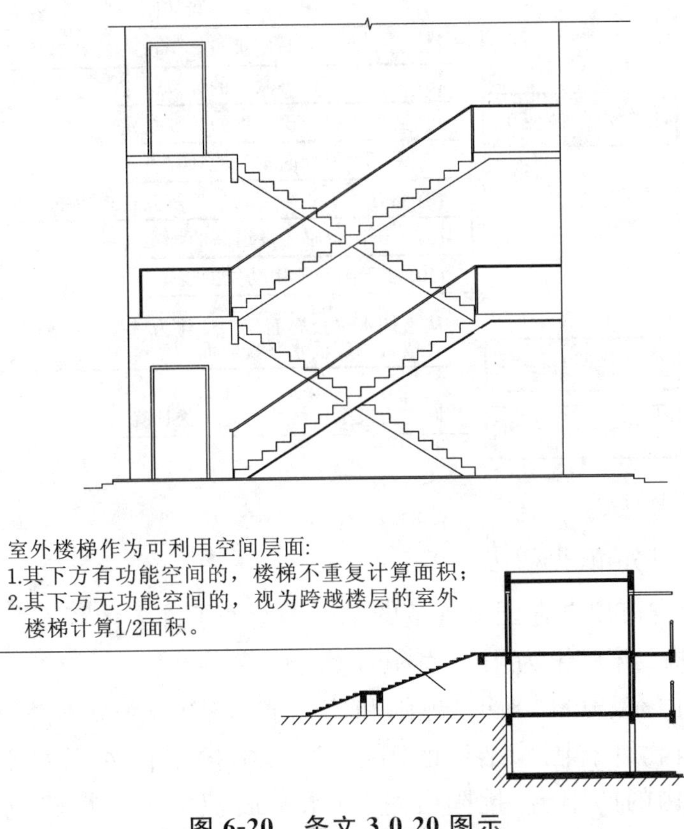

图 6-20 条文 3.0.20 图示

6.21 条文解读 3.0.21

在主体结构内的阳台，应按其结构外围水平面积计算全面积；在主体结构外的阳台，应按其结构底板水平投影面积计算 1/2 面积。

6.21.1 国家规范的演变

05 版国家规范	13 版国家规范
3.0.18 建筑物的阳台均应按其水平投影面积的 1/2 计算	3.0.21 在主体结构内的阳台，应按其结构外围水平面积计算全面积；在主体结构外的阳台，应按其结构底板水平投影面积计算 1/2 面积

6.21.2 特征解析

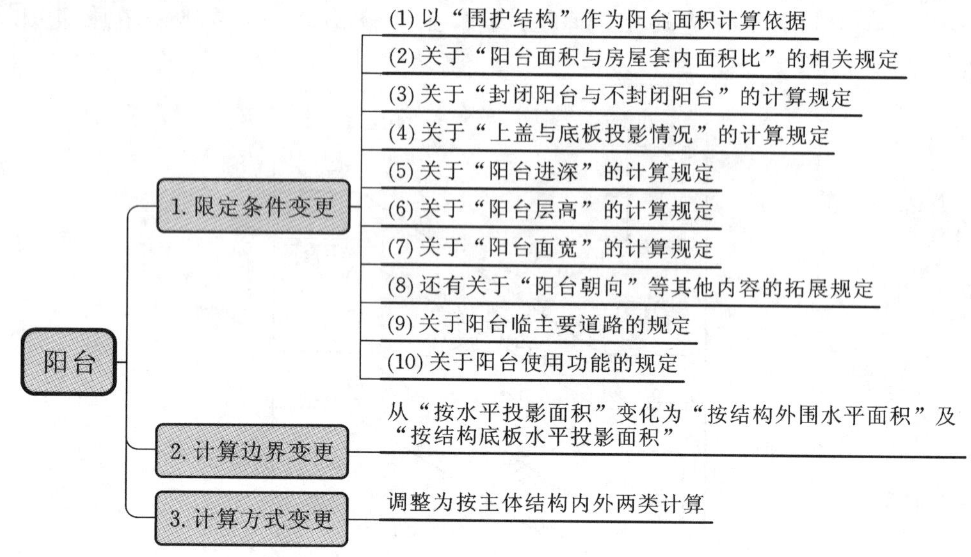

6.21.2.1 判定依据变更

两阶段大量省市规则在国家规范的基础上新增了许多计算面积的判定依据。

(1) 以“围护结构”作为阳台面积计算依据

特殊变化：山东省（2008 年）规则和广东省（2010 年）规则相对 05 版国家规范表述为：“建筑物外有围护结构的阳台，按其围护结构外围水平面积计算建筑面积；无围护结构的凹阳台、挑阳台，按其水平面积一半计算建筑面积。”

(2) 关于“阳台面积与房屋套内面积比”的相关规定

特殊变化：省级规则中仅浙江省（2018 年）规则提出了相关内容，具体表述为：“当套内建筑面积（不含阳台、飘窗）70.00 m^2 以下的住宅套型，不计面积的阳台累计水平投影面积大于 3.00 m^2 的，或 70.00 m^2 及以上的住宅套型，不计面积的阳台累计水平投影面积大于 5.00 m^2 的，超过部分按其水平投影面积的 1/2 计算面积。按 1/2 计算后的单套住宅阳台及飘窗总面积占该套住宅套内建筑面积（不含阳台、飘窗）比值超过 7%的，超过部分按全面积计算。”重点城市规则中，广州市（2011 年）规则、福州市（2012 年）规则、南京市（2014 年）规则、杭州市（2013 年）规则与武汉市（2014 年）规则也提出了类似规定，如南京市（2014 年）规则提到：“住宅每层阳台水平投影面积之和不得超过该层总建筑面积的 15%。同一户内设置阳台的数量不得超过居住空间个数之和。……在建筑主体结构内或在建筑主体结构以外的不符合上述条件的阳台按其结构底板外围水平投影面积计算全面积”。此规则将阳台超出住宅该层总建筑面积的 15%计算为全面积。一般城市规则中，赣州市(2017 年)规则也提及相关内容。

(3) 关于“封闭阳台与不封闭阳台”的计算规定

特殊变化：省级规则中仅贵州省(2009 年)规则提出了相关内容，具体表述为：“符合以下标准的住宅的不封闭阳台，按围护结构水平投影的一半计算建筑面积；如果超过，超过部分计算全部建筑面积。封闭阳台无论是否符合以下标准，均计算全部建筑面积。建筑面积 140 m^2 以上住宅户型，各类阳台水平投影面积总和不超过 18 m^2”。由于阳台的封闭情况对于使用功能有较大影响，因此相比于 05 版国家规范，贵州省规则进一步将阳台分为封闭阳台与不封闭阳台，将两者分开计算。同样的，在重点城市规则中，也有杭州市(2010 年)规则、青岛市(2014 年)规则、武汉市(2018 年)规则提出了类似规定。如《武汉市建设工程建筑面积计算规则》(2018)表述为：“住宅套内封闭阳台，应按其结构外围水平面积计算全面积并计入容积率。未封闭阳台，满足设计和基本功能要求，布局合理，不压占室内空间影响室内功能空间的使用，水平投影面积总和不超过单套套内建筑面积的 12%，进深不超过相邻基本功能空间进深的 45%且进深不超过 2.4 m，按其结构底板水平投影面积计算 1/2 建筑面积并计入容积率。”一般城市规则中，芜湖市(2009 年)规则也提出了此类规定。

(4) 关于“上盖与底板投影情况”的计算规定

特殊变化：省级规则中贵州省(2009 年)规则提及：“不封闭阳台上盖与阳台围护结构外围水平投影线不一致时，按水平投影面积小的面积计算一半建筑面积；当上盖宽度不大于0.60 m 时，不计建筑面积”。在重点城市规则中，武汉市(2018 年)规则表述为：“若上盖结构外边线至外墙面的进深小于或者等于 0.60 m 的，可不计算建筑面积”；杭州市(2013 年)规则表述为：“上、下阳台左右错开但有部分重叠时，重叠部位的宽度大于 0.60 m 的，应按重叠部位计算水平投影面积及进深，并相应计算面积；重叠部位的宽度不大于 0.60 m 的，不论其水平投影面积及进深，均不计面积”。一般城市规则中，芜湖市(2009 年)规则提出了此类规定，表述为：“永久性顶盖未全覆盖的露台、挑台、阳台的覆盖部分，覆盖部分规划审批时按阳台规则计算建筑面积；无顶盖(含顶盖未全覆盖的未覆盖部分)的阳台、露台、挑台，规划审批时不计算面积。”

相关城市规则进一步对错层式阳台上盖高度进行限定，如宁波市(2010 年)规则表述为：“一幢房屋中个别楼层不设阳台或隔层设置阳台，形成阳台的上盖距离该阳台内底面高度大于或等于两个楼层的，不计算建筑面积”；青岛市(2014 年)规则：“阳台当其上盖高度超过两个自然层的，不计算建筑面积”；武汉市(2018 年)规则：“阳台与其上盖相距四个及以上楼层的，视作无顶盖”；《浙江省房屋建筑面积测算实施细则(试行)》(2011)也表述：“一幢房屋中个别楼层不设阳台或隔层设置阳台，形成下一层阳台的上盖距离该阳台内底面高度大于两个楼层,不计算建筑面积"。

(5) 关于"阳台进深"的计算规定

特殊变化:省级规则中,江西省(2006 年)规则、贵州省(2009 年)规则、浙江省(2018 年)规则均提出此类规定。如江西省(2006 年)规则提出了:"南向或东西向主阳台进深不大于 1.80 m、北向或东西向次阳台进深不大于 1.20 m 的阳台,按其水平投影面积的 1/2 计算建筑面积并计入容积率;超出此规定的部分按全面积计算建筑面积并计入容积率"。在重点城市规则中,11 个城市中的 14 部规则有此类规定,它们分别是:青岛市(2014 年)规则、南京市(2014 年)规则、上海市(2011 年)规则、杭州市(2010 年)规则、宁波市(2010 年)规则、南昌市(2006 年、2012 年)规则、武汉市(2014 年、2018 年)规则、福州市(2016 年)规则、广州市(2011 年)规则、深圳市(2014 年)规则和海口市(2010 年、2011 年)规则。如青岛市(2014 年)规则表述为:"阳台进深尺寸不应超过 1.80 m,进深超过 1.80 m 的部分按水平投影计算全面积。"上海市(2011 年)规则提出了:"阳台符合以下条件的,阳台面积按其水平投影面积的 1/2 计入容积率;否则,应按其水平投影面积的全面积计入容积率:阳台的设计进深(取阳台围护结构外围至外墙面的最大垂直距离)不超过 1.80 m(含 1.80 m),且其水平投影面积小于或者等于 8 m^2的。"

一般城市规则中,芜湖市(2009 年)规则也提出了此类规定。值得注意的是,在上述地市的条款对比中发现,阳台的进深界定一般定为 0.60 m、1.80 m、2.40 m 等。这是考虑两种因素:第一为进深较大的阳台空间的使用功能已接近室内空间的情况;第二为满足室内采光的需求。

(6) 关于"阳台层高"的计算规定

特殊变化:省级规则中仅浙江省(2018 年)规则提及:"在上述特殊层高的建筑空间所附封闭阳台,按相应层高的倍数计算建筑面积。"重点城市规则中,有三部提及此内容,它们为南昌市(2006 年、2012 年)规则和武汉市(2018 年)规则。南昌市(2012 年)规则提出:"高度为两层或两层以上的阳台,进深原则上不得大于 3.0 m。其中,进深不大于 1.80 m 的可不计建筑面积不计容积率;进深大于 1.80 m、小于等于 3.0 m 的按 1/2 面积计入容积率;进深大于 3.0 m 的按全面积计入容积率;建筑物北侧原则上不设置高度为两层或两层以上的阳台"。南昌市(2012 年)规则将进深条件与层高条件统一纳入计算条件;而武汉市(2018 年)规则表述为:"阳台与其上盖相距四个及以上楼层的,视作无顶盖",即将较高高度的阳台作无顶盖的处理。

(7) 关于"阳台面宽"的计算规定

特殊变化:仅 2 个重点城市规则存在此方面内容,分别是深圳市(2014 年)规则和福州市(2016 年)规则。如深圳市(2014 年)规则提出:"同时满足以下要求的阳台(外走廊),不论层高均以其围护结构或围护物外围水平投影面积的1/2计入地上规定建筑面积(该类阳台简称为计一半面积的阳台),否则须全部计入地上规定建筑面积(该类阳台简称为计全面积的阳台):阳台面宽不大于1.50 m时,其对外连续开敞面的边长不小于阳台计建筑面积线周长的1/6;阳台面宽大于1.50 m时,其对外连续开敞面的边长不小于阳台计建筑面积线周长的1/4。"

(8) 关于"阳台朝向"等其他内容的拓展规定

特殊变化:南京市(2014年)规则、杭州市(2010年)规则、杭州市(2013年)规则、宁波市(2010年)规则、武汉市(2014年)规则、武汉市(2018年)规则、福州市(2016年)规则等城市规则有其他深化的规定。如赣州市(2017年)规则中关于朝向规定具体表述为:"建筑物南向或东西向主阳台(一户仅限一个)进深不大于2.20 m、北向或东西向次阳台进深不大于1.50 m的,无论是否封闭,无论是凹阳台、挑阳台,均按其水平投影面积的1/2计算建筑面积并计算容积率;超出此规定尺寸的部分按全面积计算建筑面积并计算容积率。"

(9) 关于阳台临主要道路的规定

特殊变化:福州市(2016年)规则:"沿主要干道(规划道路宽40 m以上)、沿江及其他城市重要景观控制区内的阳台,不论在主体结构内外均应全封闭,全封闭阳台按其结构外围水平面积或其结构底板水平投影面积计容"。武汉市(2014年)规则:"对于紧临城市主干道沿街住宅,临街面因立面公建化要求和住宅功能需要设置的凹阳台,除满足上述阳台规定外,结构底板水平投影面积不超过5.0 m^2的,按其结构底板水平投影面积的1/2计算建筑面积"。

(10) 关于阳台使用功能的规定

特殊变化:深圳市等城市规则进一步依据使用功能对阳台建筑面积进行计算规定。如福州市(2016年)规则:"办公建筑(含公寓式办公)原则上不设置外挑阳台,确需设置的,按凹阳台设计,应按其结构外围水平面积计容"。武汉市(2014年、2018年)规则:"老年公寓阳台建筑面积计算参照住宅标准控制(其他非住宅建筑阳台均按其结构底板水平投影面积计算全面积并计入容积率)"。南京市(2014年)规则:"各类非住宅建筑设置的阳台,均按其结构底板外围水平投影面积计算全面积"。深圳市(2014年)规则:"住宅户内符合相应规定的空间及宿舍、办公、公寓式办公、商业、新型产业建筑内设置的计一半面积的阳台,其总投影面积超过相应规定限值时,还需按下式另行计算地上核减建筑面积"。

6.21.2.2 计算边界变更

从"按水平投影面积"变化为"按结构外围水平面积"及"按结构底板水平投影面积"。

基本变化:05版国家规范表述为:"阳台按其水平投影面积计算1/2面积";13版国家规范表述为:"主体结构内的阳台按结构外围水平面积计算全面积,主体结构外的阳台按其结构底板水平投影面积计算1/2面积”。

特殊变化:无。

6.21.2.3　计算方式变更

调整为按主体结构内外两类计算。

基本变化:13版国家规范较05版国家规范,将阳台划分为主体结构内与主体结构外两类。同时,其建筑面积计算方式也发生改变,05版国家规范规定阳台按其水平投影面积计算1/2面积;13版国家规范则规定:“主体结构内的阳台按结构外围水平面积计算全面积,主体结构外的阳台按其结构底板水平投影面积计算1/2面积”。

特殊变化:无。

6.21.3　本书解析

6.21.3.1　核心问题理解

(1) 关于“封闭阳台”的判定方式

由于阳台必须是开放的空间,因此“封闭阳台”实质上并不满足阳台的定义,所以“封闭阳台”事实上不是阳台,“封闭阳台”的建筑面积应按其外墙外围水平投影面积计算。

(2) 关于“同质同尺度”的解读

“同质同尺度”是指阳台相邻的各室内空间尺度应与之相适宜。为保证阳台空间的使用效果,减少开发商“偷面积”的情况,阳台与其相邻的室内空间的面积比例应该达到一定范围(如4%~7%,最大上限15%),同时通过其他指标(如“阳台面积与房屋套内面积比”、“阳台进深”、“阳台面宽”、“阳台朝向”等)来具体控制。

(3) 关于“阳台所依附主体功能空间应与阳台使用功能相协调”的解读

阳台所依附的主体功能空间应与阳台具体使用功能相互协调。如福州市(2016年)规则规定:“办公建筑(含公寓式办公)原则上不设置外挑阳台,确需设置的,按凹阳台设计,应按其结构外围水平面积计容”,具体规定了阳台依附的主体功能空间与阳台使用功能之间的关系。

6.13.3.2　条文具体解读

13版国家规范的条文表述中对建筑物阳台进行了明确的限制规定,建议补充解读封闭阳台的计算内容,增加顶盖进深和顶盖下边线与阳台底板的距离作为判定依据的解读。

完整条文解读如下:

3.0.21 阳台为室外开敞空间，封闭阳台事实上不是阳台，因此封闭阳台应按其围护结构外围水平投影面积计算建筑面积。在主体结构内的阳台，应按其结构外围水平面积计算全面积；在主体结构外的非封闭阳台，顶盖进深不超过0.6 m的，不计算建筑面积；超过0.60 m但未完全覆盖底板的，按顶盖水平投影计算1/2建筑面积；顶盖完全覆盖底板或超过底板的，按阳台底板计算1/2建筑面积；顶盖下边线与阳台底板的距离大于或等于两个自然层的视为无顶盖，不计算建筑面积。如图6-21所示。

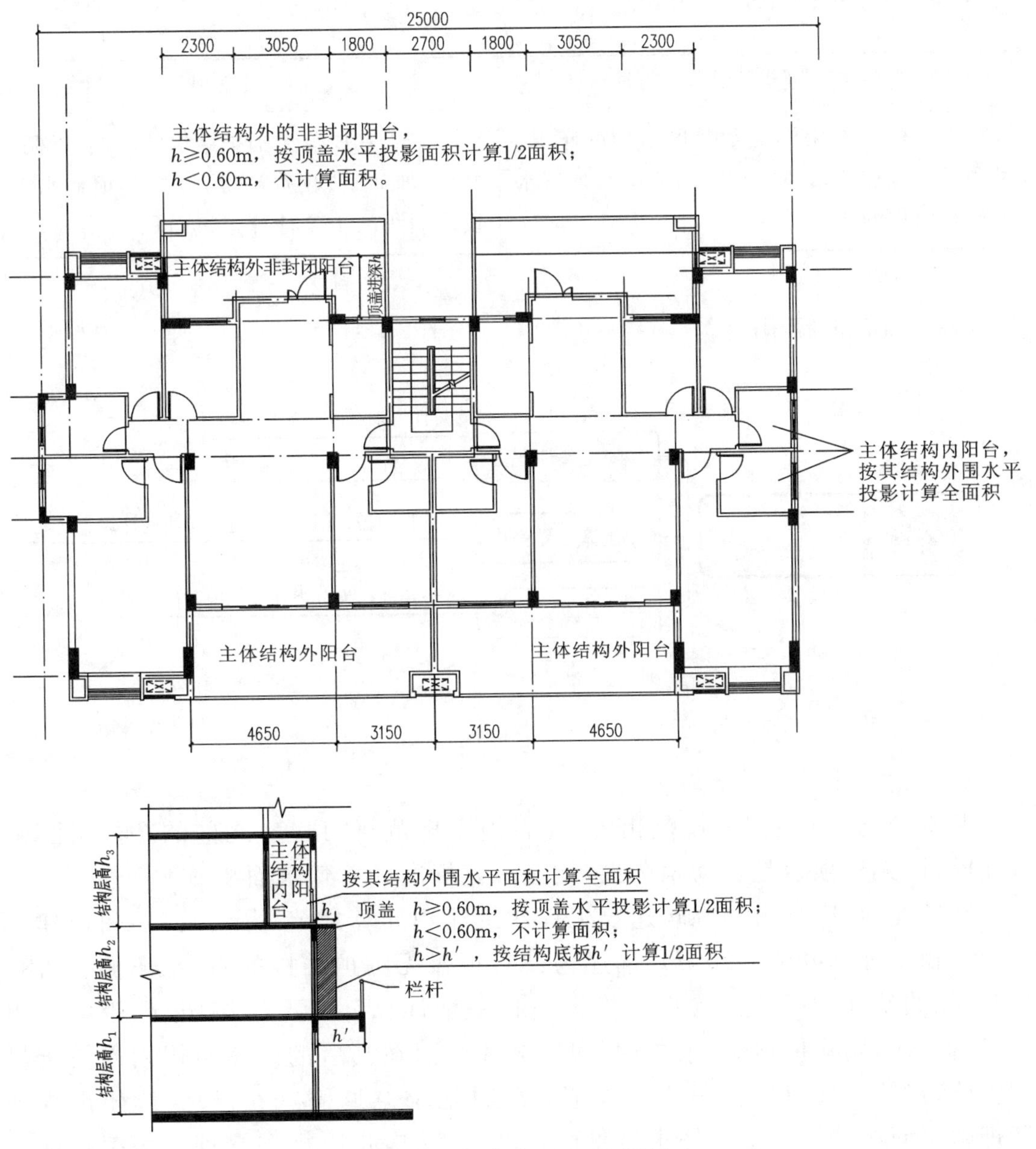

图6-21 条文3.0.21图示

6.22 条文解读 3.0.22

有顶盖无围护结构的车棚、货棚、站台、加油站、收费站等，应按其顶盖水平投影面积的 1/2 计算建筑面积。

6.22.1 国家规范的演变

05 版国家规范	13 版国家规范
3.0.19 有永久性顶盖无围护结构的车棚、货棚、站台、加油站、收费站等，应按其顶盖水平投影面积的 1/2 计算	3.0.22 有顶盖无围护结构的车棚、货棚、站台、加油站、收费站等，应按其顶盖水平投影面积的 1/2 计算建筑面积

6.22.2 特征解析

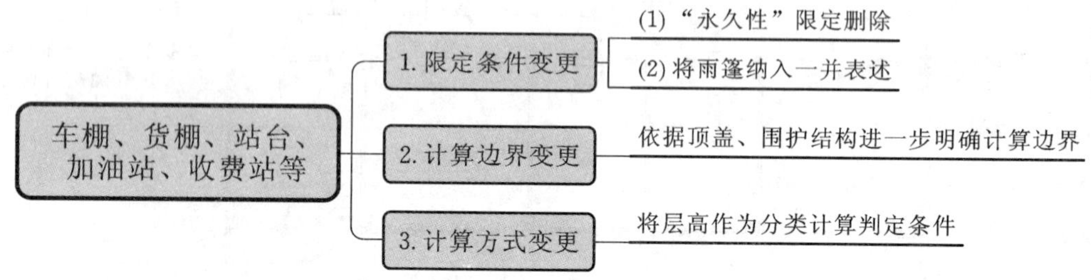

6.22.2.1 限定条件变更

(1)“永久性”限定删除

基本变化：13 版国家规范相较 05 版国家规范将“顶盖”之前的“永久性”限定删除，即无论顶盖是否为永久性，均按一定标准计算建筑面积。

特殊变化：广州市“实施《建筑工程建筑面积计算规范》办法及《广州市建筑工程容积率计算办法》(2007)”描述为：“有顶盖无围护结构的看台、车棚、货棚、站台、加油站、收费站等，按水平投影面积一半计算”，未严格按照 05 版国家规范进行表述，删除掉顶盖“永久性”限定表述。而在其后的广州市规划局关于贯彻实施《建筑工程建筑面积计算规范》办法（征求意见稿）(2011)、《广州市规划管理建筑面积计算方法》（征求意见稿）(2014)、《广州市规划管理容积率指标计算办法》(2016)、《广州市规划管理容积率指标计算办法》(2017)都分别按照 05

版及 13 版国家规范进行此条款的表述和计算。

(2) 将雨篷纳入一并表述

特殊变化:山东省(2008 年)规则、贵州省(2009 年)规则将雨篷纳入此条一并表述,此外贵州省(2009 年)规则还增加"屋顶凉亭"作为计算对象。

6.22.2.2 计算边界变更

依据顶盖、围护结构进一步明确计算边界。

基本变化:两版国家规范都规定"车棚、货棚、站台、加油站、收费站等,应按其顶盖水平投影面积的 1/2 计算建筑面积"。解释为不分顶盖材质,不分单、双排柱,不分矩形柱、异形柱,均按顶盖水平投影面积的 1/2 计算建筑面积。

特殊变化:虽然有关此点大部分省市规则与国家规范表述一致,但也有相当一些省市规则有不同表述,如山东省(2008 年)规则、贵州省(2009 年)规则、广东省(2010 年)规则、杭州市(2010 年)规则、宁波市(2010 年)规则、福州市(2012 年、2016 年)规则。其中,山东省(2008 年)规则表述为:"有柱的雨篷、车棚、货棚、站台等,按柱外围水平面积计算建筑面积;单排柱的车棚、货棚、站台等,按其顶盖水平投影面积的 1/2 计算建筑面积。"贵州省(2009 年)规则提出:"有柱的雨篷、车棚、货棚、站台、屋顶凉亭等,按柱外围水平面积计算建筑面积或按顶盖投影面积的 1/2 取大者计算建筑面积;独立的雨篷、有顶盖无围护结构的车棚、货棚、站台、加油站等,按其顶盖水平投影面积的 1/2 计算建筑面积"。

国家规范与部分省市规则有关此条款的判断依据差异较大。国家规范的主要判断依据为"有顶盖、无围护结构",而地方规则将"有柱"及"单排柱"作为建筑面积计算判定依据,且计算边界也分为"按柱外围水平面积计算"或"按水平投影面积计算"。

6.22.2.3 计算方式变更

将层高作为分类计算判定条件。

特殊变化:浙江省(2018 年)规则与杭州市(2010 年)规则规定:"高度 2.20 m 及以上的应计全部面积";又如武汉市(2018 年)规则是在承接国家规范"有顶盖及无围护结构"的限定条件基础上,进一步以结构层高、双排柱、单排柱及独立柱作为"按围护结构外围水平面积"或"顶盖投影面积计算建筑面积"的分类条件,具体表述为:"有顶盖、无围护结构的车棚、货棚、站台、加油站和看台等,有双排柱的,按其围护结构外围水平面积计算建筑面积并计入容积率;结构层高在 2.20 m 及以上的,应计算全面积;结构层高在 2.20 m 以下、1.30 m 及以上的,应计算 1/2 建筑面积;结构层高在 1.30 m 以下的,不计算建筑面积;独立柱、单排柱的,按顶盖水平投影面积计算 1/2 建筑面积"。如图 6-22 所示。

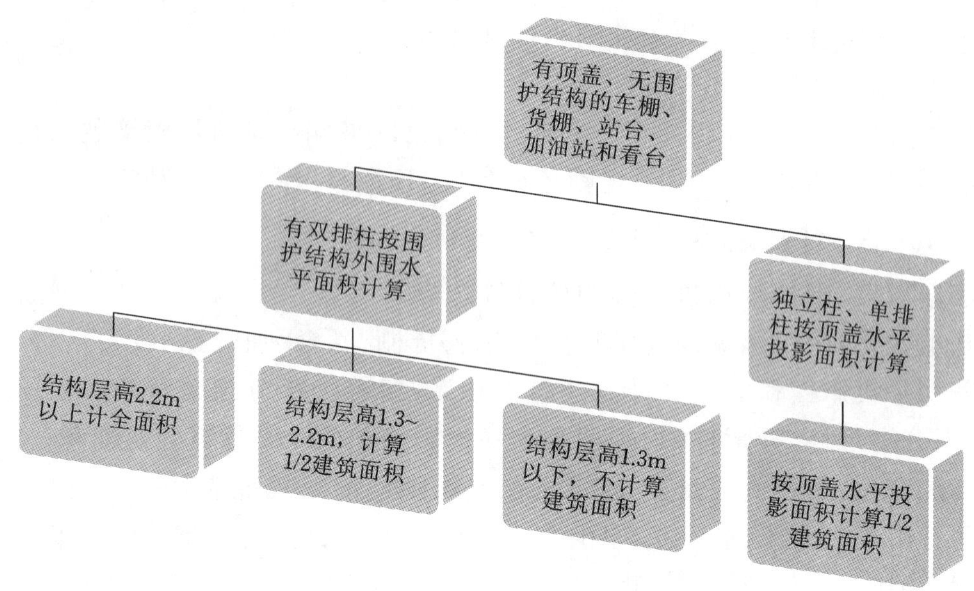

图 6-22 武汉市(2018 年)规则表述示意图

6.22.3 本书解析

6.22.3.1 核心问题理解

关于“车棚、货棚、站台、加油站、收费站”的定义。

关于单排柱、双排柱、独立柱来确定建筑面积计算边界方式，主要是针对建筑物或者构筑物，而“车棚、货棚、站台、加油站、收费站”均属于建筑附属物，并非建筑物或构筑物，在没有围护结构的前提下，应不分顶盖材质，不分单、双排柱，不分矩形柱或异形柱，均按顶盖水平投影面积计算建筑面积。

对于“车棚、货棚、站台、加油站、收费站”，可以借鉴其他省市规则按其有无顶盖、有无围护结构，以及柱的形式和结构层高等条件来对其建筑面积计算边界及计算方式进行确定，但对于有顶盖、无围护结构，且有双排或多排柱的情况并不能类同其他省市规则对建筑面积计算。

6.22.3.2 条文具体解读

通过对“车棚、货棚、站台、加油站、收费站”的定义，本条文解读为：

3.0.22 有顶盖、有围护结构的车棚、货棚、站台、加油站、收费站等建筑附属物，按其围护结构水平投影面积计算建筑面积；有顶盖、无围护结构，有双排或多排柱的按顶盖水平投影面积计算建筑面积；结构层高在 2.20 m 及以上的，应计算全面积；结构层高在 1.30 m 以上至 2.20 m 以下的，应计算 1/2 建筑面积；结构层高在 1.30 m 以下的，不计算建筑面积。有顶盖、无围护结构，有单排柱或独立柱的按顶盖水平投影面积计算 1/2 面积。如图 6-23 所示。

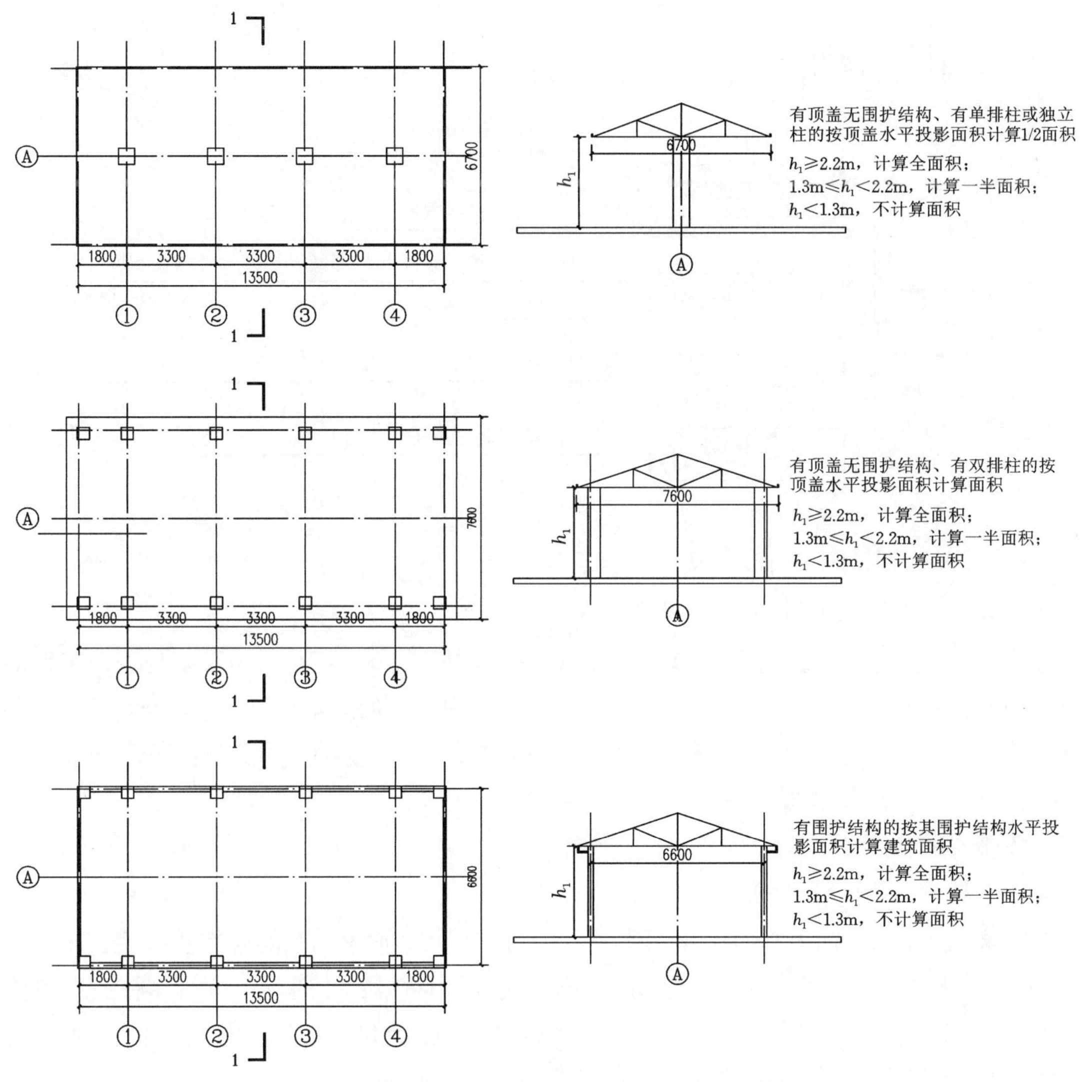

图 6-23 条文 3.0.22 图示

6.23 条文解读 3.0.23

以幕墙作为围护结构的建筑物，应按幕墙外边线计算建筑面积。

6.23.1 国家规范的演变

05 版国家规范	13 版国家规范
3.0.21 以幕墙作为围护结构的建筑物，应按幕墙外边线计算建筑面积	3.0.23 以幕墙作为围护结构的建筑物，应按幕墙外边线计算建筑面积

6.23.2 特征解析

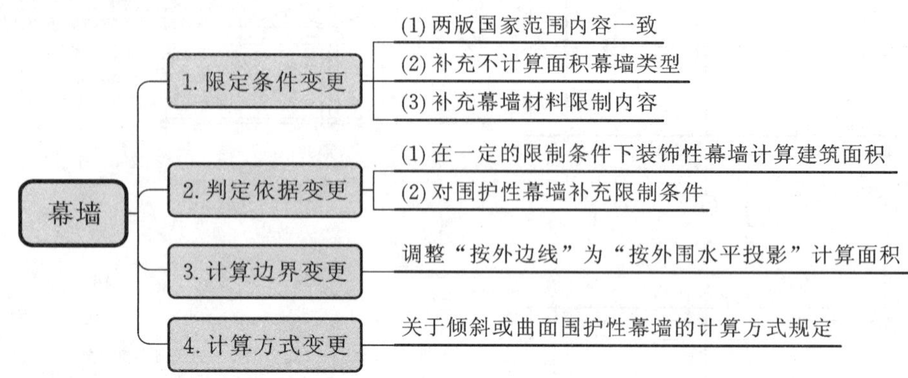

6.23.2.1 限定条件变更

(1) 两版国家范围内容一致

基本变化:有关本条款在计算方式中,13 版国家规范与 05 版国家规范对"幕墙的建筑面积计算"内容完全一致。国家规范将幕墙分为"装饰性幕墙"和"围护性幕墙"。"装饰性幕墙"不计算建筑面积;"围护性幕墙"计算建筑面积,且按其外边线计算建筑面积。

特殊变化:无。

(2) 补充不计算面积幕墙类型

特殊变化:宁波市(2010 年)规则补充了不计算面积的幕墙类型:"装饰性幕墙、主墙体外的幕墙均不计算建筑面积",分析其原因可能为:从建筑围护功能角度来看,这种幕墙属于围护性幕墙,但其围护功能弱于围护主墙,对于建筑主体而言只具有次要的围护功能,所以不计算建筑面积。

(3) 补充幕墙材料限制内容

特殊变化:一般城市规则中都不涉及幕墙条款,只有东莞市(2016 年)规则从幕墙材料入手,定性限制不计算面积的装饰性幕墙只有"穿孔板、百叶板等透空材料构成的"。

6.23.2.2 判定依据变更

(1) 在一定的限制条件下装饰性幕墙计算建筑面积

特殊变化:南京(2014 年)规则补充:"装饰性幕墙与建筑主体结构间距大于 0.90 m 计算全面积";武汉市(2018 年)规则补充:"悬挂于结构墙体之上,起装饰作用的玻璃幕墙、金属幕墙、石材幕墙及其他材料幕墙等,计算建筑面积";东莞市(2016 年)规则补充:"实体材料构成的装饰性幕墙与建筑外墙体的外围边线净距大于 0.60 m,计算建筑面积"。随着建筑技术、手段及工艺的进步,使得可用于幕墙的材质越来越多、可建造的幕墙位置越来越灵活，各城市规则对装饰性幕墙进行了定性或定量的建筑面积计算限制条件，避免装饰性幕墙无面积约束随意设计、避免装饰性幕墙使用实体材料便可以充当围护性结构、避免装饰性幕墙悬挂于结构墙体之上便具有围护性。

(2) 对围护性幕墙补充限制条件

特殊变化：对于国家规范中“起围护作用的幕墙计算建筑面积”此点，大部分省市规则与国家规范保持一致，其中有两个城市对此类围护性幕墙补充限制条件。长沙市(2017年)规则补充：“内侧无围护性墙体(包括剪力墙)，仅设置有围护性幕墙，计算建筑面积”；天津市(2012年)规则补充：“对于玻璃幕墙内有坎墙的，当坎墙高度小于0.30 m或坎墙上表面至顶板底高度大于2.20 m时，才计算幕墙的建筑面积，否则计算坎墙的建筑面积”。分析其原因可能为：围护性幕墙虽然起围护作用，但当其内侧存在的墙体结构高度达到一定程度时，内侧结构便具有了围护性，在建筑物中靠外侧的幕墙其围护作用被减弱。

6.23.2.3 计算边界变更

调整“按外边线”为“按外围水平投影”计算面积。

基本变化：对于国家规范中围护性幕墙计算方式为“按幕墙外边线计算建筑面积”，大部分省市规则与其保持一致。

特殊变化：天津市(2012年)规则、南京市(2014年)规则、武汉市(2018年)规则的计算方式表述不同，为“按幕墙外围水平投影面积计算”。分析原因可能为：按水平投影面积计算倾斜型幕墙时其建筑面积会增多，使竖直型幕墙与倾斜型幕墙的面积计算得以区分。

6.23.2.4 计算方式变更

关于倾斜或曲面围护性幕墙的计算方式规定。

特殊变化：在省市规则中，有两个地方补充了国家规范中未提到的“异形围护性幕墙的建筑面积计算”。如长沙市(2017年)规则补充：“倾斜或曲面围护性幕墙，内部净高2.10 m以上计算全面积，1.20 m至2.10 m计算一半面积，1.20 m以下不计算面积”；东莞市(2016年)规则补充：“净高2.10 m以上计算全面积，1.20 m及以上至2.10 m计算一半面积，1.20 m以下不计算面积”。分析其原因可能为：近几年的建筑工程中幕墙的形状越来越多样，采用围护结构不垂直于水平面的楼面面积计算方法可有效地计算倾斜或曲面围护性幕墙建筑面积。

6.23.3 本书解析

6.23.3.1 核心问题理解

(1) 幕墙的分类和定义

幕墙分为围护性幕墙和装饰性幕墙。围护性幕墙是指建筑物的某一部分没有围护结构的外墙体,而以幕墙直接作为外墙体。装饰性幕墙内边线紧贴外墙外边线,若装饰性幕墙内边线与外墙外边线间存在建筑空腔,则此装饰性幕墙视为建筑物的围护结构。

(2) 幕墙的建筑面积计算

按照不同的类型,装饰性幕墙不计算建筑面积,围护性幕墙计算建筑面积;围护性幕墙应按幕墙外边线计算建筑面积;倾斜幕墙和曲线幕墙,按照形成建筑空间的坡屋顶建筑面积计算规则进行计算。

6.23.3.2 条文具体解读

总体来看,近年来经济发展水平较好的城市在其相应的建筑面积计算规则中对幕墙建筑面积测算的类型及依据规定的更为细致、全面,对国家规范中"装饰性幕墙不计算建筑面积"的表述进行了一定的突破,对围护型幕墙的建筑面积计算的限定条件进行了多样化的补充。

条文具体解读为:

3.0.23 以幕墙作为围护结构的建筑物,应按幕墙外边线计算建筑面积。结构层高在 2.20 m 及以上的部位,应计算全面积;结构层高在 1.30 m 及以上至 2.20 m 以下的部位,应计算 1/2 面积;结构层高在 1.30 m 以下的部位,不应计算建筑面积。装饰性幕墙不计算建筑面积,如幕墙与外墙之间存在空腔,则此装饰性幕墙视为建筑物的围护结构,幕墙与空腔并入建筑物自然层计算建筑面积,按其幕墙外边线计算建筑面积;幕墙向内倾斜或为曲面,按照坡屋顶规则计算建筑面积;幕墙向外倾斜,按照结构底板面外墙外围水平面积计算建筑面积。如图 6-24 所示。

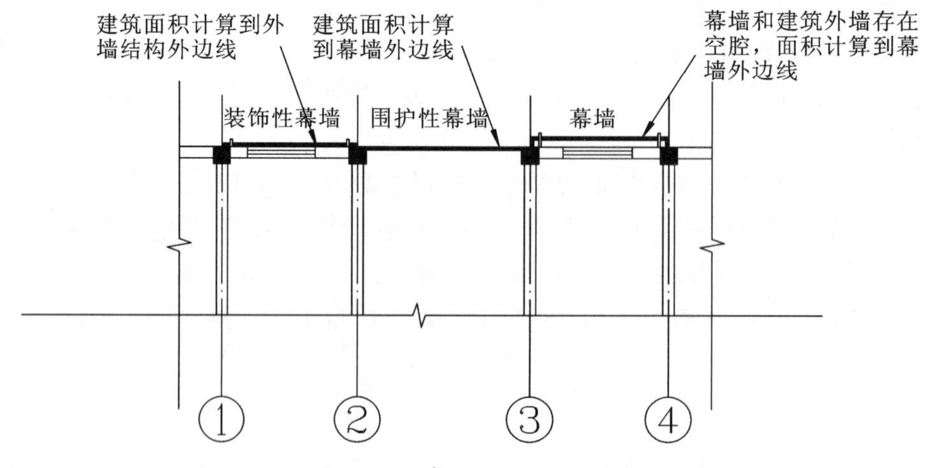

图 6-24 条文 3.0.23 图示

6.24 条文解读 3.0.24

建筑物的外墙外保温层，应按其保温材料的水平截面积计算，并计入自然层建筑面积。

6.24.1 国家规范的演变

05 版国家规范	13 版国家规范
3.0.22 建筑物外墙外侧有保温隔热层的，应按保温隔热层外边线计算建筑面积	3.0.24 建筑物的外墙外保温层，应按其保温材料的水平截面积计算，并计入自然层建筑面积

6.24.2 特征解析

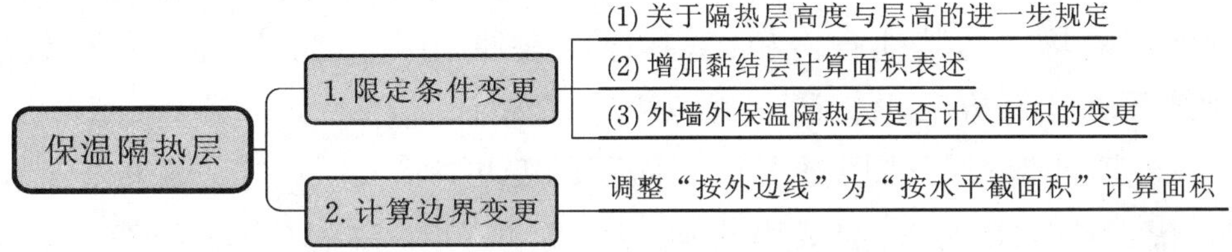

05 版国家规范对计算建筑面积的保温层定性为“外墙外侧的保温隔热层”，保温层按保温隔热层外边线计算建筑面积，保温层的保护层和材料（黏结剂、锚固件等）都计入保温层。2013 版国家规范对保温层的计算方法做了修订，保温隔热层的建筑面积是以保温隔热材料的厚度来计算的，不包含抹灰层、防潮层、保护层的厚度。随着保温层的政策由鼓励改为强制要求，规划管理部门于 2015 年 4 月 24 日出台了新的规定，外墙外保温系统建筑面积要计入容积率。但为了进一步鼓励绿色节能建筑的保障实施，便于建筑设计与产权登记计算的便利性，统一计算口径，部分地区与国家规范内容相反，明确提出保温层不再计入建筑面积[如浙江省《建筑工程建筑面积计算和竣工综合测量技术规程》(2018)、宁波市(2010 年)规则]。

6.24.2.1 限定条件变更

(1) 关于隔热层高度与层高的进一步规定

基本变化：相关研究解释 13 版国家规范明确外保温层计算建筑面积是以

沿高度方向满铺为准，如地下室等外保温层铺设高度未到达楼层全部高度时，保温层不计算建筑面积。

特殊变化：吉林省(2013 年)规则进一步对地下室保温隔热层进行说明："地下室外墙外侧保温隔热层高度超过层高的 1/2 时，应按保温隔热层外边线计算建筑面积；地下室外墙外侧保温隔热层高度在层高的 1/2 以内时，不计算建筑面积"。

(2) 增加黏结层计算面积表述

基本变化：大部分省级规则与国家规范一致，建筑面积仅计算保温材料本身，抹灰层、防水层、黏结层及保护层等均不计算建筑面积。

特殊变化：山东省(2008 年)规则、吉林省(2013 年)规则补充强调黏结层(保温隔热层的一种)也计算面积。如山东省(2008 年)规则补充："建筑物外墙外侧有保温隔热层的，按保温隔热层外边线计算建筑面积：保温隔热层有黏结层、设计注明了黏结层厚度的，保温隔热层的外边线长度，应包括黏结层的厚度"；吉林省(2013 年)规则："建筑物外墙外侧有保温隔热层的，应按保温隔热层外边线计算建筑面积，计算保温隔热层厚度应包括墙体与保温隔热层之间聚合物砂浆等黏结层厚度"。分析其原因可能为：北方省份受地域气候的影响，建筑工程中保温隔热层与其他省份相比，其厚度较厚，工艺成本较高，所以保温隔热层的建筑面积计算方式也较国家规范更为严密。

(3) 外墙外保温隔热层是否计入面积的变更

特殊变化：大部分重点城市规则与国家规范一致，只有宁波市(2010 年)出台的两版规则以及浙江省(2018 年)规则与国家规范内容相反，表述为"建筑外墙外保温层不计建筑面积"。

6.24.2.2 计算边界变更

调整"按外边线"为"按水平截面积"计算面积。

基本变化：05 版国家规范对保温隔热层的计算方式为"按其外边线计算"，13 版国家规范修改为"按其水平截面积计算"，考虑到了保温隔热层的厚度，且当建筑物外已计算建筑面积的构件，如阳台、室外走廊、门斗、落地橱窗等部件有保温隔热层时，也不再计算保温隔热层建筑面积。

特殊变化：吉林省(2013 年)规则将阳台的保温隔热层也计算建筑面积："建筑物的阳台及栏板外侧保温隔热层(除外墙以内房间作为阳台使用的)均应按其水平投影面积的 1/2 计算"。分析其原因可能为在第一阶段，国家规范按外边线的计算方式未考虑保温隔热层的厚度，吉林省试图做出更合理的计算方式，但还是 13 版国家规范提出的计算方式最严谨。

6.24.3 本书解析

6.24.3.1 核心问题理解

保温隔热层建筑面积计算。

有关幕墙国家规范计算边界有较大变化，而且部分省市规则明确提出建筑外墙外保温隔热层不计算建筑面积。此外，保温隔热层未满铺整个外墙，则保温隔热层不计算建筑面积；保温隔热层满铺建筑外墙则计算建筑面积。对于某些玻璃幕墙，只在部分墙体或梁铺设保温隔热层，而玻璃幕墙未铺设保温隔热层，则该面墙体保温隔热层不计算建筑面积。

目前国内的住宅建筑都需要做保温施工处理，在南方保温层的厚度通常在3～5 cm，而北方寒冷地区保温层厚度大概在5～8 cm。采用了外保温系统，房屋销售建筑面积将保温厚度计入，越厚的保温层增加的可售面积越大；而内保温则不能增加可售面积。另一方面，保温层的厚度计入建筑面积，房屋净使用面积占购买面积的比例减小，也就是说在建筑外结构边线已经既定的情况下，外保温可以增加住宅可售面积，而做了外墙内保温，不但不能增加可售面积，业主的净使用面积也将减小。

6.24.3.2 条文具体解读

本条款解读如下：

3.0.24 建筑物的外墙外保温层，当保温层仅覆盖外墙局部时，此保温层不计算建筑面积；当保温层完全覆盖外墙时，应按其保温层的水平截面积计算建筑面积，并入建筑物自然层。如图6-25所示。

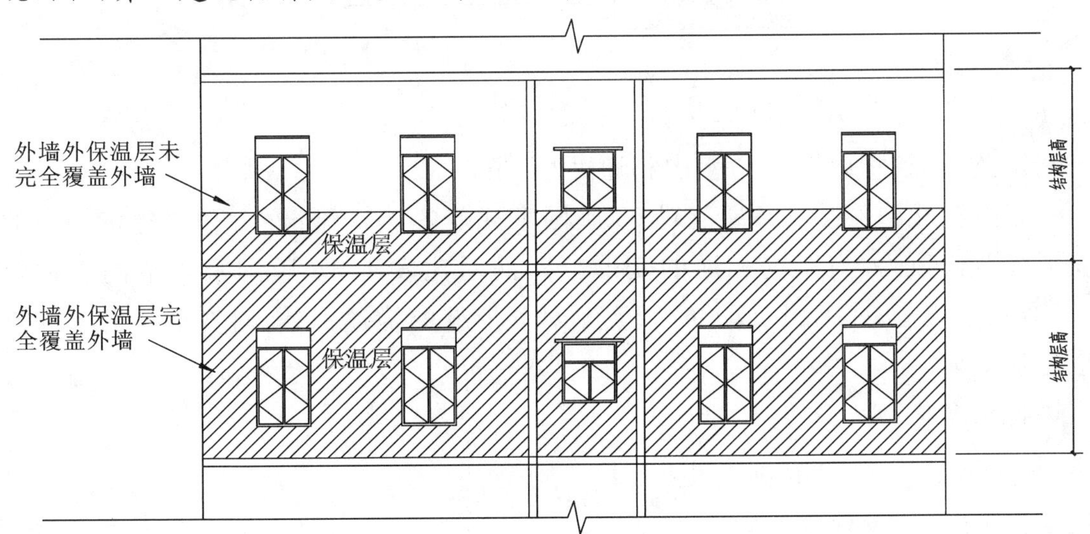

图6-25 条文3.0.24图示

6.25 条文解读 3.0.25

与室内相通的变形缝,应按其自然层合并在建筑物建筑面积内计算。对于高低联跨的建筑物,当高低跨内部连通时,其变形缝应计算在低跨面积内。

6.25.1 国家规范的演变

05 版国家规范	13 版国家规范
3.0.20 高低联跨的建筑物,应以高跨结构外边线为界分别计算建筑面积;当高低跨内部连通时,其变形缝应计算在低跨面积内。 3.0.23 建筑物内的变形缝,应按其自然层合并在建筑物面积内计算	3.0.25 与室内相通的变形缝,应按其自然层合并在建筑物建筑面积内计算。对于高低联跨的建筑物,当高低跨内部连通时,其变形缝应计算在低跨面积内

6.25.2 特征解析

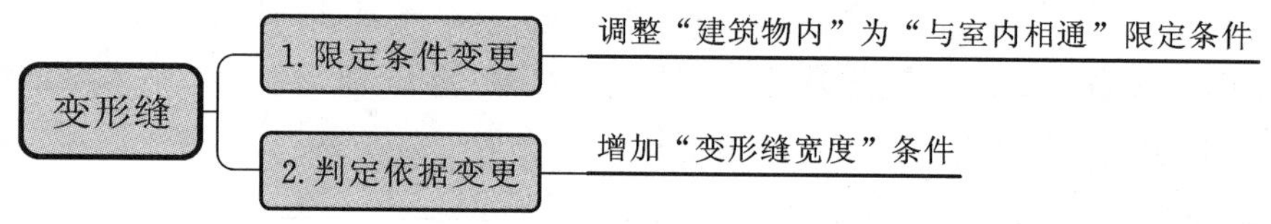

6.25.2.1 限定条件变更

调整“建筑物内”为“与室内相通”限定条件。

基本变化:13 版国家规范对 05 版国家规范中计算建筑面积的“建筑物内的变形缝”,修改为“与室内相通的变形缝”,而对比发现 13 版国家规范的表述与《房产测量规范》(GB/T 17986—2000)对变形缝的描述一致,对变形缝的定性方法更加全面。

特殊变化:无。

6.25.2.2 判定依据变更

增加“变形缝宽度”条件。

特殊变化:各省市规则与国家规范调整保持一致,其中山东省(2008 年)规则表达的内容与13版国家规范相同，分析可能参考了《房产测量规范》(GB/T 17986.1—2000)。此外，广东省(2005年)规则还限定了变形缝计算建筑面积的限定条件："变形缝宽小于300 mm，计算建筑面积"，其他省市规则中未发现类似条例。

6.25.3 本书解析

6.25.3.1 核心问题理解

变形缝的计算方式。

变形缝是伸缩缝、沉降缝和防震缝的总称，建筑物在外界因素作用下常会产生变形，导致开裂甚至破坏，变形缝是针对这种情况而预留的构造缝。对建筑空间内部变形缝计算建筑面积，建筑物间与室内不相通的变形缝不计算建筑面积；高低联跨建筑，其连通部分的变形缝面积计算在低跨面积内。相关省份、重点城市、一般城市三层级规则内容调整无明显的层级特征。

6.25.3.2 条文具体解读

本条文解读如下：

3.0.25 建筑空间内部设置的与室内相通的变形缝，应按其自然层合并在建筑物建筑面积内计算。对于高低联跨的建筑物，当高低跨内部连通时，其变形缝应计算在低跨面积内；建筑物两个相对独立的单元或部分之间设置的与室内不相通的变形缝不计算建筑面积。如图6-26所示。

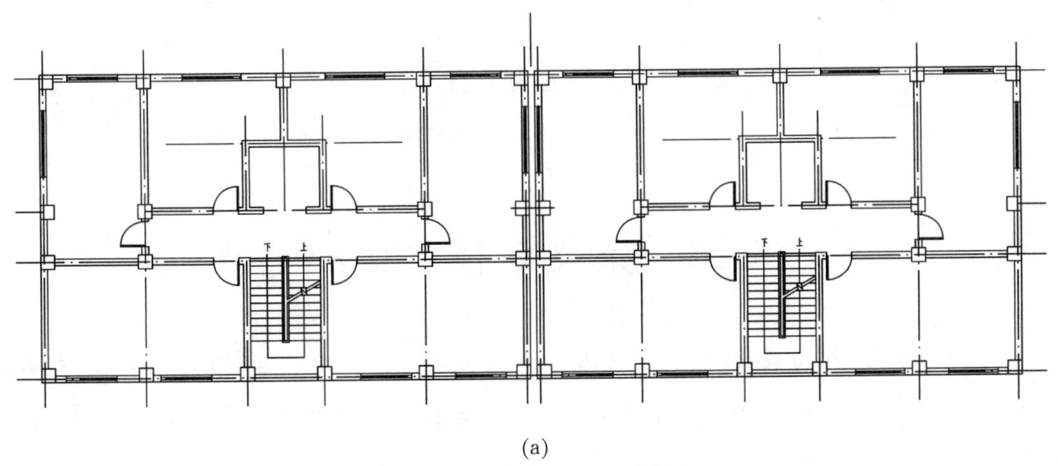

(a)

图6-26 条文3.0.25图示

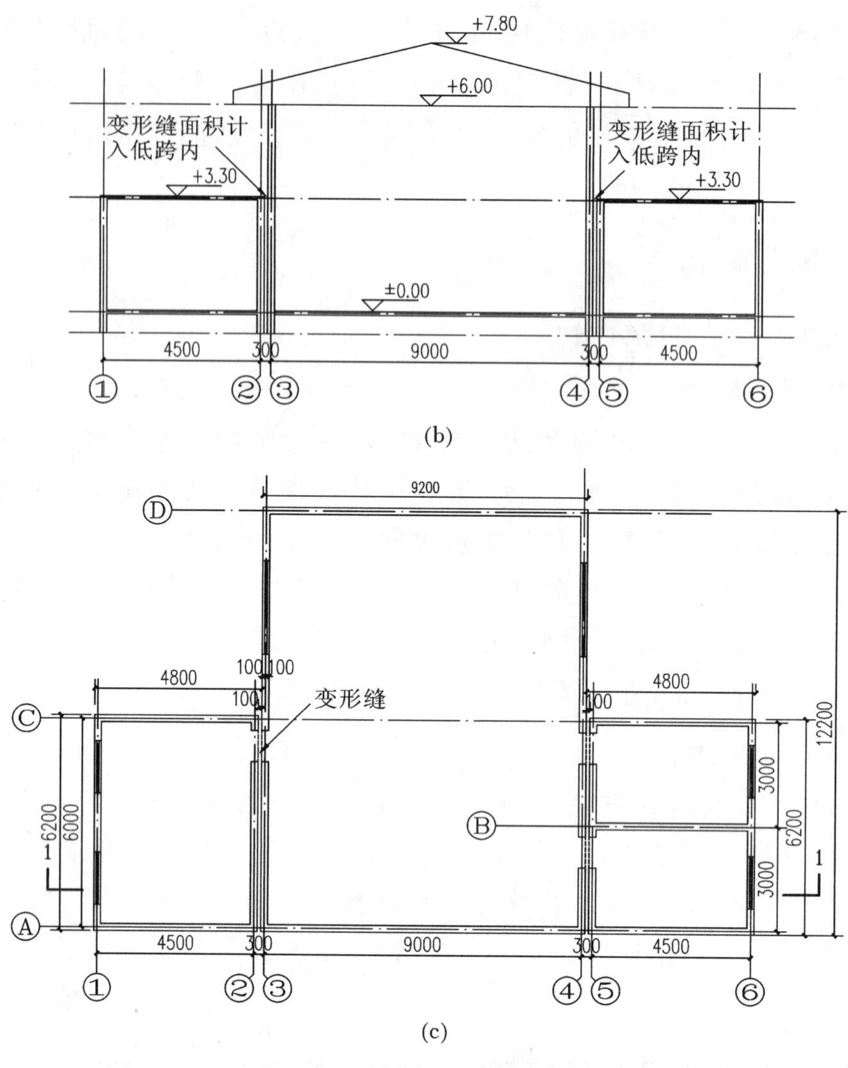

续图 6-26

(a) 与室内不相通的变形缝；(b) 高低跨度变形缝图示；(c) 与室内相通的变形缝图示

6.26 条文解读 3.0.26

对于建筑物内的设备层、管道层、避难层等有结构层的楼层，结构层高在 2.20 m及以上的，应计算全面积；结构层高在 2.20 m 以下的，应计算 1/2 面积。

6.26.1 国家规范的演变

05 版国家规范	13 版国家规范
3.0.24 下列项目不应计算面积： 2 建筑物内的设备管道夹层	3.0.26 对于建筑物内的设备层、管道层、避难层等有结构层的楼层，结构层高在 2.20 m 及以上的，应计算全面积；结构层高在 2.20 m 以下的，应计算 1/2 面积

6.26.2 特征解析

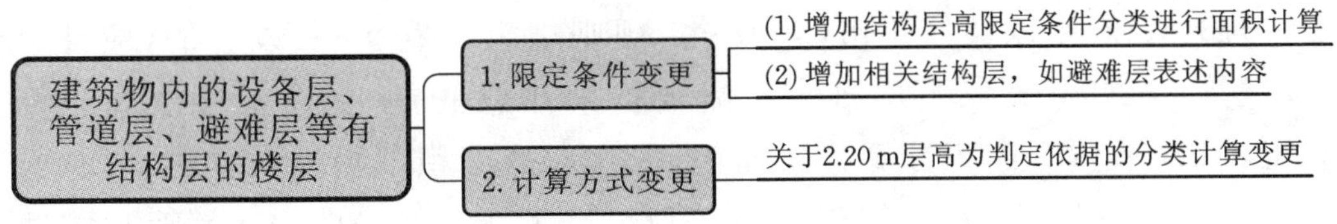

6.26.2.1 限定条件变更

(1) 增加结构层高限定条件分类进行面积计算

基本变化：关于本条款，05 版国家规范的规定是“建筑物内的设备管道夹层不应计算建筑面积”，由此造成在规范刚实施的一段时间内“设备管道夹层”泛滥，出现了很多不合理的设备管道夹层，“设备管道夹层”层高达到甚至超过了标准层的层高。鉴于此，13 版国家规范规定“对于建筑物内的设备层、管道层、避难层等有结构层的楼层，结构层高在 2.20 m 及以上的，应计算全面积；结构层高在 2.20 m 以下的，应计算 1/2 面积”，有效抑制了这种乱象。

特殊变化：第一阶段较多省市规则已经要求计算设备层、管道层、避难层等结构层建筑面积，如山东省(2008 年)规则、贵州省(2009 年)规则、杭州市(2013 年)规则、宁波市(2010 年)规则以及广州市(2007 年)规则。

(2) 增加相关结构层，如避难层表述内容

特殊变化：上海市(2011 年)规则指出“避难层指建筑高度超过 100 m 的高层建筑，为消防安全专门设置的供人们疏散避的楼层”。杭州市(2013 年)规则和宁波市(2010 年)规则单独规定：“超高层建筑设置的避难层，避难层内的避难空间不计算面积”。上海市(2011 年)规则规定：“对设备层兼作避难层的，其高度可适当放宽，但超过该建筑标准层高度的，其建筑面积应计入容积率；设备层

兼作避难层中存在其他非避难空间的(如楼梯间、电梯井、其他功能性用房),该部分非避难空间的建筑面积应计入容积率”。国家规范无关于避难层的单独表述。

6.26.2.2　计算方式变更

关于2.20 m层高为判定依据的分类计算变更。

基本变化:13年以前,部分省市规则虽也提出相应设备层等需要计算建筑面积,但对结构层高2.20 m以下空间建筑面积在计算方式上与13版国家规范不一致。13版国家规范的规定为:“结构层高2.20 m及以上的,应计算全面积;2.20 m以下的,应计算1/2面积。”

特殊变化:山东省(2008年)规则、贵州省(2009年)规则以及宁波市(2010年)规则规定:2.20 m及以上的,应计算全面积;2.20 m以下的,不计算面积;杭州市(2013年)规则以及广州市(2007年)规则规定2.20 m及以上的,应计算全面积,但是无2.20 m以下的规定。需要特别注意的是,当设备层层高正好为2.20 m时,应该按全面积计算建筑面积,但这部分面积不用计入容积率,只有当层高大于2.20 m才计入容积率。对于这一点杭州市(2013年)规则和宁波市(2010年)规则内容相比13版国家规范都有所深化,但是在13版国家规范颁布之后,省市规则都随之调整,与13版国家规范保持一致。

6.26.3　本书解析

6.26.3.1　核心问题理解

建筑物内的设备层、管道层、避难层等有结构层的楼层的建筑面积计算。

设备层、管道层、避难层等有结构层的楼层,应是完整独立设置的,且整个楼层功能统一,在结构及施工上与普通楼层并无较大区别,应按照自然层设计要求进行施工实施,满足各项设计要求。由于是有结构层的楼层,故在13版国家规范基础上,建议在建筑面积计算方法中加入1.30 m层高的判定依据。

6.26.3.2　条文具体解读

本条文解读如下:

3.0.26　建筑物内按规范要求设置的设备层、管道层、避难层等结构层,结构层高在2.20 m及以上的,应计算全面积;结构层高在1.30 m及以上至2.20 m的,应计算1/2面积;结构层高在1.30 m以下的,不计算面积。如图6-27所示。

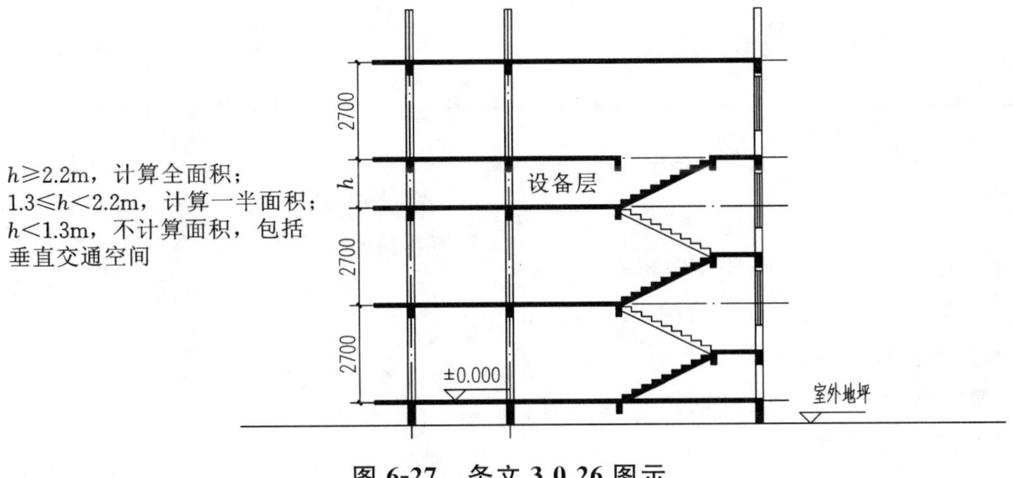

图 6-27　条文 3.0.26 图示

6.27　条文解读 3.0.27

下列项目不应计算建筑面积：

(1) 与建筑物内不相连通的建筑部件；

(2) 骑楼、过街楼底层的开放公共空间和建筑物通道；

(3) 舞台及后台悬挂幕布和布景的天桥、挑台等；

(4) 露台、露天游泳池、花架、屋顶的水箱及装饰性结构构件；

(5) 建筑物内的操作平台、上料平台、安装箱和罐体的平台；

(6) 勒脚、附墙柱、垛、台阶、墙面抹灰、装饰面、镶贴块料面层、装饰性幕墙，主体结构外的空调室外机搁板(箱)、构件、配件，挑出宽度在 2.10 m 以下的无柱雨篷和顶盖高度达到或超过两个楼层的无柱雨篷；

(7) 窗台与室内地面高差在 0.45 m 以下且结构净高在 2.10 m 以下的凸(飘)窗，窗台与室内地面高差在 0.45 m 及以上的凸(飘)窗；

(8) 室外爬梯、室外专用消防钢楼梯；

(9) 无围护结构的观光电梯；

(10) 建筑物以外的地下人防通道，独立的烟囱、烟道、地沟、油(水)罐、气柜、水塔、贮油(水)池、贮仓、栈桥等构筑物。

6.27.1 国家规范的演变

05版国家规范	13版国家规范
3.0.24 下列项目不应计算面积： 1 建筑物通道(骑楼、过街楼的底层)； 2 建筑物内的设备管道夹层； 3 建筑物内分隔的单层房间，舞台及后台悬挂幕布、布景的天桥、挑台等； 4 屋顶水箱、花架、凉棚、露台、露天游泳池； 5 建筑物内的操作平台、上料平台、安装箱和罐体的平台； 6 勒脚、附墙柱、垛、台阶、墙面抹灰、装饰面、镶贴块料面层、装饰性幕墙、空调室外机搁板(箱)、飘窗、构件、配件、宽度在2.10 m及以内的雨篷以及与建筑物内不相连通的装饰性阳台、挑廊； 7 无永久性顶盖的架空走廊、室外楼梯和用于检修、消防等的室外钢楼梯、爬梯； 8 自动扶梯、自动人行道； 9 独立烟囱、烟道、地沟、油(水)罐、气柜、水塔、贮油(水)池、贮仓、栈桥、地下人防通道、地铁隧道	3.0.27 下列项目不应计算建筑面积： 1 与建筑物内不相连通的建筑部件； 2 骑楼、过街楼底层的开放公共空间和建筑物通道； 3 舞台及后台悬挂幕布和布景的天桥、挑台等； 4 露台、露天游泳池、花架、屋顶的水箱及装饰性结构构件； 5 建筑物内的操作平台、上料平台、安装箱和罐体的平台； 6 勒脚、附墙柱、垛、台阶、墙面抹灰、装饰面、镶贴块料面层、装饰性幕墙，主体结构外的空调室外机搁板(箱)、构件、配件，挑出宽度在2.10 m以下的无柱雨篷和顶盖高度达到或超过两个楼层的无柱雨篷； 7 窗台与室内地面高差在0.45 m以下且结构净高在2.10 m以下的凸(飘)窗，窗台与室内地面高差在0.45 m及以上的凸(飘)窗； 8 室外爬梯、室外专用消防钢楼梯； 9 无围护结构的观光电梯； 10 建筑物以外的地下人防通道，独立的烟囱、烟道、地沟、油(水)罐、气柜、水塔、贮油(水)池、贮仓、栈桥等构筑物

6.27.2 特征解析及核心问题解读

6.27.2.1 第一条款

(1) 特征解析

基本变化：05版国家规范表述为“勒脚、附墙柱、垛、台阶、墙面抹灰、装饰面、镀贴块料面层、装饰性幕墙、空调室外机搁板(箱)、飘窗、构件、配件、宽度在

2.10 m 及以内的雨篷以及与建筑物内不相连通的装饰性阳台、挑廊"不计算建筑面积，该项在 13 版国家规范表述为"与建筑物内不相连通的建筑部件"。

特殊变化：无。

(2) 核心问题理解

(1) 13 版国家规范与 05 版国家规范对于与建筑物内不相连通的空间不计算建筑面积的原则是一致的。13 版国家规范将"装饰性阳台、挑廊等"扩大为"建筑部件"，范围更为宽泛。

(2) "与建筑物内不相连通"是指没有正常的出入口，即通过门进出的视为"连通"，通过窗或栏杆等出入的视为"不连通"。凸出的建筑部件与建筑物之间没有门、只有窗，属于"不连通"，不计算建筑面积，但与建筑物内相连通的部位，且具有使用功能应计算建筑面积，如花槽。

(3) 具体条文解读

本条文无需进行全文解读。

6.27.2.2　第二条款

(1) 特征解析

基本变化：05 版国家规范为"建筑物通道（骑楼、过街楼的底层）"不计算建筑面积，该项在 13 版国家规范中增加了"开放公共空间"，表述为"骑楼、过街楼底层的开放公共空间和建筑物通道"，让条款更加严谨明确。

特殊变化：大部分省市规则与国家规范变化一致。部分省份如广东省（2007 年）规则、贵州省（2009 年）规则、山东省（2008 年）规则无相关规定，而另一部分省份规则增加了相关内容，将"功能、用途"作为判定依据，如浙江省（2018 年）规则增加了"临街建筑用作社会公共通道的檐廊、走廊、架空连廊等，以及穿过建筑物用作绿化、交通的通道"不计算面积。这一规定体现了条款对于公众使用空间的特别处理形式，对于此空间的建造有鼓励作用。

(2) 核心问题理解

(1) 骑楼是指沿城市市政道路后退的，与两边建筑相连通的建筑（图 6-28），下部的建筑通道为穿越建筑物的城市道路，建筑底层沿街面后退且留出公共人行空间，凸出部分一般是沿建筑物整体凸出，而不是局部凸出。

(2) 过街楼是指跨越道路上空并与两边建筑相连接的建筑物（图 6-29），建筑物通道是为穿过建筑物而设置的空间。

(3) 具体条文解读

本条文无需进行全文解读。

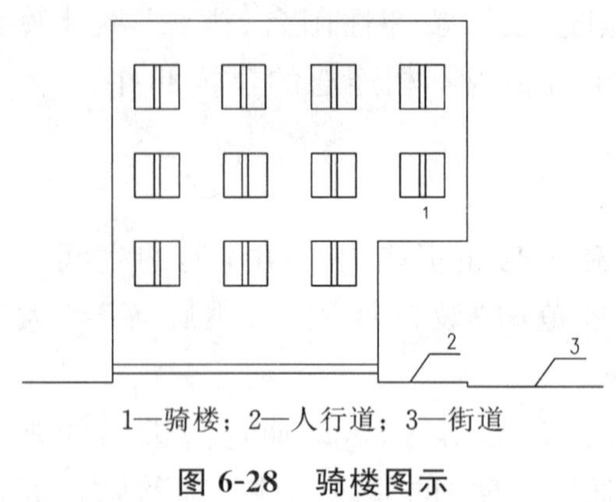

1—骑楼；2—人行道；3—街道

图 6-28 骑楼图示

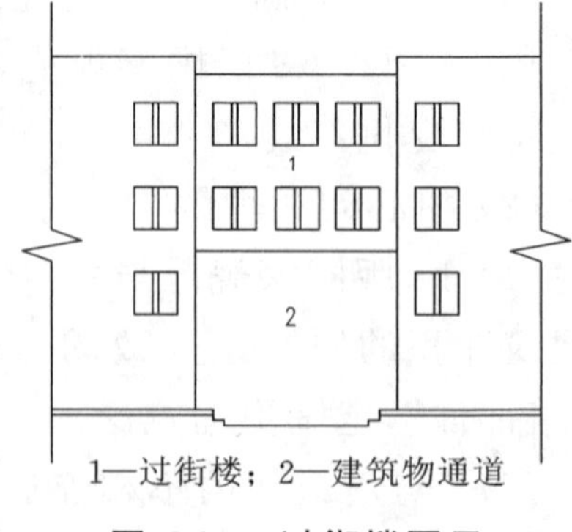

1—过街楼；2—建筑物通道

图 6-29 过街楼图示

6.27.2.3 第三条款

(1) 特征解析

基本变化:05 版国家规范表述为“建筑物内分隔的单层房间,舞台及后台悬挂幕布、布景的天桥、挑台等”,该项在 13 版国家规范中删除了“建筑物内分隔的单层房间”,表述为“舞台及后台悬挂幕布和布景的天桥、挑台等”。“建筑物内分隔的单层房间”属于自然层的范畴,不在此条进行表述。有关此条地方省市规则与国家规范变化基本一致。

特殊变化:无。

(2) 核心问题理解

舞台及后台悬挂幕布和布景的天桥、挑台指的是影剧院的舞台及为舞台服务的可供上人维修、悬挂幕布、布置灯光及布景等搭设的天桥和挑台等构件设施。

(3) 具体条文解读

本条文无需进行全文解读。

6.27.2.4 第四条款

(1) 特征解析

基本变化:05 版国家规范表述为“屋顶水箱、花架、凉棚、露台、露天游泳池”,该条在 13 版国家规范中增加了“装饰性结构构件”表述,删除了“凉棚”,具体表述为“露台、露天游泳池、花架、屋顶的水箱及装饰性结构构件”。13 版国家规范明确了近年来因建筑造型而常常出现的装饰性结构构件不计建筑面积,大部分地方省市规则与国家规范变化一致,部分省市,如贵州省(2009 年)规则、山东省(2008 年)规则还进一步限定屋顶水箱为“没有围护结构的”;浙江省(2018 年)规则、武汉市(2018 年)规则增加了“独立的景观小品”不计算面积表述。

特殊变化：无。

(2) 核心问题理解

(1) 露台(图 6-30)须同时满足：①设置在屋面、地面或雨篷顶；②可出入；③有围护设施；④无盖。

(2) 屋顶的水箱不计算建筑面积，但屋顶的水箱间应计算建筑面积。

(3) 因造型需要，屋顶上的装饰性结构构件没有形成建筑空间，不计算建筑面积。

图 6-30 露台图示

(3) 具体条文解读

本条文无需进行全文解读。

6.27.2.5 第五条款

(1) 特征解析

基本变化：05 版与 13 版国家规范同表述为“建筑物内的操作平台、上料平台、安装箱和罐体的平台”，绝大部分地方规则与国家规范一致，只有广州市(2007 年)规则无相关规定。

特殊变化：无。

(2) 核心问题理解

图 6-31 中所示的平台均不计算建筑面积。

图 6-31　操作平台、上料平台、安装箱

(3) 具体条文解读

本条文无需进行全文解读。

6.27.2.6　第六条款

(1) 特征解析

基本变化:05 版国家规范表述为“勒脚、附墙柱、垛、台阶、墙面抹灰、装饰面、镶贴块料面层、装饰性幕墙、空调室外机搁板(箱)、飘窗、构件、配件、宽度在 2.10 m 及以内的雨篷以及与建筑物内不相连通的装饰性阳台、挑廊”,该项在 13 版国家规范中“空调室外机搁板(箱)”改为“主体结构外的空调室外机搁板(箱)”、“宽度在 2.10 m 及以内的雨篷”改为“挑出宽度在 2.10 m 以下的无柱雨篷和顶盖高度达到或超过两个楼层的无柱雨篷”、“飘窗”表述改为“窗台与室内地面高差在 0.45 m 以下且结构净高在 2.10 m 以下的凸(飘)窗,窗台与室内地面高差在 0.45 m 及以上的凸(飘)窗”、“与建筑物内不相连通的装饰性阳台、挑廊”改为“与建筑物内不相连通的建筑部件”。

该条 13 版国家规范相比 05 版国家规范在“空调室外机搁板、雨篷、飘窗”三部分有了更为详细的表述,从省市规则与国家规范的内容承接来看变化较为一致,只有浙江省(2018 年)规则增加了“保温层”不计算面积表述:“外墙的勒脚、附墙柱、垛、台阶、保温层、墙面抹灰、装饰面、镶贴块料面层和装饰性幕墙,挑出宽度在 2.10 m 以下的无柱雨篷”不计算面积。

特殊变化:无。

(2) 核心问题理解

① 附墙柱是指非结构性装饰柱,不同于结构柱,不计算建筑面积。

② 台阶是“联系室内外地坪或同楼层不同标高而设置的阶梯形踏步”,楼梯的起点至终点高度应达到该建筑物一个自然层及以上,是楼层之间垂直交通的

建筑部件。室外台阶还包括与建筑物出入口连接处的平台，如果室外阶梯型台阶起点至终点高度达到一个自然层，则应视为室外楼梯。具体如图6-32、图6-33所示。

图6-32 室外台阶

图6-33 室内楼梯

（3）具体条文解读

本条文无需进行全文解读。

6.27.2.7 第七条款

本条款在前面3.0.13条款关于凸（飘）窗的解读中具体解读过，在此就不进行重复解读。

6.27.2.8 第八条款

（1）特征解析

基本变化：05版国家规范表述为"无永久性顶盖的架空走廊、室外楼梯和用于检修、消防等的室外钢楼梯、爬梯"，该项在13版国家规范中调整为"室外爬梯、室外专用消防钢楼梯"。其中"用于"改为"专用"，兼顾消防作用和建筑物通道功能的钢楼梯计算建筑面积。这是由于室外楼梯无论从其功能，还是工程计价的要求来说，均需计算建筑面积，而消防专用的楼梯不计入面积对于消防楼梯的建设有鼓励作用。此外，室外爬梯全部不计算建筑面积。

"无永久性顶盖的架空走廊、室外楼梯"在13版国家规范中被删除，并分别按3.0.9条款中"对于建筑物间的架空走廊，有顶盖和围护设施的，应按其围护结构外围水平面积计算全面积；无围护结构、有围护设施的，应按其结构底板水平投影面积计算1/2面积"和3.0.20条款中"室外楼梯应并入所依附建筑物自然层，并应按其水平投影面积的1/2计算建筑面积"的相关规定计算面积。

特殊变化：大部分省市规则与国家规范变化一致，武汉市（2018年）规则增加了"钢筋混凝土悬臂一字形平板式踏步楼梯"不计算面积表述，浙江省（2018

年)规则规定:“室外爬梯、室外专用消防钢楼梯和钢筋混凝土悬臂一字形平板式踏步楼梯”不计入面积。

(2) 核心问题理解

规范将“用于”调整为“专用”二字,即专用的消防钢楼梯是不计算建筑面积的。当钢楼梯是建筑物通道,兼顾消防用途时,则应计算建筑面积。

(3) 具体条文解读

本条文无需进行全文解读。

6.27.2.9 第九条款

(1) 特征解析

基本变化:05 版国家规范表述为“自动扶梯、自动人行道”,该项在 13 版国家规范调整为“无围护结构的观光电梯”。自动扶梯、自动人行道应计算建筑面积,自动扶梯按 3.0.19 条规定按自然层计算建筑面积,自动人行道在建筑物内时,建筑面积不应扣除自动人行道所占的面积。

特殊变化:大部分省市规则与国家规范变化一致,广东省(2007 年)规则、贵州省(2009 年)规则、山东省(2008 年)规则无相关内容表述,而另一部分省市规则增加了相关内容,如浙江省(2018 年)规则、武汉市(2018 年)规则规定:“无围护结构的观光电梯,以及既有建筑增设的观光电梯”不计面积。

(2) 核心问题理解

① 观光电梯是以无围护结构为前提,但是允许有结构支撑和有围护设施;有围护结构的随所依附的楼层自然层计算面积。

② 无围护结构的观光电梯轿厢直接暴露,外侧无井壁,不计算建筑面积(图 6-34)。

③ 电梯井内运行的观光电梯,按自然层计算建筑面积(图 6-35)。

图 6-34 无围护结构观光电梯

图 6-35 观光电梯

(3) 具体条文解读

观光电梯是以无围护结构为前提，但是允许有结构支撑和有围护设施；有围护结构的随所依附的楼层自然层计算面积。条款具体解读为：

无围护结构、仅有结构支撑和围护设施的观光电梯，不计算建筑面积。

6.27.2.10 第十条款

(1) 特征解析

基本变化：05 版国家规范表述为“独立烟囱、烟道、地沟、油(水)罐、气柜、水塔、贮油(水)池、贮仓、栈桥、地下人防通道、地铁隧道”，13 版国家规范调整为“建筑物以外的地下人防通道，独立的烟囱、烟道、地沟、油(水)罐、气柜、水塔、贮油(水)池、贮仓、栈桥等构筑物”。13 版国家规范调整了建筑部位顺序，即“地下人防通道”前置，删除了“地铁隧道”，这是因为地铁隧道属于市政工程，不能计算建筑面积。

特殊变化：部分省市如浙江省(2018 年)规则增加了“防爆波电缆井”不计算面积、武汉市(2018 年)规则规定“非化工企业用地内的独立的烟囱、烟道、地沟、油(水)罐、气柜、水塔、贮油(水)池、贮仓、栈桥和防爆波电缆井等构筑物”不计算面积，除了增加了“防爆波电缆井”外，还对各项构筑物进行限定为“非化工企业用地内的”，做出了进一步的定性深化。

(2) 核心问题理解

① 独立烟道、贮油(水)池属于构筑物(不论是否有顶盖)不计算建筑面积；但附墙烟道应按自然层计算建筑面积。

② 条文中的“油(水)罐、气柜、水塔、贮油(水)池、贮仓”等设施，只要是独立使用的，且位于建筑以外，无论是否有顶盖均不计算建筑面积。

③ 具体条文解读

条文具体解读如下：

建筑物以外的地下人防通道，独立的烟囱、烟道、地沟、油(水)罐、气柜、水塔、贮油(水)池、贮仓、栈桥等构筑物，无论是否有顶盖，均不计算建筑面积。

第七章　新时代我国相关工作发展建议

7.1　确定建筑工程建筑面积管理工作的主要内容

7.1.1　建立统一透明的建筑工程建筑面积管理技术规则

目前较多城市一直未针对建筑面积的计算形成完整的一套规则。从第一阶段来看，建筑面积计算内容多包含在省市定额建筑面积计算规则中，而定额规则涵盖内容过多，分别是编制建设工程投资估算、设计概算、施工图预算、竣工结算的依据，是工程量清单计价、编制招标控制价的依据，是调解处理工程造价纠纷、鉴定工程造价的依据，是编制投资估算指标、概算指标（定额）的基础，是投标报价和衡量投标报价合理性的基础。将建筑面积计算内容涵盖其中，无法突出其体系的独立性。

第二阶段，各个城市的《建筑工程建筑面积计算规则》、《房产测量规范》、《城乡规划技术规定》、《城市规划管理技术标准与准则》中往往都有关于建筑面积计算的内容，从相关规范制定的意义来看，不同规则、规范分别指导建设设计和项目申报、审批、竣工及其土地验收时的面积计算及其规划竣工验收后房屋权属管理和房产面积的登记，区分专有面积和共有面积，但由于多个规范、规定、准则的管理目的、计算依据、计算标准的不统一，多个部门、多个规范间有关建筑面积计算的内容表述争议不断。

建议进一步落实中央精神，强化城市规划建设管理工作意见中关于加强建筑管理内容的要求，在市场经济条件下，建立建筑工程建筑面积计算统一、透明的技术规则和价值标准，同时通过在一定地域范围内统一建筑面积计算规则，建立相对公平的审批机制，营造公平有序的工程建设环境，为进一步转变政府职能、简化审批流程、减少建设单位报建环节和报建成本提供有力的技术支撑。

7.1.2 明确规划管理中建筑面积计算和容积率建筑面积计算的限定条件

近年来，较多城市，特别是一般城市纷纷出台相关规定，将建设工程建筑面积、建筑密度以及容积率计算规则放在一个规则、规定内进行计算方法的细化和完善。建筑容积率管理是城乡规划管理的重要调控手段，对于确定建筑面积、控制建筑体量、改善空间环境具有十分重要的作用，是建设方案审查和工程验收的核心要素，也是和开发商利益密切相关的重要指标；而建筑面积是核算工程造价和有关规费、契税征缴的主要依据，同时也是执行国家调控政策，界定普通商品住房、配建保障房等的重要依据。

从管理的层面和管理的相关内容来看，建议明确规划管理中建筑面积计算和容积率建筑面积计算的限定条件，建立两套规则。省市建筑工程建筑面积的计算按照建筑工程建筑面积国家规范深化执行，而针对规划管理中容积率的管理则应制定其他具体的计算规则。如宜根据相关城乡规划技术规定，明确界定规划管理范畴中建筑公共开放空间的概念及形式，对公共开放空间提出具体技术要求，并对符合要求的各类建筑公共开放空间，提出豁免计算容积率的原则和比例。

7.2 完善国家各级建筑工程建筑面积计算规范的条文体系和内容

7.2.1 进一步明确各级规范的体系关系

目前建筑面积计算规范、规则层级特征显著，一方面省级规则基本完全承接国家规范条文，重点城市规则条文内容相较国家规范以及对应的省级规则有所新增或删减，一般城市编制规则的数量大幅减少，且以重点条文表述形式为主；另一方面，建筑面积计算规则编制情况的空间特征也相对明显。根据以上既有规律，建议进一步明确建筑工程建筑面积计算规范、规则的层级内容体系：

(1) 省级规则作为统领全省的规定，其适用特征宜有所强化，给予省域内重点城市及一般城市编制相关规定的指导性作用。其中，中西部省级规则条文内容相较国家规范可以进一步深化，宜直接指导一般城市建筑面积计算管理工作。

(2) 重点城市建筑面积计算规则的内容，相对国家规范以及省级规则，一般都会有所深化，且具备地域特性，“地下室、半地下室”、“架空层”、“ 车棚、货棚、站台、加油站、收费站”、“设备层、管道层、避难层”、“飘窗”、“阳台”等重点关注建筑部位，可作为重点城市建筑面积计算规则深化的主要内容，尽可能进行详细表述。

(3) 一般城市建筑面积计算规则建议明确其重点条文表述形式，只针对区域性特征比较显著的建筑部位进行建筑面积计算方法的内容表述，如有关露台、挑台的面积计算。

7.2.2 进一步明确各级规范的弹性与刚性内容

一方面，在国家规范表述内容的基础上，我国省市各层级规则对同一建筑部位建筑面积计算的前提条件、计算分类原则、计算方式及判定依据差异较大，如“阳台、凸(飘)窗、室外走廊”等；另一方面，部分省市某些部位建筑面积计算方式还与国家规范表述完全相反，如“保温层”等。所以，各层级规范、规则条文表述宜明确制定弹性与刚性内容，进一步规范地方规则的制定过程，提高规则条文的地域适用性。

7.2.2.1 条文的弹性表述内容

国家及省级规范、规则宜结合当地情况，在制定相应建筑面积计算时保留一定的弹性原则，允许对同一建筑部位建筑面积计算的前提条件、计算方式、计算边界或计算判定依据表述有一定差异性；同时也应该根据不同城市的地理位置、气候条件与经济状况，进一步明确各区域相关规则对同一建筑部位的主要表述方式，将条文的弹性表述控制在合理的范围内。如阳台在北方城市更多以“是否封闭”作为判定依据，可将这一判定依据融入省级规则；而南方城市规则与国家规范一致，主要判定依据为“主体结构内外”，相应省级规则宜严格表述。

另一方面，由于不同城市地理位置、气候条件不同，对于某一建筑部位判定依据的定量控制也会有所不同，如阳台的“进深”作为建筑面积计算的重要判定依据，定量上也不相同，各城市规则在条文表述中控制在 0.5～0.8 m 之间，省级规则宜进一步明确类似建筑部位建筑面积判定依据的数量弹性，并将调控幅度控制在合理的范围内。

7.2.2.2 条文的刚性表述内容

与弹性表述不同，某些建筑部位建筑面积计算的前提条件、计算方式、分类原则及判定依据表述宜加强控制，形成一定的刚性要求。如阳台、凸(飘)窗在这类条款中，各省市建筑面积判定依据过多，差异过大，不利于各地区建筑面积管理工作的统筹开展，尤其阳台的判定依据就有十项之多，包括围护结构、阳台面积与房屋套内面积比、是否封闭、上盖与底板投影关系、进深、层高、面宽、朝向、是否临主要道路、使用功能等，这些建筑面积判定依据被大量省市规则采用后，难免会造成不必要的管理混乱。因此，面对市场需要与现实状况，建议根据规范、规则层级，参照已有内容，明确各级规范、规则条文内容判定依据的刚性表述内容。

此外，结合省市规则相关条文内容，建议各级规范进一步明确特定建筑部位定量的刚性表述内容。如对于多数城市来说，结构层 1.30 m 以下空间已无法满足基本的使用需求，而且多版规范也不计算该类空间建筑面积，建议可在国家规范层面进一步明确该类建筑空间的刚性计算方式。

7.3 提升建筑设计行业的实操性，引导正确的社会价值导向

7.3.1 合理利用不算或少算建筑面积的建筑部位

在进行修建性详细规划设计时，往往从功能、结构、节能等方面进行方案的优化调整，但由于设计人员对建筑面积管理经验的缺失，导致设计环节与建筑面积计算环节衔接不紧密，建议在进行建筑设计时应充分利用建筑面积的计算规则。

如 13 版国家规范中规定："骑楼、过街楼底层的开放公共空间和建筑物通道不计入面积。"这一点体现了公众优先的价值取向，提倡在规划设计中创造更多的开放空间，制造更多的宜人宜游的公共空间，所以各类详细规划设计中，应重点专注该类建筑部位的设计，在增加方法特色、营造商业氛围的同时，提升建设项目的经济性。

7.3.2 进一步重视公共开敞空间的设计与衔接

部分省份规则将"功能、用途"作为公共开敞空间计算面积的判断依据，如浙江省(2018 年)规则增加了"临街建筑用作社会公共通道的檐廊、走廊、架空连廊等，以及穿过建筑物用作绿化、交通的通道"不计算面积的规定。又如杭州市(2013 年)规则规定："以承重结构落地、视线通透、无特定使用功能、仅限交通、休闲、景观作用的开放式住宅底层架空层及用地与市政道路等公共开放空间无分隔的公建底层架空层，其有效架空部位的水平投影面积达到建筑主体结构占

地面积的 1/3 的，有效架空部位不计面积。”因此，在相关地区的规划及建筑设计中，针对类似条款，规划设计方案可以有意识地在住宅底层等区域设置具有交通、休闲、景观作用的底层架空层，并通过檐廊、走廊、架空连廊联系。又如在规划设计中，可以在建筑底层设置架空空间，在加强公共开敞空间衔接的同时，大大提升建筑活动的空间。

7.3.3 借鉴建筑部位控制方法优化城市设计管控

在城市设计导则中，有关建筑体量、色彩、立面等要素的设计管控是重要内容，但在实际操作中往往缺乏客观的控制要求，各项城市设计目标较难达成，而建筑工程建筑面积计算规范、规则中对建筑部位建筑面积计算判定依据有较多的论述，因此可在城市设计管控过程中借鉴建筑部位建筑面积计算条件，参考建筑部位计算边界，引导城市家具设施品味提升，以达到规划管理与城市建筑景观营造双赢的效果。如阳台造型十分多样，有错层阳台、超高阳台等，阳台的形式直接影响建筑立面的效果，城市设计可通过对阳台造型进行控制，增强城市立面的统一与美感，达到立面公建化的要求。建议将阳台“进深、面宽、是否封闭、上盖与底板投影关系”等建筑面积计算条件与建筑立面效果管控相结合，通过建筑面积的奖惩手段，尝试利用建筑部位计算判定依据优化建筑立面的控制方式。

7.4 加快建筑工程建筑面积计算管控的“智汇”时代特征发展

建筑工程建筑面积计算在新时期需要具有“智汇”时代特征，形成集“认读、判定、计算、决策”汇聚综合考量的多方案、多流程、多因素智慧管控过程。

7.4.1 建筑面积数据标准化处理后的智能认读

对新建工程项目、城市综合体、工业园区、特色小镇等增加信息化、智慧化元素，并以建设工程项目全生命周期管理为主线，大力促进 BIM 技术应用，基于“统一规划、协同建设、分级负责、资源整合”的原则，统一操作平台、统一数据标准、统一项目编码和文书编码，覆盖省、市(州)、县三级建设工程日常监管，横向打通从规划到竣工运营的项目全生命周期，实现工程建设项目全过程管理信息化。实施建设工程项目施工现场质量安全标准化考评，完善建筑市场监管与诚信信息基础数据库建设，归集全省住房和城乡建设领域从业企业、个人、项目、业绩和信用信息，实现相关信息的实时更新、整合发布与关联共享。

7.4.2 建筑部位关键特征的智能判定

实现“互联网+图审”：建立勘察设计行业四库一平台，进一步完善全省施工图管理信息系统，理顺住建、人防、消防等部门施工图审查管理体制，全面推行施工图“多审合一”、“多图联审”和“互联网+图审”的智能判定标准流程，实现建设单位送审施工图“零跑路”、“零付费”、“零接触”。

7.4.3 建筑参数管控下的智能计算

打造基于BIM技术的一站式联审和数字化监管平台，建立基于BIM技术的项目立项、方案设计、初步设计、施工图审查、招投标、工程验收、现场考评、远程质量安全监管、审计和档案等环节的审批和监管模式，实现各参与方在同一多维建筑信息模型基础上的数据共享和协同，覆盖建筑物的规划、设计、施工、运营、管理等全生命周期。

7.4.4 建筑面积专家评估体系下的智能决策

促进建筑面积数据综合利用，充分挖掘建筑面积计算大数据资源，实现数据使用从查询、统计等“浅层”利用方式到推演、预测等“大数据”分析方式的转变，逐步推动城市各部门建筑面积管理大数据深度耦合，实现规划数据的科学辅助决策。

制定长效数据更新、归集、维护、共享与实时监测机制，结合遥感、航拍等技术手段，实施动态监测与跟踪分析，全面评估规划实施过程和结果。

参考文献

[1] 蔡少淼.浅析新版建筑面积计算规范在住宅建筑面积计算中的积极意义[J].建材与装饰,2015(08):258-259.

[2] 陈翠英,常玉龙,李祐冰,等.浅析《建设工程建筑面积计算规范》与《房产测量规范》的区别[C].云南省测绘地理信息学会2016年学术年会论文集.2016.05.

[3] 郭杰,罗国玮,丁建勋.建筑基底面积计算与不计算的范围和要求探讨[J].城市勘测,2017(03):151-153.

[4] 何华,陈善华.因面积计算规范不同引起的建筑面积计算差异分析[J].测绘与空间地理信息,2017(09):187-190.

[5] 胡建明,李江波.关于《建筑工程建筑面积计算规范》(GB/T 50353—2005)中存在问题的探讨[J].工程造价管理,2012(02):46-48.

[6] 胡黎霞,潘江杰.房屋建筑面积及测量分析[J].住宅与房地产,2016(07):1-2.

[7] 黄晨东.规划监督测量与房产测量的差异性探讨[J].海峡科学,2018(09):66-69.

[8] 焦文玉,张秀恩.《建筑面积的计算规则》与《建筑工程建筑面积的计算规范》在建筑物细部建筑面积计算方法的对比分析[J].科技信息,2009(29):91.

[9] 李宏超,张萍丽.《房产测量规范》中关于房产面积测算的思考[J].地理空间信息,2018(12):99-101.

[10] 李晋文.对建筑设计中面积计算若干问题的探讨[J],建筑技术与应用,2008(12):33-35.

[11] 罗滔,刘跃国.关于建筑面积计算规则的几点思考[J].山西建筑,2008(08):262-263.

[12] 桑方圆.《建筑工程建筑面积计算规范》解读[J].中国建设信息,2005(22):26-28.

[13] 王建文.新版建筑工程建筑面积计算规范应用探讨[J].测绘与空间地理信息,2016(05):197-199.

[14] 王美玲,王丽,刘禹含,等.《国际建设项目计量标准:全球统一建设项目费用构成标准》在中国的推广应用研究[J].建筑经济,2018,39(11):76-81.

[15] 王小林.上海规划竣工验收测绘建筑面积计算规则的探讨[J].测绘与空间

地理信息,2017(12):188-190.

[16] 吴光帅,林诗杰.架空走廊建筑面积计算规则在新旧规范中的解析与对比[J].中国高新技术企业,2017(10):89-90.

[17] 伍冠玲.建筑面积在工程估价中应深究慎用[J].建筑经济,2007(S2):215-217.

[18] 肖烨.建筑面积计算规则的差异性研究[J].山西建筑,2010(06):14-15.

[19] 严诗文.房屋建筑脚手架工程计价方法研究[D].东南大学,2015.

[20] 杨本廷.不同行业建筑工程面积测量要求的分析[J].北京测绘,2015(01):138-142.

[21] 杨本廷.新旧《建筑工程建筑面积计算规范》的对比分析[J].城市勘测,2015(04):144-147.

[22] 杨卓琦.建筑面积在两个规范中的差异分析[J].住宅与房地产,2018(08):91.

[23] 张伟恩.地方性建筑面积计算规则解读[J].建筑资讯,2016(05):17-18.

[24] 张兴野.建设工程规划验收测绘建筑面积计算规则的探讨[J].城市建设理论研究,2018(09):109-110.

[25] 章耘.建筑面积在两个规范中的差异探讨[J].四川建筑,2011,31(04):73-76.

[26] 郑春苗,卢炫羽.房屋建筑面积有关问题的探讨[J].测绘与空间地理信息,2018(12):229-231.

[27] 郑秋洪,崔秀琴,郑锦仰,等.新旧规范中雨篷建筑面积计算规则解析与对比[J].福建建筑,2016(05):82-85.

[28] 中国建设工程造价管理协会.《建筑工程建筑面积计算规范》图解[M].北京:中国计划出版社.2015.

[29] 住房和城乡建设部标准定额研究所.《建筑工程建筑面积计算规范》宣贯辅导教材[M].北京:中国计划出版社.2015.